嬗变与挑战

FinTech 2017—2018年度报告

王咏静　欧阳晓红　主编

The Evolution and
Challenge of FinTech

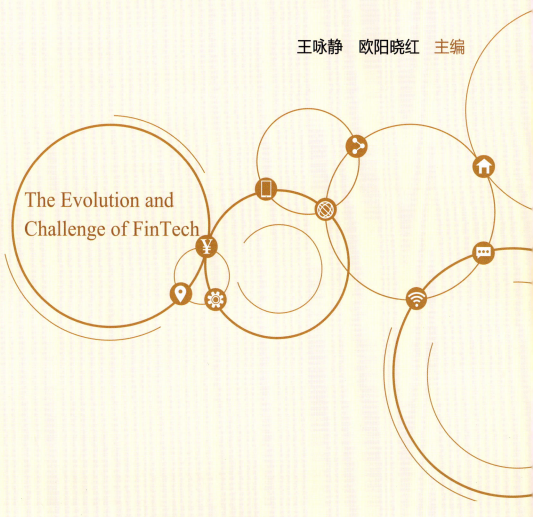

本书甄选了金融科技领域部分典型企业，通过现状扫描和行业分析，发现风口与痛点，进而洞悉行业变局，最后回归金融与风控本质，以期洞察金融科技新趋势，最终造就"互联网+金融+科技+产业+生活"的新金融模式。本书还包含了金融科技领域的专家学者对行业的权威解读，观察分析行业的发展前沿，探讨行业热点与趋势。

2017年是中国的金融科技年，科技为金融塑造了新的生态，全行业在充满变数的同时备受期待。在2018年及此后的一段时期，嬗变机遇与各类挑战并存。本书尝试用一种点面结合的逻辑，串起中国金融科技的概貌拼图，希望对关注金融科技的人士形成有益启迪。

图书在版编目（CIP）数据

嬗变与挑战：FinTech2017—2018年度报告 / 王咏静，欧阳晓红主编. —北京：机械工业出版社，2018.10
ISBN 978-7-111-60974-2

Ⅰ. ①嬗… Ⅱ. ①王… ②欧… Ⅲ. ①科学技术－金融－研究报告－2017-2018 Ⅳ. ①F830

中国版本图书馆CIP数据核字（2018）第215799号

机械工业出版社（北京市百万庄大街22号 邮政编码 100037）
策划编辑：王　涛　　　　　　责任编辑：夏淑媛
责任校对：康会欣　　　　　　责任印制：孙东健
营销编辑：谢朝喜　　　　　　装帧设计：高鹏博

北京宝昌彩色印刷有限公司
2018年9月第1版·第1次印刷
184mm×260mm·18印张·272千字
标准书号：ISBN 978-7-111-60974-2
定价：88.00元

凡购本书，如有缺页、倒脱由社发行部调换

电话服务
社服务中心：(010) 88361066
销售一部：(010) 68326294
销售二部：(010) 88379649
读者购书热线：(010) 88379203

网络服务
教材网：http://www.cmpedu.com
机工官网：http://www.cmpbook.com
机工官博：http://weibo.com/cmp1952
封面无防伪标均为盗版

《嬗变与挑战：FinTech 2017—2018 年度报告》编辑委员会

出　品　人：王咏静
总　策　划：郭宏超
主　　　编：王咏静　欧阳晓红
副 主 编：刘　鹏　胡　群
编委会成员：乔　一　田书显　张　喆
技 术 支 持：睿信咨询金融研究院

推荐序
钟伟

金融科技是近年来的大热词，其现状有创新和狂热，其未来有希望和失落。中国是金融科技研发和应用的重要国家。金融科技大致涵盖什么？也许可以粗略分为人工智能（AI）、区块链（Blockchains）、云技术（Cloud）以及大数据（Big Data）这四类。

就 A 路径的人工智能而言，目前已得到较为广泛的运用，例如在金融行业的智能投顾和呼叫中心（Call Center）等领域。人工智能既可能作为芯片硬件存在，也可能作为算法软件存在；既可以直接替代人力付出，也可以使人力介入更简单、便捷；还可以使人和人之间，人和物之间的互动变得清晰有效。人工智能和机器智能是否有明确的界限？未来，人工智能是福音还是灾难？这点我并不清楚。无论我们认为阿尔法狗是人工智能，还是一群人的 19×19 的优化算法，人工智能都将在包括金融在内的广泛领域得到深入运用。

就 B 路径的区块链而言，近年来热度极高，区块链创业和发展看似如海啸般扑面而来，吸引人及各路资本蜂拥而入，助推比特币及类似网络加密数字货币价格的大幅上升。同时，区块链在票据交换、跨境支付、供应链金融等领域也有无穷潜力。据悉，蚂蚁金服旗下港币版支付宝 AlipayHK 联合菲律宾电子钱包运营商 GCash，运用区块链技术实现了中国香港与菲律宾之间的实时汇款服务。人们期待基于区块链的分布式账户能够

嬗变与挑战
FinTech 2017—2018 年度报告

在未来金融领域发挥作用，成为价值互联网的关键，或成为金融基础设施的一部分。

就 C 路径的云技术而言，云服务几乎已无处不在，至少云端存储和备份已成为大部分人的习惯。云计算也在日益成熟，云端对近程的实时支持日益重要，并成为金融科技企业的标配。

就 D 路径的大数据而言，大数据中心项目在国内纷纷上马，据说这些数据中心的年耗电量超过全社会用电量 1.5%，大量场景化、非结构化的数据不断产生。甚至有人将大数据和土地、资本、技术等并列，将其称为未来数字经济时代的重要生产要素，而云计算和人工智能则成为生产方式的一部分。大数据推动了数据清洗、挖掘和运用的快速发展。金融、ICT（信息通信技术）、生物及零售等众多领域都在加大对大数据的投入。

在 ABCD 路径之外，还有所谓金融科技、科技金融以及监管科技等基础词汇。传统金融行业习惯性将其采用金融技术的做法称为科技金融，金融为本，科技为用。而从互联网、信息技术等非金融领域涌现的企业，挤入金融领域时，则喜欢将其自身定义为金融科技，即科技为本，金融只是运用大场景之一。这在很大程度上可能是为了获得企业估值优势所需。随着金融和技术的日益融合，监管手段也迅速跟进，形成了对技术监管（Reg-tech）的讨论。实际上，在针对"老鼠仓"等一系列金融监管中，科技的作用早已凸显。

看来，金融科技之潮方兴未艾，我虽然很努力，但仍是金融科技的浅尝辄止者，并不了解金融科技的坚硬内核。《嬗变与挑战：FinTech 2017—2018 年度报告》一书主编欧阳晓红邀请我作序，我认真拜读大作，感动于其笔耕，欣于创作者的思考与记录，并诚惶诚恐地以上述粗浅文字为序。

北京师范大学金融研究中心主任、中国金融四十人创始成员　钟伟

2018 年 7 月 25 日于北京知止斋

编者序
欧阳晓红

虽有争议,但称 2017 年为金融科技年也许并不为过。

在互联网用户红利殆尽、金融监管趋严的背景下,一边是互联网巨头回归科技本源——力求成为 B 端金融机构的服务供应商,为其提供技术服务与软硬件支持,抑或利用互联网技术手段面向 C 端开展金融服务;另一边是我国国有大行纷纷牵手互联网巨擘,布局金融科技。

如京东与中国工商银行、蚂蚁金服与中国建设银行、腾讯与中国银行等达成战略合作,合作重点均围绕大数据、云计算、区块链,以此携手应对科技进步带来的竞争变局。

其中,京东与中国工商银行的合作颇令人瞩目。双方将在金融科技、零售银行、消费金融、企业信贷、校园生态、资产管理、个人联名账户、物流及电商等领域展开具体的合作。

两种方向的合作动因均源自科技,亦可谓大势所趋。

现在,这一天如期而至。金融行业终于回想起那支曾被遗忘的力量——科技。

其实,发端于金融 IT 系统的金融科技对金融业而言并不陌生。早在 2004 年之前,我国金融行业就引入了"金融科技"的概念,当时的表现形式是在传统金融机构体系中

> 嬗变与挑战
> FinTech 2017—2018 年度报告

不太受重视的 IT 系统。之后，第三方支付与 P2P 应运而生，促使金融科技由后台系统渗透至金融的核心业务。换言之，它走过了一个不算短但也难言很长的发展历程，按照时间线逻辑，其大致进程是：IT 系统—支付—信贷—余额宝类的互联网布局—科技引领互联网生态化。

而这样一个发展历程，不可能给各方提供数据翔实的观察期，它意味着无论是监管方的态度还是金融科技的商业模式都存在不确定性。显而易见，它给监管层带来的新挑战是怎样确定某项业务或单个金融产品背后多方合作主体的法律与风险责任。

就商业模式而言，无论是 B 端合作获取 C 端有效客户，还是运用大数据、云计算提供金融个性化服务，只要金融行业的内涵没有发生质变，金融科技公司的利润来源就可能仍离不开传统金融。

因此，理想的金融科技状态是互联网金融最终回归实体，通过生物识别和结算等技术，把金融主体与服务主体联结起来。事实上，目前已显现些许兆头。因为"消费金融""供应链金融"与用户生活或企业商业行为密不可分，二者在 2017 年的表现尤为火爆。

艾瑞咨询发布的一项报告认为，金融科技服务于金融行业，但不同于传统金融业务，随着金融链条的打通，金融科技会将各个环节纳入其优化环节，所以不可避免地会向非金融领域延伸，这昭示着金融与实体有着内生的相关性。对金融来说，这何尝不是一种回归实体！

但理想很丰满，现实很骨感。行业待兴伊始，作为衍生价值出现的金融科技，尚需依附实际业务；加之金融科技概念过于宽泛，难免鱼龙混杂，何况目前的裸泳者尚未显露。

按照艾瑞咨询的分析，市场经济环境下，只有被市场认可的金融科技机构，才可能在未来行业发展过程中起到正面作用，而被市场认可的标志就是产生科技营收。试问：当下有几家金融科技公司可以达标呢？

市场面面相觑之际，也是行业厘清框架、重塑形象、出清发力之时，正如在很长

编者序

一段时间里,"金融科技"一词以"互联网金融"的概念存在着。对行业而言,嬗变机遇与各类挑战并存。相信待金融科技真正体现"金融为本,科技为器"内涵的那一天,方是金融科技脱离互联网金融"母体"之日。届时,金融科技公司实现科技营收将指日可待,亦无所谓给其贴上怎样的身份标签。

我们借行业典型案例,通过现状扫描和行业分析,发现风口与痛点,进而洞悉行业变局,最后回归金融与风控本质,洞察 FinTech 新趋势,最终造就"互联网 + 金融 + 科技 + 产业 + 生活"的新金融模式。

这里,京东金融倡导的"无界金融"创新模式尤其值得一提,其似乎让业界看到金融科技一种可能的趋势——在核心技术驱动下,现代金融服务可嵌入企业生产与居民生活的每一个场景之中,真正实现数字普惠金融。

总之,我们尝试用这样一种点与面的逻辑,串起中国金融科技的概貌拼图。在行业待兴之初,试图把脉方向与商业先机且警示风险。谨在此供业界商榷,以飨读者。

经济观察报编委、首席记者　欧阳晓红

2018 年 6 月 15 日

目 录

推荐序 | 钟伟 / V
编者序 | 欧阳晓红 / VII

第1章　现状：风口与痛点 / 1

行业观察：未来已来，金融科技变革重塑社会关系 | 欧阳晓红 / 3
行业研究：风口与痛点 | 欧阳晓红 / 41
专家视点：FinTech 的本源——科技回归实体 | 杨涛 / 57
专家视点：关于金融科技领域未来竞争格局的猜想 | 孙明春 / 64
案例：走出京东，到实体中去 | 欧阳晓红 / 71

第2章　变局：巨头携手 / 87

行业格局生变，大行携手互联网巨头布局金融科技 | 胡群 / 89
京东金融联姻工行，要做什么 | 胡群 / 96
京东金融与它的银行"伙伴们" | 胡群 / 103
金融云战争升级，京东金融如何突围 | 胡群 / 111
金融与科技的融合逻辑，谁说了算 | 欧阳晓红 / 116

第3章　风控：变与不变 / 121

政策动向："技术中立"下的政策动向 | 欧阳晓红 / 123
专家视点：急停的互联网小贷牌照或许是张伪牌照 | 嵇少峰 / 130
专家视点："变味"的长尾消费贷需要如何监管 | 何飞 / 138
政策动向：网络小贷整治的三大意义与六大举措 | 何飞 / 145

目 录

金融科技的风控体系：数据思维 ｜ **欧阳晓红** / *150*
金融科技市场风险与防范 ｜ **欧阳晓红** / *156*

第4章　案例：借贷与财富管理 / 165

掘金万亿消费金融市场 ｜ **胡群** / *167*
下一个"趣店"是谁？金融科技与资本的盛宴正酣 ｜ **胡中彬** / *172*
机构抢滩市场，智能投顾的春天还有多远 ｜ **郑一真** / *178*
直销银行：百度 AI 如何赋能百信银行 ｜ **胡群** / *183*
账户为王，财富管理进入 2.0 时代 ｜ **胡群** / *186*
金融科技如何助力券商在"战场"赢得先机 ｜ **程久龙** / *190*

第5章　趋势：守望与回归 / 197

模糊边界之下，监管与创新的平衡 ｜ **欧阳晓红** / *199*
央行官员：金融科技的本质与未来 ｜ **肖宏** / *205*
智能投顾纳入资产管理业务符合预期 ｜ **何飞** / *211*
科技＋智能驱动，平台模式下一站 ｜ **欧阳晓红** / *215*
人工智能投顾商业模式及监管 ｜ **张家林** / *220*
区块链应用及交易体系 ｜ **欧阳晓红** / *229*
现状与趋势：区块链技术如何渗透到不同金融场景 ｜ **巴曙松　乔若羽　郑嘉伟** / *233*
区块链，不是 bad boy ｜ **肖飒** / *251*
FinTech 的本源回归 ｜ **欧阳晓红** / *259*
融合还是分裂，科技如何助力未来金融 ｜ **欧阳晓红** / *269*

XI

第 1 章
现状：风口与痛点

行业观察：
未来已来，金融科技变革重塑社会关系

欧阳晓红

"分"与"合"可以被描述为 2017 年由互联网金融蜕变而来的金融科技之两种形态。

一头是互联网用户红利殆尽、金融监管趋严背景下，互联网与金融分离趋势凸显，金融机构重回行业舞台中央，互联网企业回归其工具性特点——力求成为 B 端金融机构的服务供应商，为其提供技术服务与软硬件支持，抑或利用互联网技术手段面向 C 端开展金融服务。

另一头是中国国有大行纷纷牵手互联网巨擘，布局金融科技；信息技术与金融深层融合，金融边界不断被打破。现在，互联网金融热度褪去，其概念也逐渐向更接近其本质的金融科技（FinTech）演化。

在数字化风暴席卷全球的当下，FinTech 正在加速洗牌原有的竞争格局，传统银行面临前所未有的机遇和挑战，倒逼其自我革新。在经历电子银行、网络银行、移动银行的发展阶段后，银行业现已全面步入数字化 4.0 时代。

喜与忧、冰与火则分别是 2017 年金融科技的两种表情与面孔。

喜的是金融科技公司批量赴美上市。自 2015 年 12 月宜人贷登陆纽交所，2016 年中国金融行业遭遇严苛监管之后，中国金融科技公司终于在 2017 年迎来

嬗变与挑战
FinTech 2017—2018 年度报告

大爆发。截至 2018 年年中，乐信、趣店、宜人贷、拍拍贷、信而富、简普科技（融 360）等 6 家企业完成 IPO。金融科技领域从未如此近距离接近资本市场。其背后诠释的是中国消费升级，加杠杆带来的原始"借钱"冲动孕育了足以登陆资本市场的商业业态。

2017 年，原本看似固化的支付领域利益格局开始瓦解。诸如，一直以来，由银联及"宝信"（支付宝、微信支付）为主的第三方支付两大转接清算阵营的二元格局正在被打破。这是因为，新成品的网联批量承接银联和第三方支付的银行卡线上交易份额，而银联也在从二维码、线下小额支付等领域切入，快速收复失地。2017 年 12 月 27 日，中国人民银行发布了《中国人民银行关于印发〈条码支付业务规范（试行）〉的通知》（银发〔2017〕296 号），配套印发了《条码支付安全技术规范（试行）》和《条码支付受理终端技术规范（试行）》，市场解读此新规将有利于市场参与者之间展开公平竞争。

这一年，诸如个人征信数据库等金融基础设施告别昔日空白，日趋成型。中国版信联来得正是时候！数据孤岛正在被打破，一个日趋规范的金融环境指日可待。

但忧的是金融监管的严厉前所未有。监管加速全面肃清现金贷、网络小贷、P2P 等乱象。无论是资金来源还是资金投向，均须接受穿透式监管。监管旨在阻断任何外溢式风险。于是，接踵而至的是现金贷先热后冷，网络小贷急刹车。市场担心的是，无法抑制的借贷需求会以怎样的一种潜在方式或商业模式被满足。现有金融科技中的借贷、支付、理财等业态，主要服务于低收入长尾人群。专家指出，在长尾人群享受金融科技便利的同时，长尾风险堰塞湖正在形成，严重威胁社会稳定。那么，应如何防范这种长尾风险？

2017 年，经历了 ICO（首次币发行）、要素市场、现金贷的清理整顿，其节奏是自 2012 年互联网金融行业兴起以来最紧凑的一年。

专家指出，随着 2017 年 8 月 24 日原银监会公开发布《网络借贷信息中介机构业务活动信息披露指引》，网贷行业"1 + 3"模式的双峰监管框架确立完毕，监管趋于完备，市场对于金融监管周期强化的客观感受更加深刻。"无论主观接受与否，市场整体预期方向已经发生了根本变化。客观体现在行业机构的转型和出清持续。"

诸如行业从业主体机构，无论是主动的抑或被动的，出清速度和规模都有了明显的变化，特别是从2017年三季度开始，行业流动性下降显著。

消费金融可谓冰火两重天。可以佐证的是，22家持牌消费金融公司的分化正在加剧，其分化指标为是否拥有场景、流量和数据优势，具备优势的机构则发展较快，否则其发展相对较慢。数据显示，9成持牌消费金融公司在2017年上半年实现盈利，这其中，招联金融2017年上半年净利润5.41亿元，同比增幅高达982%；相反，上半年杭银消费金融仍处于负增长，亏损474万元。

显而易见，在金融严监管高压之下，消费金融公司也受到了现金贷整治潮波及，缺乏自主获客渠道和风控系统的公司首当其冲。

此时，回顾发展至今的中国金融科技，其发展大概经历了3个阶段，发展内涵如系统构建、电子支付、网络信贷、大金融、生活科技等。金融科技概念火爆，但2016年中国科技营收仅4213.8亿元，整体增速下滑至42%，艾瑞咨询预判未来几年都将保持该增速，其原因在于互联网金融收紧、金融科技定位不明、转型尚需时日等，其结论或许是，金融科技唯有真正摆脱互联网金融的母体，方可迎来爆发。不过，这种转变和爆发至少需要5年时间。

时下，可以圈点的是，因互联网技术最大的应用场景在中国，资本驱动、电商经济扩张、监管宽容等因素（其中，不乏短期因素），中国已成为全球金融科技浪潮的领航者之一。

英国《经济学人》杂志发文《金融科技，中国成为领导者》指出，2016年，全球金融科技领域的总投资超过170亿美元，较2015年上涨10.9%，其中，中国金融科技企业吸引投资77亿美元，涨幅84%，是获得资金最多的国家，其次是美国和英国。

"我们正处在一个变革的时代。传统的思维与方法正在被摒弃，商业的基础要素正在被重塑。"汤森路透金融及风险部门总裁戴维·克雷格说。在他看来，过去，竞争是驱动创新的核心动力；而现在，合作同样是金融科技的驱动力。诚如其感受到的——中国金融科技从业者已经开始专注于合作与互通性。此外，中国的金融科技行业已经诞生了数个估值数十亿美元的企业。中国的在线借贷（P2P）市场规模全球居首，是英国的 4 倍、美国的 10 倍。更甚者，这些新型的金融科技企业正逐渐走出中国，走向世界。

尤其值得一提的是，这一年，人工智能（AI）在金融领域逐步打开应用场景，包括征信、大数据风控、反欺诈、智能客服、智能投顾及智能投研。资本亦蜂拥而至，似乎 AI 或智能金融正在成为新的风口。

一方面，在技术为王的当下，AI 几乎是 FinTech 企业的新武器；金融科技将成为经济转型和金融升级的必经之路几成共识；另一方面，有人甚至惊呼——金融科技之后是 AI 金融时代吗？

如果用一个主题词概括金融科技这一年的业态状况，非"裂变"莫属。不妨站在这一历史时点，回眸与展望，厘清概念，理解金融科技不同业态发展规律，甄别行业风险，以助力金融科技在国内的健康发展。

金融科技的边界

何谓 FinTech？迄今为止，各国际组织与主权国家对其并无统一定义。尽管从法律层面上，人们无从界定金融科技，但金融科技类公司或市场主体通过不同的商业模式与形态来提供种类各异的服务与产品，且承担相应的法律义务。

国际组织及主权国家的观点是：金融科技无外乎科技在金融领域的应用，旨在创新金融产品和服务模式、改善客户体验、提升服务效率、降低交易成本。而在国内最早提出"金融科技"概念的京东金融则认为，金融科技遵循金融本质，以数据为基础、技术为手段为金融机构服务，帮助金融机构提升效率、降低成本、提高效率。

当前使用最多的是金融稳定理事会（FSB）于 2016 年做出的初步定义，即金融科技是指通过技术手段推动金融创新，形成对金融市场、机构及金融服务产生重大影响的业务模式、技术应用及流程和产品。

第 1 章
现状：风口与痛点

2017年3月，原中国银监会创新业务监管协作部主任李文红在《金融科技发展与监管：一个监管者的视角》一文中指出，金融科技核心是利用新兴的互联网信息科技改造和创新金融产品和业务模式，金融科技更强调新技术对金融业务的辅助、支持和优化作用，其运用仍需遵循金融业务的内在规律、遵守现行法律和监管要求。

从应用领域角度，金融科技可分为这几大类：一是支付清算领域，包括网络和移动支付、数字货币等；二是融资领域，包括股权众筹、P2P网络借贷等；三是市场基础设施领域，包括大数据、云计算等；四是投资管理领域，包括电子交易、机器人投资顾问等；五是保险领域，包括保险分解和联合保险等；六是直销银行。

就金融科技的生态而言，其市场主体由通过技术手段提供创新金融服务的金融科技公司、为金融业提供技术服务的科技公司和提供金融合规科技应对方案的监管科技公司以及传统金融业机构等构成。外延则涵盖金融科技投资机构、商业模式孵化器、金融与科技监管机构、金融科技监管机构等。

金融科技的核心技术可以概括为"ABCD"，即人工智能（Artificial Intelligence）、区块链（Blockchain）、云计算（Cloud Computing）和大数据（Big Data）。其中，大数据和云计算是基础，人工智能和区块链则基于海量数据和高速计算能力从时间和空间上加速推动金融业发展。

在此过程中，国内与金融科技相关的研究文献多集中于金融科技相关的关键底层技术，如大数据及数据分析、区块链等方面；其次，金融科技底层科技与具体的金融范畴融合所带来的商业模式，如电子支付、电子银行、虚拟货币、传统金融业的互联网化等；再次，金融科技相关的投、产、融如何结合，如科技金融等的研究频次较高；最后，金融科技与社会进步的关系，如促进普惠金融、提升金融效率、改良信息不对称、改善客户体验等。

目前，已有学者、机构开始关注金融科技带来的金融风险、信息科技风险等。包括金融科技的法治与监管问题，如信息安全、金融监管等，亦引发了业界的积极思考。

就FinTech的发展历程来看，其初衷是通过技术创新降低获客成本，提供营

嬗变与挑战
FinTech 2017—2018 年度报告

销获客、身份认证、风险定价及资金流转等环节的技术支持,快速介入金融市场。伴随着网络的普及、大数据和人工智能的应用,尤其是区块链的研发,信息技术和金融的融合不断打破现有金融的边界,深刻改变着金融服务的运作方式。

从不同地域来看,FinTech 的发展以北美为主导,欧洲与亚洲紧随其后,三大洲几乎占据了所有的 FinTech 市场。三大洲 FinTech 投融资规模从 2014 年开始暴增,2015 年,在风投的驱动下,北美洲、欧洲、亚洲地区的融资额分别为 77 亿美元、14.8 亿美元、45 亿美元,同比增长 75%、33.33% 和 309.09%。

截至 2016 年 6 月,全球共有超过 1362 家 FinTech 公司,来自超过 54 个国家和地区,融资总额超过 497 亿美元。全球金融科技的产业中心则主要分布在英国、美国、新加坡、澳大利亚和中国等。埃森哲发布研究报告表明,全球金融科技产业投资在 2015 年增长 75%,至 223 亿美元。美国纳斯达克和精品投资银行 KBW 携手推出了 KBW Nasdaq 金融科技指数 KFTX,该指数共 49 只成分股,全部市值约为 7850 亿美元,占美国国内股票市值的 4%,这也是第一只仅包含在美国上市的金融科技公司的指数,预示着该行业越来越受到全世界的关注。中国金融科技的发展尤其迅猛,2015 年中国金融科技行业增长 445%,接近 20 亿美元。中国央行也表示将考虑应用数字货币并着手开始研发相应技术。

如果借用国际证监会组织(IOSCO)于 2017 年 2 月发布的《金融科技研究报告》中对金融科技的定义,金融科技是指有可能改变金融服务行业的新兴科技和创新商业模式,从新兴科技和创新商业模式演进两个方面,将金融科技的发展历程分为 3 个时期。

金融科技的萌芽期(1980—1989 年),即金融科技 1.0 时代,金融公司内部设立 IT 部门,将信息技术软硬件设备用于金融业务当中,旨在压缩运营成本,提高金融业务部门服务效率。

金融科技的起步期(1990—2010 年),即在金融科技 2.0 时代,科技与金融的合作更加深入,科技第一次独立于金融系统,以互联网金融为典型形态。

金融科技的快速成长期(2011 年至今),即金融科技 3.0 时代,互联网不再是推动金融技术化的最主要动力,而是作为新兴技术的基础继续存在。未来的金融服务将向长尾客户普及，此前高净值客户才能享有的财富管理、投融资服务将向广大的长尾用户群体普及。

金融科技3.0时代正在搅动一池春水。2015年10月，京东金融在国内率先提出"金融科技"概念并将公司定位为金融科技公司。当时，金融科技在中国刚刚兴起，市场对于金融科技公司的真正价值尚未达成共识。尽管早在1980年美国华尔街已开始使用FinTech这一名词，但直到2003年互联网众筹的出现，FinTech一词才引起各国的普遍关注。

边界：中国金融科技发力

得益于自下而上的市场需求与选择，中国在金融科技方面的表现尤为突出，可谓物竞天择。

2016年，全球金融科技投融资共504笔，累计融资金额1135亿元。这一年，中国金融科技走至前台，带动亚洲成为全球金融科技投资第一目的地，其融资总额跃居全球榜首。2016年前三季度，中国金融科技公司获得的融资额占全球金融科技公司融资总额的50%以上。中国拥有3笔最大金额的投资，并且是2016年金融科技融资额唯一有所增长的地区。

诚然，中国经济结构正在转型，经济发展进入新常态，传统金融模式显然已经无法适应新经济的发展要求，迫切需要金融科技的创新为新一轮产业革命提供新动能。促进金融科技生态的健康和可持续发展，对实现创新驱动发展战略具有重要的现实意义。从促进普惠金融、提升金融消费者福祉的角度出发，在金融科技领域研制规范的技术标准与服务标准，将有助于中国金融科技在国际竞争格局中取得优势。因此，从国家战略层面，京东金融建议以"互信包容、合作共赢"的理念，构建中国金融科技生态体系。

中国社科院金融研究所研究员、中国金融科技50人论坛首席经济学家杨涛曾表示，现在中国的金融科技正面临"向左走、向右走"的抉择。为避免赢在起点、输在终点，中国不需要"风口的猪"，而需要在直道上提升加速度。简言之，中国

嬗变与挑战
FinTech 2017—2018 年度报告

的金融科技创新要想真正成为全球金融变革的常青树，除了已有优势，更需激发两方面的驱动力：一是真正强化科技创新能力，提升技术对于金融活动的正效应；二是改善技术所伴随的金融制度与规则，使之更公开、透明、高效和安全。

金融科技并非简单的虚拟经济，新金融科技使金融与实体在更多层面上实现了有效融合。科技提升整个金融产业链的效率，在某种意义上不仅有助于完善金融，而且有利于金融更好地服务于实体经济。

"金融科技的使命是为了改变金融发展中的各种扭曲现象，以实现新金融技术与制度的优化组合。"杨涛称。因此，金融科技的根本作用是让金融"走下神坛"，以开放、融合、共赢的理念改变金融资源配置方式和产业分工模式。衡量金融科技变革成功与否也许在于其能否实现弥补短板、改进社会福利、增加就业机会等现代化社会的发展目标。

当然，变革不会一蹴而就，观念与利益的碰撞无处不在，但以金融科技创新倒逼传统金融改革或许是中国金融领域改革的有效路径之一。

"金融科技企业能够为消费者提供信任、透明度和技术。"The Assets 公司总监瑞贝卡·麦纳特称。他认为，金融科技意味着"授人以权"（Power to the People）。以汇款业务为例，金融科技通过为人们提高汇款流程中的透明度及降低中介费用，帮助消费者掌控自己的财务——终端用户能准确知道支付金额，且汇款所需费用较过去低很多。"授人以权"的另一种方式是为人们提供资金的解决方案，如金融科技企业通过众筹的方式拓宽人们的投资机会。

"金融科技所引发的最大革命是它为所有人提供获取信息的渠道。过去，这种渠道只掌握在少数人手中；现在，拥有这种渠道的群体正以前所未有的速度增长。"瑞贝卡·麦纳特认为。

支付领域专家约翰·查普林认为，在接下来的两年内，金融科技创新将发端于亚洲的大部分地区，随后影响非洲、北美洲、拉丁美洲，最终影响欧洲。原因在于发展中国家和地区由于基础设施匮乏，为创新预留了空间。但这些创新在银行业过度发展的西方经济体中却很难获得成功。与此同时，发展中国家和地区未被传统商业模式、消费习惯所束缚，更易于接受金融创新。

早在 2008 年金融危机之后，金融科技开始在美国兴起，迄今发展近 10 年，缘何美国金融科技活跃度尚不及中国近三四年的发展？

中国平安集团首席运营官陈心颖总结了两点原因：一是在美国包括风投在内的很多钱都进了创业初期的科技金融公司，很难大规模实际商用；二是缘于业务模式，有些企业不是靠卖技术而是靠卖新的业务模式，其商业盈利性不可持续，很难真正做大。

但国内的发展不同，由于经济环境差异大，国内有空间和实力实现持续投入，进而改造整个底层系统。此外，创新意识也决定了这种现状，金融业或非金融业都勇于不断创新与自我革命。

边界：另类商业模式

回望 2017 年，金融科技几乎成为全球年度热词，贯穿其中的是"分"与"合"以及"裂变"。京东金融 CEO 陈生强说，越来越多的金融机构意识到金融科技公司的能力可以为我所用，所以开始主动选择和金融科技公司合作。

以银行为例，自 2017 年以来，中国银联、中国工商银行、中国光大银行、亚洲金融合作联盟、中国山东城商行联盟、中国广东农信社联社等机构分别与京东金融签订了全面或战略合作协议，在数字化金融、智能风控、产品服务创新和营销运营等核心业务能力上实现了深度链接。与此同时，银行也开始在自身金融科技能力建设上加大投入，部分银行设立了专门的网络金融部，有的直接投资成立独立的金融科技公司。于是，京东金融的另类商业模式颇受市场关注。

眼下，让金融机构不得不正视的事实是：用户要求银行以用户体验为中心，提供全渠道、无缝式、定制化的产品和服务，这可能意味着银行必须颠覆传统业务模式，通过收购、投资、战略合作等多种形式布局，借力金融科技创新，打造以自身业务为核心、融合科技创新的一体化移动金融生态圈。

"如今，银行面临的竞争压力不仅来自同业，还来自成千上万的金融科技初创企业和科技巨头，这些科技巨头拥有足够的资金来选择最感兴趣的领域，并且在这些领域对自己的商业模式和数百万的消费者施加影响。"The Assets 公司联合创始人兼首席营销官亚历山大·格拉斯说。

的确，为了在数字化时代提升客户体验，传统银行正在全面拥抱互联网。

这一年，金融机构在科技上发力之际，不少原以互联网金融为标签的公司，转而定位于金融科技。但让陈生强困惑的是，市场上这些日趋涌现的金融科技公司中，绝大多数依然专注于自己做金融业务，而非服务于金融机构。

这其中，金融科技行业亦逐渐达成共识：数据与技术将是最基础的能力。一时之间，人工智能成为行业最热的概念。

陈生强坦言，金融科技的概念正在泛化，金融科技领域存在多种商业模式，但其中最有代表性或最具有持久竞争优势的商业模式是什么，业界尚未形成共识。

而京东金融重新定义金融科技的尝试是——价值分享的企业服务。

何谓京东金融模式下的企业服务？陈生强解释，京东金融和其他金融机构是一种利益共同体的关系，能够为金融机构带去增长业务和增量收入，在和金融机构共同创造增量业务的过程中，实现与金融机构的价值分享。

此外，京东金融不仅服务于金融机构，而且还服务于金融机构价值链上的核心流程环节，或者说核心价值创造环节，例如获客、客户运营以及风控等。

因此，陈生强认为，京东金融的企业服务是一个全新的商业模式，其模式在全球独具特色。

陈生强举例称，在为金融机构提供增量客户和增量业务方面。京东金融把基于自身多年在电商零售以及金融场景下所积累的海量用户，包括以85后、90后为代表的年轻人、"创新驱动"的中小微企业、"三农"客户等统统开放给金融机构，这些客户群恰恰是金融机构特别需要补充的，尤其是85后、90后，他们伴随着互联网长大，有着更强的消费潜力和成长潜力，他们是金融机构未来业绩的重要支撑。

不止于此，京东金融还可以与金融机构合作，将其基于用户洞察所形成的用户运营能力输出，助力金融机构实现客户价值的最大化。京东金融现在有30多个数据源，3.6亿个人用户，3万个用户标签，每天增加数据200TB。

不言而喻，在此过程中，线上风控能力必须以很大规模的业务数据为基础。按照陈生强的说法，京东金融这些年通过自营业务场景，积累了海量、多维、动态的数据，并通过不断迭代的模型与算法，形成了十分强大的风控能力和风控经验，包括信用风险评估、反欺诈、反洗钱等。截至2018年年中，京东金融已经构建起500多个风控模型，基于5000多个风险策略和60多万个风控变量，积累了5000多万条黑灰风险名单，可实现对3亿多名用户信用风险的评估。

"我们把这种风控能力输出给金融机构，让金融机构在现阶段缺乏线上数据积累的情况下，可以迅速发展线上金融业务，在提高增量收入的同时，实现业务模式的完善和迭代。"陈生强称。

之所以能有打破常规的商业模式，是基于京东金融对金融科技核心内涵的认识。就此，实际上是有两层内涵：其一，金融科技的商业模式是企业服务，服务对象是金融机构，而非自营金融业务服务；其二，金融科技公司必须有很强的科技能力。

如何理解企业服务之外，对科技能力的认知？陈生强直言，做科技公司，必须拥有最前沿的科技能力和持续的投入。其中，人工智能是一个必需品。诸如，京东金融在硅谷成立了人工智能实验室，致力于开发人工智能领域最前沿的技术，在应用层面之外，还包括技术底层和未来技术。

而源于对金融科技内涵的认识，京东金融目前定位于做一家服务金融机构的科技公司。其间，各种关系的连接点是"服务实体经济"——这其实也是金融科技的出发点。

按照陈生强的说法，京东金融的出发点是以数据和技术为基础，包括人工智能、区块链等技术，为金融机构提供提高内生增长能力的企业服务，以更好地为中小微企业、三农以及年轻人提供服务，实现金融与实体经济的良性循环，让金融真正实现以实体经济为本，因实体经济而兴。

不只是京东金融，BAT的定位同样也是服务金融机构之科技公司。

与之相关的是，2017年7月5日，百度在北京举行了一场声势浩大的2017

百度AI开发者大会，宣布百度是一家人工智能公司，并提出"All in AI"的口号。

在中国，百度是最早布局人工智能的企业之一，此前已经深耕人工智能领域多年，并终于在2017年迎来人工智能收割季。而在2016年的百度联盟峰会上，百度创始人、董事长兼首席执行官李彦宏提出了"人工智能将推动互联网进入第三幕"的观点，随后李彦宏便邀请了前微软执行副总裁陆奇加入，深化百度"All in AI"的战略布局。

在中国，百度是投入AI技术资金最多的公司，在全球也是投入最高的公司之一。根据欧盟委员会发布的"2016全球企业研发投入排行榜"，百度全年累计投入14.44亿欧元，是唯一一家上榜的中国互联网科技公司。

"它既是一种技术，也是一种思考方式。"在2017年11月6日的京东金融全球数据探索者大会上，京东集团董事局主席兼CEO刘强东谈到AI时这样概括。

谈及京东金融的定位，刘强东强调，"并非要把哪家公司整死，把传统行业干掉才能成为一家伟大的公司，真正伟大的公司能够照顾整个生态系统。所以，京东永远希望成为各位合作伙伴的盟友，成为生态系统的一部分。京东永远不会成为一个帝国，不会成为一个控制全球或者行业的公司。"

刘强东还称，京东金融从成立第一天开始就基于AI，以技术为核心。他认为，整个中国金融行业，乃至全球人工智能在金融方面的应用都能为京东金融提供构想。

如此，从发展历程、商业模式及内涵等不同维度界定金融科技之后，不妨再从业态来看金融科技的场景应用与价值实现，并辨析这个行业的风口与痛点。

你身边的金融科技业态

不经意间，诸如支付、融资、投资管理、保险科技、直销银行、基础设施

第 1 章
现状：风口与痛点

等金融科技业态变得无处不在、触手可及，甚至成为移动互联网时代的一种生活方式。

Margaris Advisory 公司首席执行官、FinTech Forum 顾问斯皮罗斯·马格里斯（Spiros Margaris）曾表示，未来的金融机构将主要由一些创新且独立的金融科技企业组成。这类机构除了提供经过改良的产品和用户体验之外，还收取较低的费用。最重要的是它们代表着我们可以相信并希望的未来。

的确，被金融科技改变的未来已来，我们别无选择。

按照毕马威的划分，诸如京东金融、陆金所、百度金融、蚂蚁金服、PINTEC 品钛、人人友信等机构均属于综合金融类型公司；就支付汇兑而言，典型公司如汇付天下、钱方好近、快钱、财付通等；融资范畴的消费金融机构，则有马上金融、趣店、51 信用卡、量化派、闪银等；信贷的市场主体，如我来贷、夸客金融、搜易贷、点融网等；众筹机构如星火乐投等；

投资管理方面，理财类如金斧子、挖财网、随手科技等，财富投顾类如资配易等；交易类如富途证券、老虎股票等；保险科技范畴，如众安保险、灵犀金融、最惠保等。

基础设施范畴较广。大数据征信类机构，如百融金服、聚信立、数联铭品、百分点、天云大数据、天创信用、同盾、微众税银、棱镜征信等；信息服务类型的机构，如点石金融、融 360 等；比特币区块链的市场主体，如太一云、小蚁区块链等。

倘若细究上述金融科技公司的投资机构，会发现红杉资本所投标的为 9 家，在毕马威报告列举的中国领先金融科技公司 50 强中投资数量名列榜首；位列第二、第三的 IDG 资本、腾讯分别投资了 6 家、4 家；位列第 4 的京东则投资了 3 家。

另据零壹数据不完全统计，2017 年三季度全球金融科技投融资事件主要发生在中国、美国、印度、英国、新加坡等 19 个国家，其中，中国的金融科技投融资共 84 笔，占全球 52.5%。

现在，如果用关键词"嬗变"给支付贴上标签，其他几大业态，如融资、投资管理、保险科技、直销银行、基础设施等，也许可以分别用"聚变""谋变""蝶变""应变""变局"等词来描述。

嬗变之支付

几大业态中，连接入口的支付尤为关键，也被机构视为重要的阵地。用"嬗变"去概述支付行业并不为过。

如果时间回到 2012 年，你可能不曾想过，身上不带一分钱、一张卡就能畅通无阻地在一个城市生活一周、一个月甚至更长时间。是的，仅仅几年时间，这已经成为今天许多人的生活方式。无论在餐厅吃饭、超市购物、搭乘公交、市场买菜，只需要一部手机就能轻松支付。

变化可能不仅于此，当你跨出国门，诸如银联、支付宝、微信支付这样的字眼不仅在日本、东南亚等国家随处可见，即使远及欧洲、美国，这些熟悉的支付品牌也已经广泛覆盖。

2017 年十一黄金周期间，支付宝发布统计数据显示，在境外用支付宝付款的人次同比激增 7 倍多，人均消费金额达 1480 元。同时，约有 370 万名用户在境外使用支付宝查找当地的餐饮、娱乐等信息和优惠。而银联 2016 年年报显示，截至 2016 年年末，银联受理网络延伸至 160 多个国家和地区，境外商户累计达到 1986 户，累计发卡 6800 万张，欧洲受理网络覆盖率达到 50%。

变化就集中发生在这几年。过去几年无疑是移动支付交易规模喷薄放量的几年。

公开数据统计显示，2012 年，中国移动支付市场交易规模为 1511.4 亿元，尽管 2017 年暂无行业统计数据公布，但截至 2016 年年底，中国移动支付业务达到 257.1 亿笔，交易规模已达到 157 万亿元，4 年间增长 1000 余倍，达到美国移动支付规模的 50 倍。目前，该数据仍处于动态跃升的过程中。除此以外，截至 2017 年 6 月，中国手机网上支付用户规模达到 5.11 亿，网民手机网上支付的使用比例达到 69.4%。

第 1 章
现状：风口与痛点

2017 年一季度，中国第三方移动支付的交易规模突破了 20 万亿元，达到 22.7 万亿元。需要指出的是，在 22.7 万亿元的市场中，94% 的市场份额都集中在两家平台手中，足见市场双寡头格局的稳定。

有人把创新的技术基础总结为 BASIC：Blockchain（区块链）、Artificial intelligence（人工智能）、Security（安全）、IoT（物联网）和 Cloud computing（云计算）。

诚然，诸多创新中对市场影响最大的非二维码支付莫属。

据易观智库报告显示，支付宝、微信支付合计占市场比例已经高达 90% 以上，由其主导的二维码支付几近一统江湖。而失去二维码最佳发力契机的银联亦在不断尝试，试图重夺市场份额。后来者京东支付也在积极布局。

2015 年 12 月，中国银联联合产业各方推出"云闪付"移动支付品牌，将 IC 卡非接触式支付、NFC 移动支付和二维码支付先后纳入"云闪付"产品体系。来自银联方面的数据披露，截至 2017 年上半年，"云闪付"卡累计发行超过 2900 万张，全国支持"云闪付"终端数超过 1000 万台。眼下看来，尽管云闪付体系未能帮助银联完成重夺市场份额的愿景，但通过自身的清算牌照优势和不一样的技术路线，银联仍然是市场不可忽视的力量。

在这期间，尤值得注意的是银联和京东的合作模式。2017 年 7 月，京东金融与银联北京分公司合作的 NFC 支付新品"京东闪付"正式上线，与以往第三方支付机构支付账户直连银行账户的交易模式不同的是，京东闪付首次将第三方支付机构的支付账户直接纳入银联转接清算网络。

京东闪付打造了"一接多（家银行）"的模式，京东的电子钱包账户直接接入银联的清算网络，同时向所有接入银行传递交易信息。京东金融作为渠道方被引入，而资金来源还是其后绑定的银行卡。银联则看重京东金融的引流能力，能够为"云闪付"带来更多流量，提供更多用户。事实上，此前，京东闪付模式已经在帮银行做流量引入。正如在京东官网页面上可看到：建行、中信、光大、华夏、民生和平安等银行都在联合京东金融做绑卡促销活动。通过和银联的深度捆绑，京东金融找到了打开支付市场的正确方式。

值得一提的是，随着网联的横空出世，在网联二维码支付标准待定和其"断直连"的原则下，二维码支付的行业前景也存在某种不确定性。但相信支付机构的创新不会止步。

联合国贸易和发展会议2017年10月发布的《2017数字化、贸易与发展报告》显示，随着电子支付手段重要性不断增加，全球支付卡的使用比例2019年前将下降到46%，原因是电子钱包等其他付款方式正变得越来越重要。

"在全球范围内，经济活动的数字化被推上了一个快车道，值得注意的是，数字经济正在发展中国家迅速扩张。"联合国贸易和发展会议秘书长基图伊（Mukhisa Kituyi）称。用基图伊的话说，增长最快的发展中国家在互联网的包容性方面也占据了最大的份额。在2012—2015年之间第一次上网的7.5亿人当中，有近90%来自中国和印度。

据互联网研究机构易观国际报告，2017年二季度，中国第三方移动支付市场规模达230408.2亿元，环比增长22.5%。

接下来，不妨聚焦这个行业的"玩家"们。

先说于2015年11月19日上市，成为全球移动支付第一股的Square，其核心业务是信用卡付款处理服务，公司按照每笔交易总支付额的一定比例收取费用。Square上市之初有3款硬件产品：第一款是免费赠送给用户的可以插入智能手机或平板耳机孔的插件，其配合移动App可以实现刷卡服务；第二款是带有刷卡槽的iPad底座，消费者刷卡后商家可以在iPad上进行操作；第三款是带有无线NFC识别支付功能的读卡器，可适用于苹果、安卓等其他操作系统。Square卡片阅读器的推出，推动了支付服务向EMV和NFC方向转变。

再看国内，上线于2016年9月"白条闪付"的京东金融尤值得一提。该公司在保持原有白条消费金融功能的基础上，通过银联云闪付技术，可在全国银联闪付POS机上使用，支持Apple Pay、华为Pay、小米Pay等支付方式的手机或终端设备使用，京东白条从电商平台内部走向线下市场。

财付通则是腾讯集团旗下中国第三方支付平台，一直致力于为互联网用户和企业提供安全、便捷、专业的在线支付服务。自2005年成立伊始，财付通就以安全、便捷作为产品和服务的核心,为个人用户创造了多种便民服务和应用场景,还为大中型企业提供专业的资金结算解决方案。

财付通提供了快捷支付、财付通余额支付、分期支付、委托代扣、信用卡支付(Epos)、微支付等多种支付产品,覆盖的行业包括游戏、航旅、电商、保险、电信、物流、钢铁、基金等。

汇付天下成立于2006年7月,专注于为传统行业、金融机构、小微企业及个人投资者提供金融账户、支付结算、运营风控、数据管理等综合金融服务。其建立了基于视频、音频的人脸、活体及语音等身份识别技术应用。通过大数据技术、各类建模和机器学习手段建立了多层次的风控体系,包括监测、规则、阻断与拦截等。汇付天下拥有完整的信息安全保障体系,通过了非金融机构支付服务业务系统检测认证以及相关的数据安全标准认证等。

综上,如前文所述可以看到,原本固化的支付领域利益格局开始瓦解。一直以来,由银联及"宝信"(支付宝、微信支付)为主的第三方支付两大转接清算阵营的二元格局正在被打破。包括有利于市场参与者公平竞争的条码支付新规的下发,人们有理由相信市场环境会日趋向好。

聚变之融资

消费金融也好,P2P借贷也罢,包括众筹,这些聚合在互联网融资领域的业态,也许找不到比"聚变"更适合的字眼去描述这诸多力量的汇聚与迭变。

始于20世纪初期的消费金融,其在欧美发达国家已形成较为成熟的运作模式,构成了金融市场的重要组成部分。在美国,个人消费金融、销售金融、商业金融公司日益融合,形成全球影响力的消费金融公司。欧洲的消费金融起步晚于美国,目前已成长为全球第二大消费金融市场。日本作为亚洲消费金融发展较早的国家,消费金融业务成为该国经济迅速发展的重要源动力。

扫描消费金融的区域商业模式,不难发现包括中国在内的很多国家,如美国、日本及欧洲国家等,其消费金融公司的发展路径各异。

美国消费金融公司主体众多，业务广泛。美国市场上活跃着三类消费金融公司：一是个人消费金融公司，主要经营个人消费信贷资金的发放，用于购买个人消费品；二是销售金融公司，主要是通过分期付款方式服务销售商，让其向消费者提供汽车等消费品；三是商业金融公司，主要是向消费品生产企业或者销售企业提供短期融资。

欧洲消费金融公司借助经销商扩张业务。欧洲消费金融将市场定位于收入不高但收入来源稳定的人群，尤其是年轻群体。消费金融公司主要向客户提供特定用途贷款和无特定用途贷款。

全球最大的消费金融公司桑坦德消费金融有限公司于 1963 年在西班牙成立。桑坦德消费金融公司通过与遍布西班牙的汽车经销商和零售商密切合作的方式开展贷款业务，采取以汽车经销商和零售商为对象的间接营销与以个人客户为对象的直接营销相结合的模式，进一步优化配置借贷资源与风险成本。

日本的消费金融公司依托商户发展。日本是亚洲消费金融发展较早的国家，由于历史上形成的独特银企关系，日本的银行主要服务于大型企业，个人客户不是日本商业银行的传统客户，很难从商业银行取得消费贷款。因此，日本商业银行的消费信贷业务占比较小，消费金融服务的主要提供者是日本的非银行金融机构，主要包括消费者无担保贷款公司、信用卡公司、分期付款公司等。

中国的消费金融公司呈现出多主体扩张发展格局。中国消费金融行业根据发起人的不同，呈现出银行系、产业系、互联网电商系、P2P 系（分期购物平台）等多网络链条的扩张发展格局。

今天，如果说昔日互联网金融上半场是时代裹挟着市场主体的癫狂，那么下半场走至前台的金融科技身居宝座但头顶监管之利剑，且喜忧参半。与此同时，就金融科技监管而言，仍有不少盲点有待完善。

在这其中，颇为亮眼的是，自 2016 年掀起互联网金融新动能的消费金融，其可能仍是资本竞逐的对象。在资本的眼中，消费金融市场是一个爆发式增长的蓝海。这个市场的玩家特点各异。细究起来，会隐约感知到它们自下而上，发力解决痛点而行至今日的商业逻辑。

第 1 章
现状：风口与痛点

按照京东金融报告的说法，与其说消费金融依赖大数据，不如说消费金融依赖基于大数据的用户征信信息。消费贷、工薪贷、学生贷等面向长尾用户的网络信贷的产生，亟须利用用户的相关信息数据进行信用评分和欺诈风险防控。大数据技术能够通过其开发的风控模型完成这一点。尤其是互联网商业集团通过其电商、社交、支付三大服务获取用户数据，然后为其金融业务服务。在国内具有代表性的是京东、腾讯和阿里巴巴，在国外具有代表性的是Facebook（脸书）、Apple（苹果公司）及其支付业务Apple Pay。

2013年，中国互联网消费金融市场规模达到60亿元；2014年交易规模突破150亿元，增速超过150%，京东金融报告预计，2017年整体市场将突破千亿元。

放眼此行业的玩家，亦是各具特色：

杭州恩牛网络技术有限公司（又称51信用卡）成立于2012年5月，是中国互联网金融协会首批会员单位、浙江互联网金融联盟理事单位、杭州互联网金融协会副会长单位和浙江互联网金融联盟首批信息公示单位。公司业务涵盖负债管理、小额信贷、分期、理财四大板块，已经从单一的信用卡管理工具企业演变为综合金融服务集团。旗下主要产品包括智能账单管理App"51信用卡管家"、金融服务平台"5人品"App和"给你花"App。依托拥有大量用户的负债管理平台，51信用卡借助多年积累的大量金融客户以及信用卡数据构建了全新的信用卡金融生态闭环。

量化派则是数据驱动的消费金融科技公司，在为消费者提供消费信用额度的同时，借助消费场景实现流量变现，帮助金融机构获取形成资产。量化派通过基于机器学习和互联网化的风险定价，整合互联网及传统数据源，帮助个人及小微企业证明经济财务等状况，从而快速获得低成本贷款。信用钱包是量化派旗下产品，通过App、微信及第三方接口，提供消费信贷及消费场景下的白条服务，根据借款人的信用信息，通过数据分析技术评定借款人的最高信用额度，并可在一定范围内预先进行购物行为，量化派在短时间内向商家支付消费款项，借款人通过量化派分期还款。

谋变之投资管理

用"谋变"形容金融科技行业的投资管理业态也许有些谨慎，但涵盖此领域的几种业态，诸如理财、财富投顾、交易等或已行至十字路口，唯有谋求变化，找准方位，方能释放行业活力。尽管它们中间不乏行业翘楚，然而，放眼市场，鱼龙混杂者不在少数。

对于人工智能，国际尚无公认的定义。最早提出这一概念是约翰·麦卡锡说，他认为"人工智能就是要让机器的行为看起来像人所表现出的智能行为一样"。在金融领域，人工智能正逐渐深入到大数据征信、贷款、风控、资产配置、财经信息分析等领域，尤其是智能投顾领域。

从智能投顾行业现状来看，目前公开表示具有或正在研发智能投顾功能的互联网理财平台已经超过20家，比如京东金融、一心、积木盒子、聚爱财Plus等。但智能化程度参差不齐，和美国同类企业相比仍有差距。

部分互联网金融企业以智能投顾为噱头，但是并非真正的金融科技公司。

一些P2P企业仅对用户进行简单的风险偏好测试，根据用户偏好推荐相应理财产品，并未用先进的数据算法来优化投资模型，仅意在借智能投顾的幌子进行市场宣传。

真正致力于智能投顾的创业企业仍在模仿Wealthfront的产品形式，基本实现智能算法模型的搭建，使用数字化手段提供投资咨询服务。

弥财、蓝海财富作为国内智能投顾公司的代表，成立于在2015年前后，位居国内最早的智能投顾公司之列，它们借鉴Wealthfront、Betterment的产品模式，推出了机器人投顾产品。目前这两家公司的投资标的均以指数基金ETF为主，跟踪全球市场，目标客户多为有海外资产配置需求的人群。两家公司的咨询费率均低于国内人工投顾费率，蓝海财富的咨询费为所管理资产的0.5%，弥财更是将咨询费率降低到零以广泛获客。

其实，"较大范围的智能投顾，包括了传统单纯数字智能投顾和混合模式的智

第1章 现状：风口与痛点

能投顾。"2017年10月14日，在上海举行的"2017金融科技的创新、应用与风险监管国际研讨会"上，先锋领航投资管理（上海）有限公司董事总经理、中国区总裁、上海财经大学上海国际金融中心研究院理事林晓东如是说。

在林晓东看来，智能投顾又称机器人投顾（Robo-Advisor），是一种新型的在线财富管理服务模式。它结合人工智能、大数据、云计算等新兴技术及现代资产组合理论（Modern Portfolio Theory）搭建投资组合模型，再将投资者的风险承受水平、投资收益目标、个人财务状况、理财规划及偏好等输入组合模型，为用户生成自动化、智能化、个性化的资产配置建议，并提供交易执行、资产再平衡、税收管理、房贷偿还等增值服务。

"提及人工智能，大家熟悉的基本上都是应用端，如人脸识别、聊天机器人等。实际上，人工智能并不只在人脸识别等局部应用上爆发，还有很多实际的落地内容和项目。"天云融创数据科技（北京）有限公司CEO雷涛认为。

雷涛解释，人工智能领域正在发生影响深远的变化，对人们的思维方式也形成很大冲击。在过去的几十年里，计算机被广泛用于完成自动化任务。但如今出现了一个分水岭，机器学习技术允许我们在难以精确描述规则的边界内完成同样的任务。人类习惯于抽象和简化思维，人工智能依靠质朴的数学算法和超强的计算能力，还原了世界的复杂性。

不过，就个人理财与财富管理而言，据毕马威相关报告，为迎合年青一代"手机控"的生活习惯，理财和投资产品的网上展示成为手机财富管理软件的标配。通过移动端的展示，不仅便于用户迅速了解金融产品的特点，软件端在用户开启和使用时，利用触点和位置服务等功能，能够动态掌握用户的关注点和使用场景，配合大数据模型技术，可以智能了解并评价客户的浏览行为，有针对性地推送或推荐客户可能会关注的产品及服务。简而言之，在手机电商领域已经普遍应用的智能推荐功能，已经开始逐步进入金融投资产品的线上展示领域。

此外，随着市场化金融投资品的日益丰富，以及资产配置观念的逐渐深入人心，初步拥有一定财富积累的中青年城市中产开始使用手机财富管理软件进行投资品的管理。与之同步，部分金融科技公司适时推出了界面较为友好的移动端软件工具，并逐步涉足自动化和智能化的投资产品推荐和管理功能。

就大数据财富管理而言，京东金融发布的报告指出，财富管理是传统金融企业的一项金融理财业务，意在为客户提供投顾建议，合理配置资产。但因为技术问题，传统金融机构仅针对少量高净值客户展开财富管理服务，未能向更广泛的长尾客户普及。互联网公司则开始普及此类财富管理服务，例如京东金融推出的经过大数据计算智能推荐给用户的标准化的各类理财产品。

细究京东金融的财富管理模式可以发现，其框架是构建科技型财富管理平台，智能策略的生产基地，其财富管理业务致力于通过提供优质有保障的产品、智能投资策略以及用户教育等方式，帮助用户实现财富增长。

对于此部分的风险管理，京东金融的做法是坚持通过穿透性资产审核以及为资产增信等方式来保障资产质量。

京东小金库便是京东金融为此打造的一款产品，起初是为用户提供的现金理财增值服务，当前可为用户提供"零用钱"和"理财金"两大专属场景，实现理财与消费的体验升级。

在开放平台建设方面，京东金融上线行业首家金融机构自运营平台"京东行家"，致力于赋能金融机构，提升行业效率及降低运营成本，成为金融机构的移动官网。据京东金融方面透露，"京东行家"后续还将向私募、保险等其他金融机构开放。财富管理业务亦相继推出"五星京选""基智播报"等智能投资策略型产品，用户整体投资回报有望得以提升。

不过，金融科技领域的财富管理市场并非风平浪静。

据 36Kr-FinTech 行业数据研究报告分析，关于国内智能投顾市场存在的问题，除却共性的黑箱之诘问，国内智能投顾目前主要存在两大问题。

一是盈利模式不清晰。据中国证券业协会信息披露，目前有智能投顾业务线的公司中，只有同花顺一家具备投资咨询资格。对于国内大部分企业来说，模仿 Wealthfront 等公司收取管理费的经营模式难以合规，尤其是直接2C的公司。理财魔方作为2C公司，与基金销售代理机构盈米财富合作，起到引流客户的作用，但由于盈米财富和理财魔方都不具备投资咨询资格，理财魔方目前现金流只有同盈米瓜分有限的基金购买和换仓手续费这一单来源。

二是利益冲突问题。由于前一问题的存在,大部分智能投顾公司必须与基金代销机构合作,投顾公司只能推荐该代销机构销售的基金且代销机构标的选择性有限,难以真正给用户全局以最优解。另外,智能投顾公司与基金代销机构的这种深度绑定方式难以界定双方定位,参与基金购买手续费分成这一模式也更加难以说服用户自己是站在买方角度进行基金推介。

不妨看看这个市场的"玩家"是怎么"玩的"。

杭州挖财互联网金融服务有限公司(简称"挖财")成立于2009年,定位于做老百姓的资产管家,聚焦于传统金融服务涉足较少的大众,担当数字普惠金融的践行者。目前,公司旗下挖财记账理财应用累积了大量的个人用户。经过7年的发展,挖财已经从记账到理财,从技术到金融,从小众到广大老百姓,发展成为一家具有特色的互联网资产管理平台。

挖财旗下主打产品有挖财记账理财、挖财宝、挖财钱管家、挖财信用卡管家、挖财股神和挖财理财社区。挖财记账理财是专业的"勤快人"的财务管理应用,挖财信用卡管家是轻量级的"懒人"的综合信用卡管理应用,挖财钱管家是综合的个人财富管理服务应用,挖财宝为百姓提供私人银行级的理财服务,挖财理财社区已经成为国内财商教育普及范围较广的理财社区。2016年4月,互联网金融博士后工作站落户挖财,聚焦于大众用户利用互联网进行资产管理这一重要课题,致力于打造具有行业影响力的智库和创新源。

北京资配易投资顾问有限公司(简称资配易)成立于2014年,是一家从事证券投资人工智能系统研发和技术服务的金融科技公司。公司以"让资产配置更简单、更高效"为使命,致力于将人工智能技术运用于资产管理行业。公司的主要产品是自主研发的证券投资人工智能系统(SIAI),该系统可以为证券公司、资产管理公司等金融机构提供人工智能投资管理服务解决方案。金融机构可以运用资配易的SIAI系统构建新型的投资管理服务和业务,满足互联网场景下的资产管理需求。

那么,未来将何去何从?林晓东认为,未来大资管行业发展将会迎来4个新趋势。

首先，在过去是机构投资者或企业客户作为推动所有科技和创新的原动力，但千禧一代的出现，个人投资者成为推动金融科技发展重要动力。

其次是亚马逊效应。亚马逊效应延伸到金融科技领域，过去大家习惯到物理网点做投资理财咨询，现在大家更加倾向于通过数字化渠道解决自己对投资理财的需求。

再次，科技让未来更加有预见性。过去，对所有金融从业人员来讲，最难预见的是未来市场的发展，而随着大数据、云计算的发展，虽然不能100%确定未来，但对未来市场的判断及收益的预见，准确度将有很大提高。

最后，就大资管或财富管理机构来讲，过去强调投资超额收益，现在注重的是如何应用科技手段去提高运营有效性，降低运营成本，把最终的运营超额收益回馈给投资者。

不言而喻，2017年的人工智能已在金融领域逐步打开应用场景。以智能投顾和智能投研为例，不管C端还是B端均有用武之地，既能帮助C端客户进行资产配置，也能帮助B端的基金、私募及银行提高工作效率。

蝶变之保险科技

保险科技（InsurTech）终于在这一天实现"蝶变"。

有人说，随着互联网保险的快速发展，保险业务领域效率低、成本较高和客户体验不好的问题都会暴露出来，解决此类问题的良策是保险科技。

金融科技发展过程中，其重要方向之一便是保险科技。通过科技的手段，如互联网、大数据、云计算等技术运用到保险公司实际业务开展的流程中，从投保人的投保支付到保险人承保、理赔，再到保险资产的投资及后台进行的费率厘定、保单管理等，可以提升用户体验、提高投保效率、优化后台管理甚至产生新的商业模式。

2017年9月22日，中国第一家互联网保险机构——众安保险在中国香港上市，融资15亿美元，创下2017年以来全球金融科技领域最高融资记录，使得融资活跃度指数出现飙升，达到141。

众安保险2013年11月成立，由腾讯、蚂蚁金服、中国平安发起，是中国第一家互联网保险公司，其总部在上海，不设分支机构。众安保险挖掘移动互联网、云计算、大数据等新技术，运用于产品设计、自动理赔、市场定位、风险控制、后端理赔服务等全流程，为用户出行、购物、医疗、投资理财等过程中不同的金融需求提供保障。

除了金融科技第一股外，众安保险还拿到了第一张互联网保险牌照。目前，市场上有超过120家保险公司开展了互联网保险业务，但是拥有互联网保险牌照的公司仅有众安保险、泰康在线、安心财险和易安财险4家。

不仅这些公司在渠道上进行积极探索，不少新成立的新保险公司也将其作为竞争突破抓手。一位寿险公司董事长称，在市场竞争中，中小保险公司要在发展中做出自己的特色，以科技为引领是今后中小保险公司与大公司竞争的重要手段。

而大公司也在对保险科技进行紧锣密鼓的布局。2017年9月6日上午，中国平安旗下的金融科技公司金融壹账通召开"智能保险云"产品发布会，以人脸识别、语音语义识别、声纹识别、微表情等技术为依托，推出"智能认证"和"智能闪赔"两大产品，并面向全行业开放。

2017年10月10日，同方全球人寿"宙斯"智能个险系统正式亮相，公司数字化保险战略地图首次对外公布。

"选择10月10日这个日子作为同方全球人寿的数字化保险日，恰是因为0是原点，1是新生，而我们对传统个险的智能升级正如1对0的致敬和超越；同时0和1所代表的二进制语言，也承载了科技对现代人寿保险行业的改变。"同方全球人寿总经理朱勇在发布会上表示。

"纵观全球，谁可能是数字化保险的真正领先者？答案是中国。"朱勇表示，中国互联网用户总数已达7.31亿。庞大的数字化社会孕育出一批"数字原住民"——90后。这些依靠网络生活的年轻人，将影响未来商业世界的格局和发展方向。"他们是未来标准意义上的数字化客户。"

数字化的浪潮不可逆，传统的人寿保险亟须激流勇进，满足数字化客户对人寿产品、服务、沟通上的各类需求。在朱勇看来，破题的关键就在于以科技赋能保险。

"有六大科技会对人寿保险产生极大影响。"朱勇指出，未来，人工智能的运用将大大提高核保、理赔、客服的效率，云计算对信息数据的存储、分析、再应用将达到史无前例的高度，物联网及可穿戴设备在信息交互方面的应用可提升承保的准确率和效率，而无人机技术则有望让保险的勘测、定损、救灾日趋高效；保险的本质即大数法则，相信未来大数据的运用将是保险业非常重要的助推力。不仅如此，未来的基因检测技术也将重新界定疾病和健康，从根本上改变人寿保险。

在进一步勾勒未来数字化保险的形态时，朱勇将它形象地描摹为"北斗七星"：客户画像清晰完整、客户服务随时随地、保险产品量身定制、保险销售移动便捷、销售渠道多维融合、营运模式精细高效、风险管理实时监控。

再来看成立于 2014 年 7 月 17 日的上海最会保网络科技有限公司，它由原安盛天平保险首席战略官陈文志博士创立。公司核心产品"最惠保"是一家车险在线聚合交易平台。

最惠保将传统一对一的保险分销业务模式转变为多对多的业务模式，通过最惠保 App 及微信公众号为保险营销员及车主提供在线比价、投保、支付、出单等全流程服务。最惠保 App 上线以来，为众多保险营销员提供了在线报价和交易服务，提升了业务员的业绩。

按照中国保险信息技术管理有限责任公司车险业务部总经理单鹏的话说，金融科技与保险科技是一种从属的关系，但从内涵、目标指向、技术依托、核心模式和科技边际价值来讲，传统的金融科技和保险科技存在一些差别，金融科技是以金融交易为核心，主要指向金融交易的去中心化、定制化，而保险科技实际上是保险风控和定价的一种重新再造。从技术依托来讲，保险科技是以物联网为基础的人工智能、大数据的应用。

保险科技主要依托了人工智能、大数据、物联网、移动互联以及区块链等技术，对保险现有的运营、定价和风控体系进行再造。

第1章 现状：风口与痛点

物联网+保险。互联网金融行业中，通过物联网或智能终端创新保险模式的企业比较常见。例如，通过与智能穿戴医疗设备生产商 Misfit 的合作，奥斯卡医疗开启了健康管理计划；物联网渗透到汽车保险中体现为 UBI 车险模式。

人工智能+保险。即基于深度学习算法的用户行为目的预测模型，能够预测恶意欺诈人群行为。不少险企已经开始尝试将人工智能应用于保险交易的各个环节，从而提高生产效率，促进交易。同时，传统保险公司经常面临信息不对称和道德风险问题，人工智能也能发挥作用。

区块链+保险。区块链协议能够保证保险交易，促进保险生态的增长。除此之外，通过分户账簿，保险公司可实现业务合作伙伴与数据操作的连接。智能合约让按需风险评估和及时承保成为可能，整个过程不涉及任何客户操作，避免了欺诈的产生。

2017年3月，上海保交所联合9家保险机极成功通过区块链数据交易技术验证，在功能、性能、安全、运维4个维度验证了区块链在保险征信方面运用的可行性，借助区块链安全性、可追溯、不可篡改等优势，致力于解决保险业在征信方面长期存在的痛点和难点，此次验证过程中也对区块链在性能和安全性两方面做出了肯定。

大数据+保险。数据是保险业的基础。随着移动互联网的发展，可穿戴设备、移动医疗、智能家居、车联网的发展带来了大数据的蓬勃发展，为保险业利用大数据创新提供了机会。

P2P+保险。凭借当代的电子账户技术和大数据技术，此类互助性质的保险重新焕发了生机。德国 Friendsurance 是全球首家提出"P2P+保险"运营模式的公司。

诚然，就营销模式与特点而言，互联网保险与新兴金融科技的结合，不仅催生了各类保险产品，互联网保险的商业模式也正在发生改变。

按照传统，保险公司开发产品，然后让一套层次架构复杂的销售体系销售。而当今的互联网保险企业则消除了物理网点和营业时间的限制，让保险产品可以直接面对终端用户，实现去中介化，有些互联网保险公司甚至没有自己的保险产品，仅仅是提供保险信息服务。

不过，万变不离其宗。"就保险科技创新而言，当下需要特别关注两个领域：一是认知科学；二是生命科学。这是保险最基础的领域，因此需要更多的关注。"中国人民财产保险股份有限公司执行副总裁王和解释。

认知科学的本质属于计算科学。"数据可能"和"计算可能"将共同推动并迎来算法时代，因此，认知科学革命时代将势不可挡地到来并改变世界。

对此，王和认为，就保险而言，人们不得不面对：当更多的风险是已知的时候，保险还保什么？怎么保？从技术的角度看，它将颠覆传统保险的"前定价"模式，回归互助的本源，迎来相互保险的 2.0 时代，我们需要思考并探寻"保险"新的存在方式。

就财产保险而言，在科技创新的过程中，"车联网车险（UBI）"无疑是一个热点，各种创新实践层出不穷，虽各有千秋但尚不完美。例如，更多是关注驾驶行为的风险解释，殊不知驾驶行为也不是孤立存在的，它是一种与内外环境互动的结果，风险的条件与条件反馈是一个复杂的系统。

在王和看来，未来的车联网保险应当构建基于"三维"思维的技术架构，特别是在智慧交通的大背景下，关注应用新技术，实现对"三维"数据的获取、计算与合成。这方面虚拟技术，如 VR、AR 和 MR 将给我们带来启发，而这一切，将从根本上颠覆传统车险的风险认知与定价模式，甚至是车险本身。

有人认为 21 世纪属于生命科学，而生命科学的本质属于计算科学。王和认为，这个领域值得保险业高度关注，日前，美国政府部门发布一份题为《数学与 21 世纪生物学》的研究报告，其基本观点是生物学（生命科学）将进入计算时代。

王和认为，面向未来，生命管理将进入智我管理时代。在生命智我管理的时代，将催生一个非常重要的产业，借用"科技金融"的概念，可以是 HealTech（科技健康）。可以预见，未来这将是一个万亿级的市场，而保险无疑将成为撒手锏，因此，保险要关注这个市场，这个市场也要关注保险。

"作为一门边缘科学，保险业的最大特点是上知天文地理，下管鸡毛蒜皮，因此，保险科技的内涵和外延必然是广泛和丰富的，也势必是日新月异的，这既是挑战，更是机遇，它给了保险创新以无限可能与想象空间。"王和说。

应变之直销银行

几乎在一夜之间，一种基于市场环境和用户需求的互联网金融服务解决方案产生了。尽管较国外而言，国内直销银行的步子迈得并不大，但这一天还是来了。

用"应变"来描述直销银行的出现也许较为妥帖。

2017年11月9日，京东金融与大连银行在北京举行了战略合作签约暨大连银行直销银行上线发布会。当日，大连银行直销银行App壹伴客正式上线，即日起消费者可下载体验。

直销银行壹伴客承担着实现大连银行线上突围与破局，打造全价值链综合金融服务平台的重任，由京东金融与大连银行双方团队历时5个月联合打造，瞄准年轻人群、互联网用户，围绕客户全生命周期提供财富管理、消费信贷、积分权益等多项便捷的金融服务。

大连银行行长王旭称，双方采取合作研发、联合运营的合作模式，共同打造的直销银行品牌壹伴客，是银行与科技公司合作模式的创新。以此为契机，双方将在思维、观念、机制以及资源等方面将进行全面、深度的融合，双方将以合作共赢为基础，坚持市场化原则，发挥各自优势，全面深化在数字金融平台、线上信贷及大数据风控等各个业务层面的合作。

可圈可点的是，近年来，随着互联网银行模式的进一步创新，出现了一些主要基于移动手机应用开展银行服务的数字银行（Digital Bank）或移动银行（Mobile Bank）。它们普遍没有独立的银行牌照，而是选择与传统银行合作开展业务，它既享有银行的资源，又能提供迭代速度较快、具备创新性的银行产品和服务。

放眼国际，西方发达国家的互联网银行快速发展，美国共有30余家互联网银行，位居全球榜首。在过去20年间，美国的互联网银行发展迅速，从无到有，借助成本优势和更有亲和力的服务，从网络银行发展为移动银行。

相比之下，中国的互联网银行尚处于起步阶段，主要是传统银行业布局互联网金融及新兴互联网企业进军银行业的共同产物。互联网在中国的发展历程，可以分为以下 3 个阶段：

第一阶段，传统银行以直销银行模式迅猛发力。2013 年，北京银行与荷兰 ING 集团合作建立了国内第一家直销银行。2014 年，民生银行直销银行正式上线运营。随后，兴业银行、平安银行等股份制银行纷纷推出直销银行，直销银行迎来爆发式增长阶段。截至 2017 年 5 月，国内共有 93 家商业银行推出直销银行，参与主体多为股份制商业银行及城市商业银行，其占比高达 89.3%。

第二阶段，互金企业以民营银行模式跨界进军。2014 年，腾讯公司发起设立微众银行；2015 年，由蚂蚁金服作为大股东发起设立的浙江网商银行正式开设。

第三阶段，直销银行以独立法人模式深度探索。随着银行转型压力持续加大及直销银行发展瓶颈日益凸显，传统商业银行纷纷效仿境外直销银行模式，申请以独立法人化运营直销银行。2016 年 1 月，原银监会提出指导条件成熟的银行对直销银行等业务板块进行牌照管理和子公司改革试点。2017 年 1 月，中信银行与百度公司合资的百信银行正式获批筹建，民生银行、北京银行等 20 多家银行启动独立法人直销银行牌照申请，互联网银行迈入多元化竞争的新格局。

全球范围来看，类似直销银行的企业范例并不少见。

MovenBank 是美国的一家手机金融服务商，成立于 2011 年。MovenBank 的创始人兼 CEO Brett King 称，"MovenBank 将会创造一种由手机、社交网络、线上操作相结合的游戏化的金融服务体验。"MovenBank 的支付系统建造于 NFC 技术之上，通过在智能手机背后贴上 NFC 贴纸，用户即可使用手机支付所有 mastercard（万事达卡）可以支付的平台，打造一个无纸化时代。

MovenBank 的业务主要有 CRED 信用系统、MoneyPulse 和 Money Path、实体借记卡与 NFC 无卡支付 3 种。

MovenBank 有自己的一套信用系统，包括传统的 FICO 评分，但更多的是创新的评分系统，通过对客户的社交网络、个性测试来对客户的财务健康程度做出分析，并测算出其违约率，进而针对不同信用的客户制定出不同的利率。

相较普通收据显示的是"客户消费的金额",Moven 的消费显示是客户的剩余财富,以提醒客户控制消费行为,帮助其养成良好的消费习惯。Moven 利用公用云模型,达到规模经济,节约了成本。此外,MovenBank 先进的技术,结合其合作银行 CBW 银行牌照资源、客户基础及社会公信力,还为客户提供创新型的体验。

而中国的网商银行是由蚂蚁金服作为大股东发起设立,它是中国第一家核心系统基于云计算架构的商业银行,同时也是原银监会批准的中国首批 5 家试点民营银行之一,于 2015 年 6 月 25 日正式开业。

微众银行则由腾讯公司及百业源、立业集团等知名民营企业发起设立,总部位于深圳,2014 年 12 月经监管机构批准开业,是国内首家民营银行和互联网银行。微众银行既无营业网点,也无营业柜台,更无须财产担保,而是通过人脸识别技术和大数据信用评级发放贷款。

诚然,直销银行的发展绝非一蹴而就,就金融机构而言,它考验银行的创新管理能力。"如果说此前大家对直销银行的概念和定位还有争论和疑义的话,那么随着百信银行的开业,对这一有限牌照商业银行的定位就非常明确了。"包商银行行长助理兼包银消费金融公司董事长刘鑫说,他认为直销银行绝不是简单的渠道端的创新和变革,而是在移动互联时代为适应市场和客户需求的变化,产生的一种采用新型运营模式的银行。

刘鑫认为,直销银行的发展大体可分为两个阶段。直销银行 1.0 本质是渠道端的变革,通过线上化的工具和手段,为客户提供标准化、简单化的产品。包商银行 2014 年推出的小马 bank 就属于直销银行 1.0 形态。直销银行 2.0 核心则为运营流程再造,以"数字、移动、在线"为主要特征。

据统计,截至 2017 年年底,全国有 105 家银行开展直销银行业务并推出独立直销银行 App。

"只有对运营流程做彻底再造,才能服务于数字经济,适应互联网小额、高频、高并发的交易特性,也才能实现为客户提供无时无处不在的金融服务这一目标。"刘鑫说。

变局之金融科技基础

"变局"或许是内涵与外延范畴广泛的金融科技基础设施状态的诠释。

活跃在这个领域的主体较多,诸如大数据解决方案、征信类型机构,如百融金服、聚信立、百分点、天创信用、同盾、微众税银、棱镜征信等;也有信息服务类型的机构,如点石金融、融360等。

纵观中国征信行业现状,可以看到如下几大特点:

①现有征信体系以政府为主,信息覆盖仍待完善。即中国征信体系采用政府主导、第三方机构辅助的模式。中国人民银行征信中心是中国征信体系的基础,其信用信息服务基本覆盖全国信贷市场。

②个人征信体系尚未覆盖半数。央行数据显示,截至2015年4月30日,中国人民银行的信贷报告覆盖了8.64亿自然人,其中有3.61亿人拥有个人信贷数据记录,有5.03亿人有个人社保信息记录但无征信数据,余下5.3亿人没有任何征信信息。

③企业征信系统实现基本覆盖,但信息不够完整。截至2015年4月30日,2068万户企业及其他组织中,有中征码的企业及其他组织1023万户。

④行业市场渗透率低。个人征信行业的市场渗透率整体维持在9%的水平。低渗透率的背后是各数据网络的割据与隔离。

从发展趋势来看,在市场份额上,社会征信机构和类征信机构寡头垄断与垂直细分可互补。

预计未来5年,中国将设立大批的征信机构和类征信机构,通过各自的技术能力和数据资源抢占市场,在这个过程中,重复投入问题不可避免。但征信相关市场容量有限,且征信服务业具有明显的自然垄断属性,资源的聚集是必然趋势。预计未来10年,中国征信相关行业会经历迅速扩张、并购整合和成熟发展的阶段,最后两三家公司将占据市场70%以上份额甚至更多,其他几家各自在细分市场占领一席之地。

第 1 章
现状：风口与痛点

此外是数据孤岛问题将被逐步解决。中国的个人征信市场从 2015 年开始尝试引入市场化主体，目前较大的数据源包括各政府机关、传统金融机构、互联网公司，其数据之间各自独立并未打通。

目前政府和企业都在逐步采取措施解决问题：一是法院、工商、税务、社保、公积金、商标、房管、海关等官方机构信息联网建设；二是通过云计算技术在云端建立一个数据共享机制，打通数据孤岛；三是借鉴美国经验，建立规范的数据标准，便于实现数据打通和连接，逐步解决公共征信平台和社会征信机构双线发展格局中各方数据孤岛的问题，各方将最终实现互补共存但又相互竞争，最终达到平衡共赢。

未来大数据的效力和使用方法将更明确。除传统的金融相关数据外，电商、电信业、零售业、社交工具数据正在进入征信体系。有观点认为创新数据的效力可能被过度放大，也许这只是用户个人习惯，习惯与个人信用可能并无直接相关。2014 年，美国政策与经济研究委员会（PERC）的一项研究结果称，非金融信息在信贷决策中的作用有限，社交信息对于判断借款人的还款意愿和能力暂无预测能力。也有观点认为，创新数据只要数量够大，并结合良好的建模技术和容错机制，创新数据本身能够发挥评判能力。从数据实测和市场反应来看，大量的创新数据与传统金融数据结合，对于金融征信评价机制是有益的补充，在模型中加入社交或个人习惯等新型数据后，其风控能力有所提升。

京东金融研究院发布的《2017 金融科技报告：行业发展与法律前沿》称，就大数据征信而言，金融科技不同于传统金融行业，面对的是虚拟网络世界中大量长尾用户。传统的各大门户网站，如以贯通供应链金融和物流链的京东和以腾讯为代表的社交网站纷纷开展大数据征信业务。

该报告认为，大数据风控底层技术包括大数据和人工智能。只有先积累丰厚的大数据，运用机器学习等人工智能方法进行运算，才能确定用户的风险指数。大数据风控目前已在业界逐步普及，国内市场对于大数据风控的尝试比较积极。例如，京东金融与美国金融科技公司 ZestFinance 合作开发风控模型。2015 年 6 月，京东金融与 ZestFinance 合资成立 ZRobot，推出"漫网"和"盘古信用模型"等产品。

以小微信贷为例，大数据应用的威力也不容小觑。据毕马威报告，与纯个人领域的大数据应用有所不同，小微企业信用评估既涉及企业主个人的信用评估，也涉及部分企业信息的获取和分析。而对公服务领域的数据维度更宽，涉及公开、半公开和非公开各个领域的数据源，拥有征信牌照的大数据征信企业可以根据金融服务需求，提供多维度的企业信用分析，并且利用机器学习等人工智能手段，不断优化反欺诈和信用风险量化模型。

从中小企业信贷领域来看，毕马威发布的报告称，尽管少数金融科技公司开始应用复杂的量化模型和深度学习等人工智能技术，在多维大数据基础上，对企业信贷风险进行量化评估，但更为普遍的是综合电商平台交易数据、核心企业ERP系统数据或物联网数据给予授信的产业链融资模式。此外部分企业已经开始研发或试点应用基于区块链技术的交易溯源和反欺诈产品，以控制信贷风险。

就区块链技术而言，我们可以将目光可以投向2015年4月成立的Onchain（上海氢氪互联网金融信息服务有限公司）。Onchain的公有链项目小蚁（Antshares）建立于2014年6月，是一个开源区块链项目。Onchain是小蚁团队成立的用于推广小蚁和丰富小蚁生态的营利性公司，该公司致力于区块链技术的研究突破并将其应用于金融领域，目前已经和国内多个重要金融机构达成战略合作关系，为企业提供定制化的区块链解决方案，并为客户提供完整、可用、具有开拓性的区块链架构协议。该公司项目涉及资产注册交易，企业内部风控与投票决议等多个领域，是去中心化分布存储技术的领航者。

在中国银行原副行长王永利看来，区块链是多类技术的集成，有很多的应用功能和应用场景。他提醒，打造央行主导的数字货币必须充分应用区块链等新技术；尽管比特币等网络虚拟币不可能成为真正的货币，而只能是商圈币或代用币，不宜过度追崇和神化，但不能因此而忽视区块链等新技术的研究和应用。

一方面，区块链具有计算机互联网（加盟链）共同运行的属性。不是以自身主机独立运行，而是吸引社会计算机广泛加盟，共同运行，共享计算机的运算和存储资源，是互联网时代共享经济的重要特征和推动力。这也是区块链去中心化运行的前提和基础。

另一方面，区块链平台作为网络世界的自治组织，可以有自己的运行规则，如形成专用和唯一的身份赋予和验证体系、商圈币的推出和运维体系、智能合约和数据核查体系等。

由此，"区块链可以在涉及智能合约、档案管理、数据存储、资金清算、历史核查、安全保护等方面加以利用，其应用场景很多、潜力巨大。"王永利说。

不过，区块链属于全新集成技术，除比特币等币圈的应用外，主要还在实验室应用尝试，技术本身尚不成熟，还在演化和改进的过程中不断完善。

竞争与壁垒

尽管国内金融科技市场前景广阔，总体规模增速甚至达到100%以上，但是2016年中国金融科技营收规模仅4213.8亿元，整体增速下滑至42%，预计未来几年都将保持这一增速。

一个不容忽视的现象是行业内部整合正在加速。行业巨头成为左右竞争格局的关键要素。因此，除巨头之外的广大金融科技及互联网金融公司可能选择自我壮大或被收购的道路。

回望中国金融科技市场格局，会看到金融科技汇聚了信息科技和金融两大行业高端人才，是典型的知识密集型领域。北、上、广、深等一线城市在科技和金融人才的培养、聚集和储备上有很大优势，因此，国内领先的金融科技公司大多集中在这些地区。

北京是金融科技行业的监管部门所在地，在科技与信息工程领域拥有世界名列前茅的众多高校，同时，北京的金融科技企业数量较多，在毕马威中国发布的2017年《中国领先金融科技公司50》中，北京有21家金融科技公司入围了50强。

上海则是国内的金融中心，也是互联网经济比较发达的领域，具备金融科技的良好发展基础。京沪之争是永恒的话题，相比于北京，上海的金融科技实力不可小觑。上海是金融科技企业竞争的必争之地，有 14 家金融科技企业入围。

深圳是金融机构云集之地，互联网创业的氛围也非常浓厚，为金融科技的发展奠定了基础，有 7 家深圳金融科技企业入围。

杭州颇令人注目。当地金融科技行业发展势头近年来比较迅猛，有 4 家杭州金融科技企业入围。

中国香港具备发展金融科技的优质土壤，拥有较为完善的法制、充裕的专才、发达的信息资讯及投资初创企业的多方资金渠道等优势。德勤报告指出，中国香港在 2016 年全球金融科技中心排名中位列第 5，前 4 位分别为伦敦、新加坡、纽约和硅谷。

中国台湾也在积极发展金融科技行业，其具有金融体系完善、征信体系健全、资讯基础雄厚、用户对新科技的尝试意愿较高等优势。中国台湾金融管理委员会通过大幅放宽金融业转投资金融科技相关产业限制，借此推动金融科技行业的发展。

不妨借用市场竞争力分析的经典模型，即波特五力分析模型对金融科技市场进行竞争力分析。该模型从 5 个方面来考察市场的竞争力，分别为潜在竞争者进入的能力和目前行业内竞争者的竞争能力、购买者的讨价还价能力、供应商的讨价还价能力、替代品的替代能力。

潜在竞争者的进入会增加竞争，瓜分原有市场份额，减少现有公司的利润。如果新竞争者以降低价格、牺牲利润的方式进入市场，还有可能引起整个市场的恶性竞争。目前行业内竞争者的数量和影响力、消费者和供应商的议价能力及替代产品的易获取性都会影响整个市场的竞争程度。

而从潜在竞争者进入市场的挑战来看，存在以下两大壁垒。

①政策性壁垒。2016 年 10 月 13 日，国务院办公厅公布《互联网金融风险专项整治工作实施方案》，方案要求区别对待、分类施策，集中力量对 P2P 网络借贷、股权众筹、互联网保险、第三方支付、通过互联网开展资产管理及跨界从事金融业务、互联网金融领域广告等重点领域进行整治，其中一个重要举措是查处非持牌机构违规开展的金融业务。由此，新的竞争者进入金融支付行业时需要取

得合法的经营牌照，这对潜在的竞争者构成一定的进入壁垒。由此可以看出，金融科技的细分行业都将趋向于更加严格的监管，政策性壁垒将在一定程度上限制新的竞争者进入。

②技术壁垒。在目前的金融科技行业中，主要应用的都是一些基础技术，包括移动互联网、大数据和云计算等。这些技术已经得到了普及，不存在被垄断的情况。另外，基于云计算技术的大数据处理已经具备了虚拟化特征，将进行数据处理的计算机系统转换成了虚拟层，可在很大程度上为公司或金融机构缩减开销，提高了资源利用率。由此我们发现技术壁垒不会对新的竞争者进入构成严重威胁。

从行业竞争力来看，自金融科技行业兴起以来，由于进入门槛较低，行业利润丰厚，各个细分行业都迎来了快速扩张的阶段。然而，很多细分行业中的公司数量在2016年以后增长开始显著放缓。随着金融科技行业监管法规和规章的陆续出台，一些没有取得合法金融牌照或超越经营范围的公司陆续被相关部门加以整顿，随之退出该领域，但是很多细分领域中竞争者的数量已趋于稳定，即在目前技术和市场状况下，行业内竞争者的数量已经呈现相对饱和的状态。

购买者对供应者的议价能力方面，金融科技行业的主要服务对象是个人和中小企业。由于移动互联网、大数据和云计算等技术的应用，服务对象的数量激增。这就决定了单个的消费者对整个行业或者一个细分行业的贡献度相对较低。也正是基于服务对象数量众多这一原因，单笔投资所占的比重一般相对较小。所以在金融科技行业，购买者和供应者的议价能力都相对较弱。

就替代品的替代能力而言，与金融科技行业提供的产品或服务形成替代关系的是传统金融行业所提供的产品或服务。传统金融行业在为客户提供金融服务时，局限于柜台操作、人工合规性审核等方式，使得客户服务效率不高。在经历金融危机之后，传统金融行业更加注重风险管控，很多中小企业并没有被纳入其服务范围之内。与之相比，金融科技行业借助信息技术，可以为客户提供更加便捷和有针对性的服务。很明显，传统金融行业中的产品或服务的替代能力比较弱。

综合以上分析，我们发现，金融科技行业中虽然会有一定的政策壁垒，也缺乏有竞争力的替代品，但由于新竞争者的进入没有受到有力的限制，一些细分领域的竞争者数量趋于饱和，购买者的议价能力又比较弱，金融科技行业的竞争较为激烈。

那么，激烈竞争之下，其市场的格局又将如何？

厘清脉络之后，会看到国内金融科技市场产品类型涵盖广泛。相较于国际领先金融科技企业，国内企业的业务模式主要集中于消费金融、借贷、大数据及综合金融服务等领域。

在互联网领域，中国的金融科技创新非常活跃，在全球金融科技蓬勃发展的大潮中扮演了非常重要的角色。与国际比较，中国互联网金融发展早期以网络借贷为主，金融科技主要体现在互联网移动平台的应用上，综合性创新有限。但近年来，中国在消费金融和大数据领域的金融科技创新发展非常活跃；在第三方支付领域也涌现出了数家具有重要行业地位的领先者。此外，受益于中国领先的互联网电商体系，围绕电商展开的综合型金控服务发展迅猛，在全球金融科技领域独树一帜。未来，随着人工智能、物联网和区块链技术的逐步成熟，中国金融科技将会在这些领域爆发出更多的增长点。

而在竞争与壁垒因素之外，如果回溯金融科技现有的各大业态，金融科技3.0时代衍生出的长尾风险亦不容小觑。以蚂蚁金服旗下金融产品为例，截至2016年10月底，超过1亿人开通了蚂蚁花呗，实际使用人数将近8000万。交通银行金融研究中心高级研究员何飞认为，现有金融科技中的借贷、支付、理财等业态，主要服务于低收入长尾人群。

何飞将长尾风险视为金融科技六大风险之首。其余5项风险依次是：数据、技术、红线（金融监管）风险。并提出七条防风险建议，包括借鉴互金发展经验、运用监管科技手段、促进市场充分竞争、合理引导舆论舆情、提前做好周期管理、明确跨界从业底线和大力加强联动联防。

不管怎样，未来已来。金融科技变革正在重塑经济社会关系，金融科技也好，AI智能金融也罢，风控与金融的本质不会变，新金融发展迭代与演变也一直在路上。市场主体或监管者唯有洞悉变局，把握趋势，应变求变方能顺势而为。

行业研究：风口与痛点

欧阳晓红

> 能够存活下来的物种既不是那些最强壮的，也不是那些最聪明的，而是那些最能适应变化的。
>
> ——查尔斯·达尔文《物种起源》(The Origin of Species)

如果转换下文风，也可以说那些把握风口或成为风口，包括找到痛点并解决痛点的新物种才能够存活下来。在千禧一代成为消费主力的新时代，即在未来的类金融科技市场中，或许唯有新型金融机构或为之服务的科技公司可以无生死之忧。

这并非诳言。未来5年，零售银行、投资及财富管理和资金转移支付将是被金融科技颠覆程度最高的领域，一些现有业务将流向独立的金融科技公司。如果这些行业能够像移动支付和网贷的发展势头一样迅猛，潜力将无可限量。

中国金融机构自我转变的需求比其他各个国家和地区都要迫切，转型的速度也前所未见，这是大势所趋。而金融科技在中国的发展路径，也有别于其他国家和地区，其颠覆相对较少，更多关注的是应用先进技术形成解决方案以及合作共赢。另外，监管如何与时俱进也是迫切需要解决的问题。

支付之变

对于支付行业而言,所面临的变动与挑战主要有两点:一是个人信息保护;二是电子支付与新旧利益团体之争。

支付与商业、生活密切相关,在被电子化并与互联网结合时,用户信息很容易被泄露和盗取。现今,众多互联网金融机构依托智能手机,可以用自定义手势和密码进行支付。除此之外,指纹识别、刷脸识别、虹膜识别、声音识别技术也在逐步发展。这些新一代的识别技术一反常规的密码形式,用人身上独一无二的自然属性作为支付的识别依据,这种免去密码记忆与存储的识别和保密方式无疑更加可靠,极大提高了用户的支付体验。

网上支付的服务区别于传统银行和信用卡巨头所提供的服务,其业务发展也会受制于传统金融部门的掣肘。例如美国网上支付的发展就受限于人们对信用卡刷卡支付的依赖。因此,将网上支付与信用卡支付结合起来的移动支付企业随之出现。

纯技术发展角度而言,当电子货币在全社会通用之后,第三方支付将面临电子货币及其相应支付方式的挑战,基于区块链底层技术的电子货币使得个人对个人的去中介交易成为可能,第三方机构将可能面临更大的变局。

从全球市场来看,在支付电子化趋势之下,人们从最初的网上支付时代进入现今的移动支付时代。支付业的竞争将会更加剧烈。传统支付体系只局限在银行和银行之间,在移动支付引入了移动运营商后,现在又加入了第三方支付机构。正如之前我们无法预料第三方支付机构对支付行业的冲击。没有理由认为当前支付格局的划分会一成不变。近场支付技术的成熟和区块链技术投入实践,让我们看到了未来智能设备行业和技术公司在支付行业中的巨大潜力。

(一)中国支付市场未来趋势

(1)银行电子支付业务增长减缓。

2016年,中国的银行业金融机构共处理电子支付业务1395.61亿笔,金额 2494.45 万亿元，交易笔数比 2015 年增长 3.61%，交易金额比 2015 年降低 0.47%。在电子支付市场，银行支付服务仍然占据主要地位。随着支付市场格局的变化，银行与支付机构在竞争中合作，在合作中竞争，未来将进一步形成良性竞争状态，深化各自优势，推动支付服务的发展。

（2）支付机构网络支付业务迅猛增长。

近年来，中国的第三方支付产业迅猛发展，第三方支付机构不断拓展线下支付场景，将支付产业链由基础设施延伸至增值服务。2016 年，非银行支付机构累计发生网络支付业务 1639.02 亿笔，金额 99.27 万亿元，同比分别增长 99.53% 和 100.65%。

随着新技术与支付应用的深入融合、应用场景的不断拓展和支付业务的开拓，支付机构网络支付业务还将继续高速发展。

（3）支付行业监管体系不断完善，监管持续收紧。

随着支付行业的快速发展，行业监管体系也在不断完善。2015 年，支付行业综合监管、分层监管的主旋律基本定调，非银行支付机构监管制度框架不断完善，多层次、全领域的支付清算行业自律制度体系基本形成。2016 年，中国人民银行不但明确了一段时期内原则上不再批设新支付机构，更对违规支付机构严惩不贷。2017 年，互联网金融整治持续、备付金管理集中存管通知、网联上线都意味监管将持续趋严，同时，监管部门对支付机构、银行的违规处罚仍然未放松，支付行业将进一步规范经营。

（二）行业思考

（1）银联与第三方支付争夺支付场景。

银联与第三方支付目前仍处于市场竞争阶段，格局未定。

银联。一方面，银联拥有完善成熟的资金清算系统，且政府监管规定明确第三方支付机构不得绕开清算机构与银行合作，这代表银联必能在支付业务中分得一杯羹；另一方面，随着银联与手机巨头苹果、三星等达成合作，NFC 技术可能重获生机，实现对支付宝、微信支付的反击。

第三方支付。2016 年，支付宝公布用户 4.5 亿，微信支付用户超过 3 亿。支付宝和微信占据第三方支付市场 90% 的市场份额。支付宝、微信支付拥有庞大的客户资源和销售渠道，借助其强大的生态系统，已逐渐培养了用户的支付习惯。

在双方的争夺中，支付场景成为制胜关键，第三方支付公司应抢占 B 端资源。对用户来说，无论是移动支付还是 NFC 支付，不同支付机构提供的支付方式在便捷性、安全性上并无显著差异。随着移动支付使用场景的不断延伸，和不同的线下场景合作成为各大支付机构争抢的热点。未来第三方支付公司应尽快抢占线下支付入口，掌握 B 端资源。

（2）区块链技术变革路线及实践效果仍待检验。

可以看到，基于类似区块链技术的应用具有一定的优势，但也存在较大的制约，需要利弊之间的权衡。在跨境支付场景中，由于目前在全球范围内仍缺乏一个低成本、高效率的解决方案，不同国家之间还存在政治、监管等因素的差异，类似区块链技术这一去中心化、去信任化的模式是非常具有潜力的解决方案，但是具体的技术变革路线仍需在国内本土化落地，其实践效果也有待观察和检验。

支付结算方面，毕马威认为，在支付领域，围绕支付场景、个人及商户，金融科技公司在积极打造动态的服务场景，构筑以支付为核心的金融服务生态。围绕支付的大数据行为分析已经成为领先支付企业的必备技术能力。

而随着扫码、声音、NFC、基于生物识别的指纹等辅助支付手段的普及应用，第三方支付企业致力于提供更加便捷且安全的认证方式，特别是当支付与大数据反欺诈技术相结合以后，将更好地解决支付领域的安全性痛点问题。

直销银行之惑

互联网直销银行的风口得益于科技的影响，可以从 3 个方面予以佐证：

一是大数据、云计算技术已成为互联网银行运营的重要基石。近几年，直销银行 App 和网站访问量呈快速增长，重访客户规模不断扩大，如何挖掘客户数据价值，把握其潜在需求成为提升核心竞争力的关键。

二是生物智能技术将逐步成为互联网银行安全认证的核心手段。人脸识别、指纹识别是目前生物智能技术的代表，其作为身份认证的重要方式，已在多个领域得到广泛应用。目前，苹果、谷歌、京东、腾讯、百度、阿里巴巴等国内外知名企业已将指纹识别应用至支付领域，并积极涉足人脸识别技术的研究。该技术将运用于互联网银行开户、身份验证等业务流程之中。

三是区块链技术将是互联网银行实现跨越式发展的颠覆性技术。目前，大多数互联网金融本质上是传统金融的电子化，信用创造的方式并没有改变。而区块链技术从根本上改变了这种中心化的信用创造方式，在机器之间建立信任网络，通过技术背书而非中心化信用机构进行信用创造。随着区块链技术的成熟，将逐步应用于互联网银行。

展望直销银行的发展趋势，不难发现：

①产品与服务创新是互联网银行发展的基础。互联网银行可利用成本和产品优势拓展客户，加强理财、存款等产品的迭代升级。

②营销创新是互联网银行发展的关键。互联网银行应当注重品牌宣传，提升品牌影响力。

③风险控制是互联网银行发展的根本。直销银行自身的特性使得对风险控制要求更高，风控管理水平直接关系到直销银行的成败。

保险科技之痛

从保险科技行业现状来看，其痛点主要在于：

（1）信息披露程度有待提高。

互联网保险业务的主要特点是整个购买过程都是由消费者自己操作，通过浏览宣传页面了解保险产品并进行比较，从而点击购买。因此，在产品购买页面上进行全面、充分的信息披露和风险提示显得尤为重要。

（2）产品创新能力有待提升。

互联网保险业通过大数据技术的应用对消费者的互联网交易行为有了一定的数理统计基础，但行业内部数据积累、数据挖掘、发现数据背后价值的能力还相对较弱。同时，个别保险产品违背保险基本原理和大数法则，混淆了创新的边界，如"跌停险""贴条险"等。目前，互联网保险行业真正有价值的创新型产品相对匮乏。

综上，全球互联网保险迅猛发展，较之传统保险业，其在线作业的特点更加突出，对网络和 IT 技术的依赖也比以往更甚。基于电子数据的 IT 技术，互联网保险可以和当下的科技热点对接，例如，物联网和移动智能终端可分析被保险人的行为模式或投保标的状态，然后进行风险定价；人工智能能够自动处理保险文件，并为保险人提供咨询意见；区块链在保险业务场景化拓展过程中扮演新的角色。

相较于传统保险，互联网保险产品具有以下几个特点：

首先，个性化。如旅行保险、宠物保险、房地产保险、交通延误保险等，这些保险类型未被传统保险巨头覆盖；其次，渠道网络化。互联网保险主要通过网络渠道进行宣传、销售，甚至理赔程序也在网络上进行；再次，产品场景化。互联网保险通过具体场景开展保险产品的开发和宣传。最后，在费用方面，互联网保险根据大数据技术和移动智能终端，统计用户行为特征，为保险进行风险定价。基于以上特征，互联网保险的客户群体具有年轻化的特征。

当下看来，大数据、云计算、人工智能、物联网可以助力保险业的发展，在不久的将来，这些科技的普及将会由保险来推动，进入普罗大众生活的各个角落。

个人保险产品方面值得圈点的是，毕马威报告称，保险产品的线上化逐步成为趋势，首先上线的是车险等较为简单的保险产品。一批最初以保险比价形式出现的平台企业开始涉足保险代理，为保险产业链中的各方参与者提供友好的用户界面平台。

伴随着大数据和智能技术的尝试使用，传统复杂的保险产品开始"降维"，进一步体现保险产品的个性化，伴随而来的个性化定价将给保险产品的开发和销售带来新的契机。高速发展的金融科技企业进入零售保险行业将大幅加速这一进化过程。

就保险科技的发展趋势而言，其可能的方向如下：

面对消费行为的不断变化,保险业基于用户行为的风险模式将采集风险相关数据的新方法视为主要趋势,为了有效满足现有客户的预期,自助服务技术的提高依然是转型过程中的重中之重。以客户为中心的设计带来优越的用户体验,如通过发送驾照和车辆识别码快照来获取保险报价。新的解决方案可以将核心保险流程时间缩短为几个小时,如在传统系统中使用机器人提供访问服务,增添服务的灵活性或是对现有主要服务的扩充,如能在第一时间发出出险通知等。

另外,以客户为中心的设计带来优越的用户体验,如通过发送驾照和车辆识别码快照来获取保险报价等新型解决方案。

消费金融之喜忧

对于消费金融而言,其风口同样得益于科技助力。

(1)生物识别+消费金融。

在互联网金融领域,由于人工效率低、用人成本高、欺诈风险高等因素,对人脸识别技术的诉求更加强烈。目前,众多企业都开始将人脸识别服务广泛应用于各业务流程中。

(2)大数据风控+消费金融。

风险控制模型体系包括申请评分模型、欺诈评分模型、套现识别模型、交易监测模型、催收评分模型等十多个模型,每一个模型都还将持续优化和迭代,帮助识别和管理金融业风险。

国内消费金融行业呈现三大发展趋势。

趋势一,互联网消费金融市场繁荣发展。2013年,中国互联网消费金融市场规模达到60亿元;2014年,交易规模突破150亿元,增速超过150%。预计2017年整体市场将突破千亿元。

趋势二,相比国外,国内市场潜力无限。与发达国家消费信贷占整个金融机构所发放信贷超过60%相比,中国消费信贷占比仅为20%左右,中国消费支出存在巨大潜力。商务部数据显示,2015年中国全年最终消费支出对国内生产总值增长的贡献率为66.4%,较2014年提高15.4个百分点,但与美国80%左右的贡献率相比仍有一定差距。

趋势三,政策驱动,产业欣欣向荣。投资、消费、出口是推动经济发展的三驾马车。受国内外经济形势的影响,中国投资和出口在GDP中的比重减少,而消费在GDP中的比重正稳步增加,对于推进经济增长效果正日渐显著。而对于消费金融市场面临的挑战,按照兴业银行投资银行部梁璐璐的说法,在未来消费金融市场不断扩大,类"花呗""白条"等资产体量不断增大的趋势下,一方面需要不断建立完善多种风险测算模型,针对不同消费者合理授信;另一方面也需要优化事中风险识别机制、事后逾期资产催收机制,结合反欺诈、信用风险、营销等应用模型体系,加强资产事中、事后的风险管理。同时,也应继续提高评级机构等中介机构的尽调要求、优化评级方法、规范消费信贷资产证券化的业务信息披露的操作准则。

毕马威报告分析,伴随着移动应用的普及,越来越多的消费金融服务嵌入到大众日常消费场景中,移动支付和消费分期已经成为许多线上消费应用的必备功能。为了提升消费金融的用户体验,金融科技企业开始结合大数据征信,深度推广基于机器学习的自动化信用风险量化评估模型的应用,将消费金融的审批时间从日缩短到小时、分钟,并且朝着秒级和预授信模式推进。用户体验的提升,和基于互联网的大数据基础密不可分。随着大众触网的频度、维度和时间长度的不断提升,基于网络的个人大数据积累以爆发式增长,给大数据环境下的风险评估和客户数字化肖像识别提供了可能。

报告认为,目前,金融科技公司在消费金融领域的切入点主要关注央行征信系统尚未覆盖的客户群,如学生、蓝领和大部分农村户籍居民,随着竞争的不断渗透,这部分蓝海未来将逐渐转红。在消费金融领域,金融科技公司未来发展的趋势将是利用大数据支持下的客户肖像刻画,提升消费信贷个性化定价能力,不断推动场景化服务水平的提升以及客户群体的扩张,从而进入传统金融服务的客户领域。

融资之愁

互联网众筹融资面临的挑战主要有 3 个。

（1）需增加保护支持者的措施。

众筹是一种新型的投资模式，且投资均具有风险，但是众筹中的"众"字决定了此种新型模式涉及人数较多，支持者没有太多投资经验，极易引发群体性事件。可以考虑增加保护支持者利益的措施，比如接入征信系统，只要发起人有筹资需求，可调取其个人信用信息，未达到一定标准的，判定其风险性较高，不允许发起众筹需求，或增加其他担保措施才可以发布众筹需求。

（2）强调众筹模式的风险性，加强支持者教育。

无论哪种细分领域的众筹模式，均带有一定的风险性，支持者不能把众筹等同于保本付息的债权关系或商品销售，应该对众筹持有理性看法，正确认识众筹，增长自身的投资经验，凭借投资获得收益和回报，但也要能够承受可能出现的风险和损失。

（3）进一步完善监管政策，规范行业发展。

互联网股权融资仍处于发展初期，关于股权众筹和互联网非公开股权融资的相关管理办法仍在制定过程中，大部分互联网非公开股权融资平台在审核管理、投资者教育、投后管理等方面仍处于摸索阶段。未来，该行业不仅需要监管政策的引导和规范，也需要行业自身的自律和创新探索。

智能投顾之道

对智能投顾行业来说，其行业痛点存在以下两个方面。

（1）现有专业人工投顾数量不足，不少散户仍在服务范围之外。

受金融牌照和投顾资质影响，拥有从业资格的机构和投资顾问集中于券商，券商成为开展投顾业务的主力军。截至 2016 年 9 月 28 日，市场投资者数量共计

10038.85 万，其中自然人 10010.12 万，非自然人 28.73 万。

（2）机构和高净值个人投资者是重点服务对象，海量股民仍未得到充分的服务。

在相当长的时间里，机构和高净值个人投资者是重点服务对象，这部分目标用户投资金额高，因而个人投资顾问服务性价比高，海量的、投资额相对小的个人投资者没有享受到优质的服务和产品。然而，这部分市场非常广阔，散户的交易额占比在总交易额的 80% 以上。

对于中国市场而言，所面临的挑战主要在于：

第一，牌照限制。按照监管规定，开展投资顾问业务需取得监管机构颁发的证券投资咨询牌照，开展资产管理业务需取得监管机构颁发的资产管理牌照，销售金融产品需要取得相应的金融销售牌照。在《证券投资顾问业务暂行规定》《证券、期货投资咨询管理暂行办法》等法规约束下，投资顾问与资产管理两块业务分开管理。按照规定，证券公司、证券投资咨询机构可以接受客户委托，辅助客户做出投资决策，但不能接受全权委托，从事资产管理服务（代客下单、理财），并保证账户不能跨平台投资。

第二，数据瓶颈。金融大数据是数字化投顾的血液，国外金融市场成熟、数据全面，能满足量化分析的必要条件，而国内监管规定要求金融机构数据不得提供给第三方使用。用户的行为、消费、投资等数据目前仍未打通，存在使用门槛。突发事件等结构化数据采集和分析存在一定难度，数字化投顾无法通过数据分析用户偏好，这也为数字化投顾业务的正常开展增加了难度。

第三，配置资产单一。BusinessInsider 报告显示，ETF 是当下美国市场中成长最快的投资品种，而国内 ETF 规模小、数量少。据 Wind 数据统计显示，截至 2016 年 7 月，共有 130 只可交易的 ETF，净资产为 4729 亿元，其中权益型 ETF 和货币型 ETF 合计 114 只，债券型 ETF、商品型 ETF 等品种较少，对冲工具匮乏，可分散的风险也有限。如果扩展投资标的到非标领域，则面临风险难以评估的问题。

未来，我国智能投顾市场可能有以下几个发展趋势：

一是后端收费模式有望成为主流。互联网降低数字化投顾成本，使成本接近于零，逐渐降低了传统投顾行业的门槛，满足长尾模式下客户的需求。此外，数字化投顾将打破佣金为导向的一次性买卖模式，后端收费将慢慢成为主流。简而言之，以后客户在购买理财产品时不需要支付费用，而是在卖出时依靠收益支付与其相关的费用。

二是传统大型机构会与数字化投顾机构合作或将其并购。为了促进在线服务的发展，SigFig 与瑞银集团正在计划建立用来开发新的在线管理工具的研究实验室。包括高盛集团和贝莱德集团在内的其他公司，也都有相应的行动。

从行业发展的角度来看，数字化投顾刚刚起步，国内市场尚不具备大规模推广的成熟环境。国内数字化投顾的行业发展主要受制于以下两个方面。

一方面技术基础弱。智能投顾需要先进的算法支撑，针对不同的投资咨询目的应用合适的算法。如果算法的设计不成熟，将可能导致南辕北辙的后果，从而给投资者带来不利影响，而成熟有效的算法对开发团队的要求相对较高。

国内在技术开发及量化投资经验上相对欠缺，在算法模型方面和美国仍存在一定差距，不少公司是在整个投资链条的局部环节上使用算法实现。比如，在用户风险偏好收集方面，不少公司设计出了易于普通投资者信息收集的电子问卷；但在投资模型方面，更多仍处于黑匣子状态，是否真正运用先进算法不得而知。

另一方面市场对量化的认可度不高，受众风险管理意识尚不成熟。智能投顾或者其他的量化、对冲等投资方式，虽然风险确定，但周期长，收益相对主观投资来说并不高。而国内投资者的风险管理意识尚未成熟，相对倾向跟风、炒主题，以期获得高收益。随着投资者风险管理意识的逐渐提高，智能投顾的发展方向会更加明晰。

基础设施之难

关于基础设施的征信，数据源是基础，算法和数据迭代经验则是征信模型难点。

（1）优质和大规模的数据是征信的基础。

随着信息技术的发展，互联网和大数据的普及，数据积累的数量和质量得到飞跃，这为征信行业的发展打下了很好的基础，数据源或将成为征信行业的一大竞争热点。在数据获取方面，除了和政府及互联网巨头合作以外，不少平台也在不断积极尝试，试图从数据源端收集第一手数据，从而在源头上建立自身优势。

（2）算法和数据迭代经验是征信模型难点。

从大数据征信模型算法的成熟度来看，中国虽与美国存在一定差距，但中国的电商数据、社交数据非常丰富，这为大数据征信的尝试探索建立了很好的基础。征信模型与应用场景密不可分，需要不断注入新的数据进行模型的优化和验证。因为模型发挥预测用户信用行为的作用，预测是否准确需要实践检验，不断动态优化调整。

此外，尽管区块链概念很火，但其与金融业务的结合或者场景应用上，业内尚存疑虑。京东金融的 ABS 云平台区块链底层技术能解决哪些痛点？能够在哪些环节解决传统资产证券化体系中的问题？区块链架构能否承担大体量的系统运行？

京东金融副总裁、金融科技事业部总经理谢锦生坦言，过去一两年，区块链技术发展很快，但现在仍然达不到做 C 端市场的能力。因此，京东金融目前不会选择 C 端的业务模式使用区块链，而继续保持服务 B 端。

"机构其实需要帮助投资者追溯每一笔交易。大量金融消费的数据，包括后端风险的识别，对于传统金融机构来讲是没有办法做到的。京东金融 ABS 的能力，恰是基于大量的新业务数据处理能力——可为金融机构提供服务。"谢锦生称，如果再往后延伸 ABS 链条，会看到链条中的凭证非常重要，而区块链可以很好地解决这个痛点。

谢锦生解释，目前京东金融亦在尝试解决交易频发过程中的一些痛点。"逐渐有些突破。就 ABS 而言，某种程度上，其价值并非用户在每笔贷款的审批环节需要区块链技术，而是投资服务中，需保证交易数据的一致性。"

在谢锦生看来，未来区块链很重要的一个领域应该在 B 端服务，票据可能是一个重要方向，行业解决票据的问题，大量精力都花在票据的验真。若采用区块链技术，则无须投入大量资源，可为行业解决效益和成本的问题。

这正如毕马威报告所言，目前，金融领域的很多痛点都需要通过领先技术的应用，以技术应用为背景的模式创新实现突破。例如，利用量化风险模型实现消费借贷的快速审批，利用移动计算体系提升服务便捷度，利用云计算大幅提升服务的响应速度，利用大数据快速准确发现信贷领域的欺诈行为等。在毕马威所关注的十多个技术领域，大数据和数据分析技术的研发和应用普及度最高。

趋势

金融科技促进金融创新的同时，也带来了诸如数据资源被滥用、侵犯个人隐私、网络安全隐患等风险。怎样监管新的金融产品与模式，如何让金融科技业务的产品合规创新已成各方热议的焦点。与之对应的监管科技应运而生，其既是金融科技趋势的风口，亦是金融科技发展的痛点。

毕马威报告认为，伴随着优势互联网企业在金融服务领域的渗透，实力较为雄厚的金融科技公司已不再满足于开展一两个单项金融服务，而开始布局涵盖个人生活场景的综合化金融服务。这种综合化的渗透，以大数据为纽带，以基于移动互联网的场景为手段，可以大幅提升获客效率和客户体验度，加强客户黏性，会对传统零售金融体系带来一定的冲击。

金融科技背景下，在组织形式上出现了以资本、入口、平台和数据为纽带的新型综合化金融服务集团，更好地实现了业务协同与资源共享。

就风险资本来看，近年来金融科技类公司逐渐获得了风险资本的青睐，风险投资机构也逐步意识到，以科技能力和数据能力为核心竞争力的金融科技公司才是互联网金融领域创新发展的未来方向。随着监管机构逐步放宽政策，允许传统金融机构以投贷联动等方式投资于科技类创新企业，未来将会出现传统金融机构联手专业金融科技风险投资机构共同以资本手段推进金融科技创新的投资模式。

这里值得提及的是 FinTech 与持牌金融机构的合作机遇。

金融科技公司作为以技术创新手段助力提升金融服务效率的专业机构，需要取得金融牌照，或是与持牌金融机构合作开展金融业务。毕马威注意到，越来越多的金融科技公司与银行、证券及保险等传统金融机构开展不同层次的业务合作。通过与大数据征信公司的合作，传统金融机构可以拓展信用评价的维度和深度；通过与拥有建模专长的大数据技术公司合作，可以不断优化自身风险量化能力。在个人消费金融和投资理财领域，金融科技公司利用其创新能力和客户服务能力，不断优化传统金融产品的交易场景。

"随着互联网金融监管的不断完善，预期上述合作会进一步拓展。"毕马威认为。

毕马威报告还显示，在中国，传统金融机构、风险投资机构和金融科技公司之间有着巨大的合作发展潜力。传统金融机构在中国经济变革时期有着巨大的战略转型动力，风险投资机构具备敏锐的市场洞察力和高效的资本配置能力，金融科技公司则具备创新的技术与快速灵活的团队，三者之间将形成良性互补，促进金融创新的发展。

对于整体金融科技生态而言，近年来，全球资本市场越来越注重科技创新，资本与科技结合的力量正在迅速改变世界的面貌。

在此过程中，如果跳出来比较境内外金融科技的发展，毕马威报告认为，正如在互联网领域，中国的金融科技创新非常活跃，在全球金融科技的蓬勃大潮中扮演了非常重要的角色。与国际比较，中国互联网金融发展早期以网络借贷为主，金融科技主要体现在互联网移动平台应用，综合性创新有限。但近年来，中国在消费金融和大数据领域的金融科技创新发展非常活跃，在三方支付领域也涌现出了数家具有重要行业地位的领先者。

此外，受益于中国领先的互联网电商体系，围绕电商展开的综合型金控服务发展迅猛，在全球金融科技领域独树一帜。未来，随着人工智能、物联网和区块链技术的逐步成熟，中国金融科技将会在这些领域爆发出更多的增长点。

第1章
现状：风口与痛点

聚焦普华永道2017年第二次进行全球金融科技的调查，这是首次将中国受访者的结果进行汇总，形成《2017年全球金融科技调查中国概要》报告。报告显示，68%的受访者预计未来3～5年内传统金融机构将加强与金融科技公司的合作，以跟上市场发展的步伐、落实创新。金融科技目前给中国金融业带来的最大颠覆是对于渠道的颠覆，85%的受访者预计移动应用将是未来5年快速增长的客户互动渠道。同时，金融科技也带来了一定的威胁，71%的受访者认为激烈的价格战是金融科技的挑战之一。

中国受访者认为，零售银行、资产管理和资金转移支付将是未来5年被金融科技颠覆程度最高的领域，一些现有的业务将流向独立的金融科技公司。

报告认为，中国的传统金融机构也把自己作为一股重要的颠覆性力量，并致力于将大数据分析、人工智能、移动科技、机器人流程自动化等新兴科技应用到业务中。

不过，金融科技在中国的发展路径与其他国家和地区有所不同，颠覆相对得较少，受访者关注更多的是应用先进技术形成解决方案以及合作共赢。监管如何与时俱进也是迫切需要解决的问题。

普华永道报告调查结果显示，中国的受访者认为扩大产品和服务的范围和拓宽客户基础是金融科技的两大主要机遇，其次是更好地分析和利用现有的数据。

中国受访者相信金融科技作为一种新的商业模式将有助于扩大客户基础。调查结果显示，支付、个人贷款和资金转移是中国消费者目前通过金融科技获取的前三大金融服务类别。截至2016年年末，P2P网贷余额为2.6万亿元，相当于人民币新增贷款总额的16%以上，份额较2015年扩大了一倍。非银行（第三方）网上支付量也以惊人的速度增长，其在非现金支付交易中的市场份额几乎已由2015年的1.4%增至2016年的近2.7%。

中国受访者认为监管给创新带来了一定的障碍。他们认为最大的影响是新商业模式，其次是数据存储和隐私保护，另外还有反洗钱和了解你的客户之类的监管要求。

如何通过战略推动创新？调查显示，未来3～5年，中国金融机构倾向于通过加强内部研发和与金融科技公司合作来落实创新。

  5年之后，趋势或又将有所不同。除了个人贷款和支付业务将继续流向金融科技公司，其他类型的金融业务，例如个人理财、助学贷款、财富管理也将流向金融科技公司。

专家视点：FinTech 的本源
——科技回归实体

杨涛

党的十九大和第五次全国金融工作会议都强调了下一步金融发展与改革的大方向，也就是把金融服务实体经济、强化金融监管与协调、防范金融风险放在更加重要的位置上。以此为契机，恰好可以跳出对互联网金融"过渡模式"的依赖，真正推动金融科技的创新与发展。

金融科技的创新逻辑

所谓金融科技，强调的是科技与金融的全面融合与互动，大致包括两大类：一是纯粹给金融业提供支撑的科技业务；二是利用科技从事金融和类金融业务的活动。

（一）新技术影响金融的主要路径

1. 从新经济到新金融

国务院总理李克强在 2016 年年初答记者问时指出，"新经济的覆盖面和内涵是很广泛的，它涉及一、二、三产业"。虽然新经济的范畴和边界并不泾渭分明，但其本质上与新技术变革密不可分。首先是新的资源配置模式。进入新世纪之后，当互联网信息技术深刻改变着经济与社会组织结构,并且影响信息采集、处理、交换时,便带来了新的资源配置模式。其次,在经济增长过程中,新技术是重要的源泉,并且通过促进组织创新、专业化和生产创新等,能够提升全要素生产率。再次,信息化带来产业结构转型,可能会逐渐改变原有的生产架构与企业边界,从大规模生产时代转向小规模、网络分工、智能便捷的经济形态。此外,新技术通过促进共享经济模式的创新探索,可以带来全新的消费与就业场景,间接增进国民福利。最后,技术变革与制度摩擦调整融合在一起,公开透明的信息化趋势,也有助于正式和非正式制度规则的不断完善。

我们看到,实体部门与金融部门始终彼此依托,而经济发展方式的转变,必然从需求层面给金融发展与演变带来深刻影响。例如,与大工业时代的金融需求相称,需要有大银行、资本市场大规模 IPO 的有效支持;而当分工模式变得日益多元化,"小而美"的产业与企业成为主流之时,也需要金融服务变得更加灵活多样。

2. 对金融要素的直接冲击

除了从新经济传导至金融的外生动力,新技术也可能直接给金融带来变革的内生动力。无论是大数据、云计算、平台经济、移动互联网这些信息技术,还是人工智能、区块链这些"烧脑"的综合技术,都可能直接影响金融活动的实现过程。例如传统金融部门需要专业化的中介服务,解决交易中的信息不对称、搜寻成本、匹配效率、交易费用、规模经济等问题。而各类新技术不仅可以更有效地解决这些制约,还可以提高效率并使风险可控,带来分布式交易机制的新挑战。

实际上,分布式技术经过多年探索,也体现出一些比较优势:

①经济性。微处理机提供了比大型主机更好的性能价格比。

②速度。分布式系统中的计算能力比单个大型主机更强。

③固有的分布性。一些应用涉及空间上分散的机器。

④可靠性。如果一个机器崩溃,整个系统还可以运转。

⑤渐增式的增长方式。计算能力可以逐渐有所增加。

可以发现,类似于区块链的分布式技术在金融领域有所应用,并非凭空发生的，而是经历了长期的技术积累，有可能重构现有金融体系。

归纳来看，形成现代金融体系的核心要素，包括金融机构、金融产品、金融市场、金融制度、金融文化等。可以发现，新技术与这些要素都产生了潜移默化的融合，很多目前看到的金融创新热点，实际上自20世纪末的信息经济飞跃时代就已经开始萌芽。网络银行、智能投顾、高频交易、科技监管、信息化支撑的共享经济理念等，无一不体现出新金融已不可否认的技术驱动型创新特征。

（二）从科技金融到金融科技的演变

1. 科技金融的逻辑思路

所谓产融结合，也就是产业资本与金融资本的结合，在互联网时代逐渐呈现新特点，既有大规模的新产融集团，也有小规模产融结合带来的金融服务模式创新，如产业链金融。

就传统科技金融来看，主要是指科技产业与金融产业的融合。众所周知，经济的发展依靠科技推动，而科技产业的发展需要金融的强力助推。由于高科技企业通常是高风险产业，同时融资需求比较大，因此，科技产业与金融产业的融合更多是科技企业寻求融资的过程。由此来看，过去在看待科技与金融的关系时，更多考虑的是金融对科技的支持，而且对科技融资活动更加关注。之所以强调科技金融的特殊性，无非是因为与其他产业金融有一定差异性，不仅大规模的科技创新需要金融资本的特殊支持，而且由于中小科技企业缺乏抵押品、科技创新风险高等，更需要多层次金融市场的保障。就广义看，科技金融一是强调政府主导建立基金或者母基金，引导民间资本进入科技企业，二是多样化的科技企业融资渠道，包括科技贷款、科技担保、股权投资、科技股权融资、科技保险及科技租赁等。

可以看到，科技金融的局限性在于尚未真正发掘技术的内在特质，也没有把科技与金融真正融合在一起。金融在支持科技产业发展中，对于科技本身的介入十分有限，更多是在项目评价和风险评估方面有所考虑。

2. 金融科技的功能重构

金融科技在更高层面上实现了科技与金融的产融结合，一方面强调了科技全面应用于金融功能的实现；另一方面则是科技自身的发展，带来了一些全新金融模式的探索。

金融体系的主要功能包括货币、资金融通与资源配置、支付清算、风险管理、信息提供、激励约束等。其中，新技术对于这些功能都带来不容忽视的冲击和影响。在货币层面，电子货币自20世纪中后期以来，已经成为宏观经济理论和新货币经济学的难点和焦点，基于分布式规则的数字货币，更是与原有货币体系产生了兼容困境。在资金融通与资源配置层面，传统金融组织的互联网+迅速推进，不断实现便捷、智能的极致，例如2016年4月上线的Atom，是英国第一家基于手机App的数字银行，完全没有物理网点和PC网站，并且获得了英国审慎监管局的银行全牌照，其间也经历了P2P网贷、网络众筹等新金融中介的风雨波折。基于支付清算层面看，移动支付已经成为金融功能重整、网络经济架构的重要载体，清算结算效率的提升也有助于改善GDP内涵。从风险管理层面看，无论是监管层面、行业层面还是金融机构内部管理层面，新技术的应用无处不在。在信息管理层面，大数据征信的兴起直接改变了金融交易的格局，而且对市场定价机制带来深远的影响。

由此来看，从金融科技视角出发，新技术已经贯穿于整个金融产业链之中，不仅带来了全新的金融运作模式，而且反过来也为技术创新提供了重要的金融应用场景和试验田，从而有助于同步推进科技产业发展与科技金融创新。

二、金融科技的前景与方向

第一，必须把握风险可控的原则，不给金融稳定"添麻烦"。就第五次全国金融工作会议来看，主要任务是"服务实体经济、防控金融风险、深化金融改革"等，相对此前的金融工作会而言，金融风险的排序提前到了第二位，也说明当前面临特殊的国内外环境压力，金融安全与稳定成为政策关注的重中之重。

那么对于金融科技创新探索来说，需要关注两方面问题：一方面，当金融技术与信息技术融合，带来更多的产品、组织、市场创新时，也必然面临更多的风险与不确定性，因为创新的源泉是追求高风险对应的高收益。由此，在金融发展的效率与安全跷跷板偏向后者的未来几年，应该避免过度追求高风险型的金融创新活动，更加偏重于稳健创新。另一方面，不管是直接或间接介入到金融领域，金融科技创新活动都必须充分明确和牢牢把握风险底线，避免非系统性风险积累带来系统性的影响，以及众多风险的负外部性。

第二，未来一段时间，金融科技发展将成蓝海，风险将是各方当前最担忧的，而且预计针对金融安全与风险防范的服务市场规模会迅速增长，那么在这些领域的科技应用自然会获得更大的发展空间。就金融功能的基本内涵来看，包括投融资、资源配置、支付清算、信息管理、风险管理等。过去人们更关注前面几项，现在则需充分发掘金融科技的风险管理创新。

实际上，在信息技术发展过程中，给资本市场带来的负面影响早已引起各方重视，如美国资本市场的高频交易就属于典型的"双刃剑"。尤其值得注意的是，在诸多金融规则缺损的市场中，金融技术更可能成为逃避监管和助推泡沫的手段。

对此，需要深入研究金融科技可能带来的风险变化，从模糊拍脑袋到量化分析与精准定位，其中根据新技术对不同金融功能的融入，分析哪些是传统风险的延续？哪些是新型风险的体现？当然，从风险影响程度来看，过去的系统性风险关注更多是大而不倒的机构，而在互联网时代，考虑到互联网金融活动的网络效应，也要考虑"网而不倒"问题。就非系统性风险来看，需关注不同参与者制造的风险，以及各方面对的风险。其中包括面向个人的金融消费者保护，面向金融科技平台的风险识别，如对 KYC（了解你的客户）和 AML（反洗钱）的监管关注，面向企业层面的风险防范，如非法集资、财务管理风险等。

就集团而言，一是从监管层面看，充分引入大数据等技术手段，来及时掌控和监测、监督、应对风险；二是从行业看，可利用新技术实现信息透明，优化机构或平台的全面风险管理机制；三是从产品看，可以在保险、担保等风险管理产品中积极引入技术支撑。需要强调的是，新技术可以应用于各类互联网时代金融风险短期治理，但是更需要构建现代金融风险管理的内在稳定器。

第三，高度重视以金融科技支持中小金融机构发展。在金融工作会议上，习

嬗变与挑战
FinTech 2017—2018 年度报告

近平总书记强调"发展中小银行和民营金融机构",李克强总理也指出"大力发展中小金融机构"。近年来,以银行为代表的大型金融机构发展迅速,而城商行、农商行、民营金融机构等则面临政策与市场的多方挑战。长远来看,在日益激烈的市场竞争中,中小金融机构要实现差异化竞争、积极抱团取暖,都离不开对金融科技的运用。

例如,金融科技支持中小银行发展直销银行,这能够突破地域限制对规模扩张的制约。由于存在地域限制,中小银行只能深耕当地金融市场,导致中小银行"长不大"。事实上,历史上中小银行曾经出现过突破地域限制的机遇窗口。一方面,对中小银行跨区域经营的限制在 2013 年之前曾经有所松动,但 2013 年"两会"后由于种种原因又被严格执行。另一方面,中小银行原本可以通过村镇银行绕道实现跨地域经营,但由于种种原因又被限制。把握住机遇窗口的中小银行在规模增长方面均获得进展。当前,互联网发展没有边界,中小银行完全可以抓住互联网时代带来的发展直销银行的历史性机遇,实现线上业务的跨区域发展。总体来看,在政策与市场的双重支持更加突出的背景下,中小金融机构将成为金融科技落地实践的重要对象。

第四,真正发挥科技对金融的优化与促进作用。根据中央的政策精神,未来金融科技创新的着眼点,应该是科技在金融领域的应用,与此同时,科技类企业、互联网企业做金融,将遭受更加严格的监管,不再像过去那样可以"长袖善舞"。应该说,金融科技的真正蓝海,一方面是为现有金融体系提供新技术外包,而不涉及金融业务自营,如 IT 基础设施、大数据风控、客户分析等;另一方面,则是着眼于利用金融科技进行基础设施改造,为金融活动提供开放型平台的综合技术解决方案。

无论如何,需要真正推动金融科技行业转向技术驱动。一是面临新技术时代的重要转折期,无论金融还是类金融机构,都要减少对制度红利和套利的迷恋,而真正把科技作为服务创新的驱动力,强化金融科技的正外部性;二是消除金融科技腾飞幻觉,例如,支付工具创新虽然看似眼花缭乱、赶英超美,但是在基础技术研发、技术标准化等层面还存在不足;三是金融科技可能使金融与非金融的边界进一步模糊，但金融运行的底线不能突破，相应的穿透式、功能式监管体系也须进一步完善。

第五，无论是纯粹做技术，还是以技术来做"小而美"金融，金融科技创新都要在安全稳健的前提下，更好地服务实体经济，有效支撑国家战略，满足居民与实体的多元化需求。

"深化金融体制改革，增强金融服务实体经济能力，提高直接融资比重，促进多层次资本市场健康发展。"这是党的十九大报告中关于金融工作的表述，与2017年7月闭幕的全国金融工作会议精神一脉相承。全国金融工作会议提出服务实体经济、防控金融风险、深化金融改革三项任务，并强调金融是实体经济的血脉，为实体经济服务是金融的天职。具体而言，金融创新是否真正服务实体和具有价值，关键看是否弥补了现有短板和不足，是否有助于改善效率和效益。

以当前火爆的智能投顾为例，从需求角度看，国内真正缺乏的是大量优秀的投资顾问，智能投顾的意义在于通过大数据获得用户个性化的风险偏好及其变化规律；根据用户个性化的风险偏好结合算法模型定制个性化的资产配置方案；利用互联网对用户个性化的资产配置方案进行实时跟踪调整；不追求不顾风险的高收益，在用户可以承受的风险范围内实现收益最大化。由此来看，许多打着智能投顾幌子推出的产品，很可能距离实体需求非常遥远，只是换了一副"马甲"。

总之，回顾历史，人们一直在努力利用新技术来解决金融活动中的"百慕大三角"，也有人试图运用技术优势或"技术幻觉"来获取超额利润。展望未来，只有理性、谨慎、客观地认识和应对金融科技变革，才能使金融科技成为实现美好社会的普罗米修斯之火，而非潘多拉之盒。

专家视点：
关于金融科技领域未来竞争格局的猜想

孙明春

近年来，金融与科技的融合突飞猛进。在金融科技（FinTech）的推动下，一大批新技术、新业态、新模式、新企业在金融与商业领域应运而生，深刻地改变着人们的生活方式，对中国经济的转型升级起到了积极的推动作用。但金融科技目前还处于高速发展的早期阶段，其发展前景不可估量，未来的竞争格局也令人充满遐想。

金融科技的范畴与主体

与互联网金融相比，金融科技（FinTech）的范畴更广，业态也更丰富。它既涵盖各种基于互联网与移动互联网的金融交易（如第三方支付、基于互联网的借贷、融资、理财、保险、征信等），也涵盖利用新兴科技来改造与提升线下的经济与金融活动（如智能投顾、金融机构客户服务的智能化、智能零售等），还包括一些具有革命性、探索性及基础性的金融技术创新与应用（如区块链、具有深度学习能力的投资、借贷及风险管理的模型与算法等）。

与之相适应，金融科技领域的竞争主体不仅是传统的金融机构（如银行、券商、保险公司等）和互联网公司（如电商、网络社交媒体、搜索引擎、门户网站等），还包括一批初创的专门从事金融科技与应用模型的研发企业（如专注于区块链研究与应用的企业、专注于研发征信模型、风险定价模型、风控模型、投资顾问模型的金融科技公司、专注于利用人工智能技术为金融机构改造信息系统、客户服务系统的科技公司等），还有专门从事金融科技应用的金融公司与平台，如独立的第三方支付公司、P2P平台、互联网保险、征信、理财、投顾、众筹等公司。除此以外，由于金融科技不断把基于互联网的线上商业模式推广与融合到线下交易中，这也迫使或激励了一些纯粹从事线下商业活动的非金融企业（如一些传统零售、电信乃至地产公司等）积极利用新兴的金融科技、并借助自身庞大的客户基础进军金融服务领域。

鉴于金融科技尚在蓬勃兴起的早期阶段，出现纷繁复杂的技术概念、日新月异的商业模式，以及群雄逐鹿的竞争格局是难以避免的。随着各类技术的不断发展、成熟及更新，各类商业模式会经历大浪淘沙的过程，逐步分化成主流与非主流的商业模式。与之相适应，在金融科技各个子领域的竞争主体也会优胜劣汰，逐步形成相对稳定的竞争格局。

第三方支付

第三方支付是金融科技领域发展最快、也是最为成熟的业态之一。据易观发布的《中国第三方支付行业专题研究2017》报告显示，2016年中国第三方移动支付的规模已超过35万亿元，预计2017年的交易规模会超过75万亿元，增速超过100%。第三方支付领域的竞争非常激烈，截至2017年6月，有258家公司拥有中国人民银行颁发的第三方支付牌照。然而，第三方支付的市场份额具有明显的寡头垄断特征。例如，2017年一季度，前8位的支付机构占有98%的市场份额，其中仅阿里巴巴的支付宝一家就占有54%，而腾讯的财付通则占有40%。

理论上讲，第三方支付网络是一个标准的两边市场（two-sided market）。根据网络经济学的理论，在两边市场的竞争中容易出现赢者通吃的现象。至于最终是一家通吃的独家垄断还是多巨头并存的寡头垄断格局，则取决于支付网络两边的参与主体（一边是商户，一边是消费者）多平台共栖（multi-homing）的成本大小。如果共栖成本较低，容易出现多平台共存的寡头垄断格局；如果共栖成本很高，则容易出现一家独大的垄断格局。

就移动支付而言，基于手机应用程序 App 和二维码扫描技术的支付模式，其多平台共栖的成本非常低，因此，当前出现的多平台共存的寡头垄断不足为怪；而基于 NFC（近场扫描）技术的支付模式的多平台共栖的成本则相对较高，出现独家垄断的可能性更大。

同样的理论也适用于支付模式的竞争。随着基于二维码扫描技术的移动支付平台不断扩张，其网络效应越来越大。理论上讲，这一技术很可能会逐步取代其他技术（例如 NFC），成为移动支付的垄断性支付模式，而其他技术或支付模式最终很可能退居到某些细分市场，例如仅在地铁或其他公共交通工具上使用。

如果上述理论成立，中国第三方支付的市场份额很可能会进一步集中，居于市场前 3～5 位的支付机构的市场份额将进一步上升。不过，居于前几位的寡头垄断者的排名仍有可能发生变化，孰上孰下将取决于各自网络的营销与扩张速度，以及与其支付网络密切相关的商业生态网络的未来发展状况，如电商网络、社交媒体网络等。

借贷

金融科技在借贷领域的应用有模式包括线上与线下两类。线上包括基于电商交易的信贷（如京东白条、阿里小贷等）、针对互联网活动（如搜索、浏览等）或社交媒体网络活动来获客营销的信贷以及 P2P 网贷等。金融科技在线下借贷活动中的应用主要是利用计量经济模型、大数据或人工智能等技术手段来完善贷款评估模型与风控模型，提升金融机构的风险定价能力，并拓展贷款业务范围、实现普

第1章
现状：风口与痛点

惠金融。

根据信息经济学的理论，在贷款活动中，金融中介机构的功能主要有以下几个方面：①降低借贷双方所面临的信息搜寻和借贷匹配的信息处理成本；②通过尽职调查、财务分析等手段来实现风险定价、降低信息不对称的程度；③通过风险汇集（risk pooling）和风控监测等措施来分散并降低违约风险。

根据上述理论，那些基于电商交易的信贷模式可以最大限度地实现金融中介的上述功能。这是因为，这些电商交易不仅提供了真实、准确而又及时的交易与借贷场景，降低对借贷需求信息的搜寻成本（即获客成本），而且由于电商平台对借贷主体（消费者或电商）的历史交易拥有丰富的数据，能够更准确地衡量借款人的财务能力与违约风险，降低了信息不对称的程度。这种基于电商交易的信贷模式比传统的商业银行具有更大的信息优势，因此有能力控制风险、取得更好的回报。在融资方面，这些平台可以通过自身设立的零售银行（如阿里巴巴参股设立的浙江网商银行）、批发性融资（如发行资产抵押证券 ABS）或与传统商业银行合作来获得融资，因此也可以实现风险汇集（risk pooling）的功能。显然，这种信贷模式的发展具有可持续性，相关的电商平台（如阿里巴巴、京东等）也非常有可能发展出可与传统商业银行媲美，甚至更具优势的新型商业银行。

相比之下，针对互联网活动（如搜索、浏览等）或社交网络活动来精准获客营销的信贷模式（如百度金融根据客户的互联网搜索活动获客营销）虽然在获客成本上具有一定优势，但对借款主体的财务状况、历史交易记录等缺乏足够多的信息。与传统商业银行相比，这一贷款模式的主要优势是可以低成本地获取超小额贷款的需求，填补传统商业银行在低端、超短期、超小金额的贷款种类空白，践行普惠金融的理念。但在借款人的信用记录、交易历史、财务状况等方面，这一贷款模式并没有明显的信息优势。当然，随着借款人信贷历史的逐步积累，这些缺憾在未来可逐渐弥补。同时，贷款机构还可以利用以大数据为基础的新型的信贷评估模型来实现风险定价，因此这一模式应该也有可持续发展的潜力。这些机构也可能与商业银行或其他商业机构展开合作，在更大的市场领域获客营销，或进一步拓展其贷款的领域和类别，逐步从细分市场走向主流市场。

至于 P2P 网贷，除了作为一个平台可以吸引到较多的贷款人和借款人、降低信息搜寻和借贷匹配的成本之外，这一模式在其他方面的信息优势并不明显。另外，由于监管部门严禁 P2P 网贷平台建立资金池，这一模式无法实现信贷中介具有的风险汇集（risk pooling）功能。因此，理论上讲，这一模式的运营风险较高，可持续性较低。估计未来单纯做 P2P 网贷的互联网金融平台将很难独立生存，即使生存下来也很难做大规模。过去几年，成百上千的 P2P 网贷平台倒闭（甚至跑路）在一定程度上印证了这一点。

至于那些线下利用大数据或人工智能等技术开发新型贷款评估模型、风控模型的金融科技公司，其核心竞争力主要在于模型的算法和深度学习的能力。这些机构在掌握借款人信息方面并没有太大优势，往往需要和其他金融机构或商业机构合作。由于近年来互联网，尤其移动互联网的应用大幅度提升，个人与互联网商户的金融交易数据、个人行为数据呈指数型增长，再加上在大数据的分析及人工智能的应用等方面的技术水平迅速提升，这些专注于贷款评估的金融科技公司在业务发展方面具有很大潜力。虽然这些公司在初期主要依赖与传统商业银行、互联网金融公司或其他商业机构合作，为后者提供金融科技服务，但相信未来那些成功的金融科技公司很可能会被传统的商业银行不惜重金兼并收购，或通过反向兼并、收购的方式直接成为贷款机构或商业银行。

财富管理

近年来，互联网理财发展迅猛，尤其是移动互联网理财成绩斐然，这也是各大金融科技公司与传统金融机构竞争的焦点。实际上，那些最成功的金融科技公司，如蚂蚁金服、京东金融、陆金所、腾讯理财通、东方财富网等都是全方位的理财平台。其中最成功的案例当属蚂蚁财富旗下的余额宝，其余额已从 2013 年 6 月的 42 亿元上升到 2017 年 6 月的 1.43 万亿元，短短 4 年内增长了 340 倍，其规模不仅占到中国公募基金总规模的 10% 以上，而且远远超过了大多数商业银行

第 1 章
现状：风口与痛点

的储蓄存款规模。

理财市场也是一个标准的两边市场（two-sided market）。由于多平台共栖的成本很低，这个市场注定是一个多巨头并存的寡头垄断市场。由于中国理财市场的规模巨大，而且增长潜力依然巨大，未来这个领域的竞争将非常激烈。不只是互联网理财公司，传统金融机构也会全力以赴保护自身的市场地位。因此，在相当长的时间里，这个市场的集中度应该保持在相对较低的水平。

鉴于理财市场是一个两边市场，理财平台在这个市场中竞争成败的关键有两点：一是扩大现有理财平台两边市场的参与者数量，形成更强大的跨边网络效应（cross-group network effect）；二是提升平台的服务质量，为平台两边的参与者提供更大的福利和效用，以增加平台的黏性和吸引力。

为扩大跨边网络效应，理财平台需要尽可能增加产品端的产品种类和数量，最终形成所谓的"一站式服务"，即涵盖基金、债券、股票、商品、外汇、保险等跨资产类别的全方位的理财平台。这很可能意味着，那些定位于细分市场的理财平台（如专门从事单一类理财产品或少数类别理财产品的平台）未来将被其他的理财平台兼并收购，或通过自身的产品链、业务链的扩展而转型为一站式服务的理财平台，或以破产倒闭等形式消失。

与此同时，为帮助理财产品的购买方更好地在纷繁复杂的产品端选择适合自身投资需求的理财产品，理财平台需要为购买者提供更便捷易懂、量身定做的投资建议。因此，对智能投顾的需求应运而生。这也是近年来理财平台在金融科技方面加强竞争的一个重要领域。相信未来它们会不惜重金，一方面大力加强平台内部在智能投顾方面的研发投入，另一方面通过收购兼并把那些在智能投顾模型研究与应用方面有所成就的新兴金融科技公司招入麾下。总之，在今后相当长时间里，财富管理市场仍将是一个多巨头并存的寡头垄断市场。

以上分析主要集中在当前金融科技领域发展最为成熟、竞争最为激烈的 3 个子领域。对于那些前沿的金融科技领域如区块链，由于技术的发展和应用还处在早期，技术形态及商业模式可能发生比较大的变化，对它们的理解和认识还比较肤浅，与之相关的经济理论也相对欠缺，目前很难从商业发展的角度对未来的竞争格局作出判断。

需要指出的是，以上是基于现有已知的技术与商业模式做出的分析。鉴于新兴技术和商业模式层出不穷，不排除未来会有更具革命性的金融科技与商业模式诞生，引发当前竞争格局的彻底洗牌。

案例：走出京东，到实体中去

欧阳晓红

"起步晚，跑得快"，也许可以给 2013 年 10 月开始独立运营的京东金融贴上如此标签。

这种被称为"京东金融"的速度令业界瞩目……4 年时间，其已建立十大业务板块，包括企业金融、消费金融、财富管理、支付、众筹众创、保险、证券、农村金融、金融科技、海外事业，涵盖融资、支付、资产管理、多元化金融和数据运用服务五大主流互联网金融领域。

京东金融实现了公司金融和消费者金融的双重布局，确立了金融科技的战略定位。

2017 年前三季度，京东金融各项业务交易总规模相比 2014 年全年增长 24 倍，是全球范围内金融科技领域增速最快的科技公司之一。或许是清晰的战略路径与场景应用赋予了京东金融这般的速度。

京东金融副总裁、支付事业部总经理许凌对此感慨良多。他表示，整个京东金融的战略逻辑非常清晰，外部监管环境和市场竞争无论怎么变化，公司都只是微调。因为，如果大刀阔斧调整战略——"大掉头"下难免会出现"大挫折"，那么 4 年时间很难"长"得太大。"包括我自己也没想到京东金融 4 年能做到这样的市场规模和影响力。"

更甚者，其业务模块的发展协同性亦让市场瞩目。"看起来京东金融分成了 10 个板块，其实中间联系颇多"京东金融方面表示。从底层看，既有支付，还有连接金融账户的账户。这种连接能力让京东金融能把企业、金融机构和个人联系起来。比如，供应链金融在做企业的生意，消费金融在做 C 端的生意，两边加起来，将来有可能会做成 B2B2C——因为很多企业围绕着大量个人。而金融科技事业部则致力于将京东金融的核心产品能力整合后实现对外输出，以帮助行业提高效率、降低成本、增加收入。

"对不起，拿了大满贯，"2017 年年末，京东金融"得意"地笑了。原来，截至 2017 年 12 月，京东金融对外合作的主体涵盖市场上所有主流金融机构：400 余家银行、60 余家险企、100 余家基金公司、40 余家证券、信托、评级机构。堪称当前市场上与金融机构合作范围最广，也是唯一分别与国有大行、股份制银行、城商行和农商行等机构达成战略合作的科技公司。

2017 年 11 月，工银小白上线，打破线上、线下局限，其金融服务可融入任何互联网场景中，是业内首创的场景融入式数字银行。业内人士称其为中国金融科技行业合作成果的标杆产品。

京东金融以如此速度呈现在你面前。若细品，不止于此，还有厚度。

速度与厚度兼备

京东金融，不只跑得快，还跑得稳，既讲速度又求厚度。

这从京东金融 CEO 陈生强的表述中可以看出端倪。他认为，金融科技的出发点是服务实体经济，因实体经济而兴。京东金融既是服务者，也是连接者。不仅与金融机构连接在一起，还要把这种连接后的能力整体输出给其他各类实体经济企业，让更多的实体经济企业也能在科技的赋能下，具备数字化的能力，具备产融结合，用科技优化产业链上下游成本效率，用科技创造更大社会价值的能力。

时间线来看，从供应链金融的京保贝至京东金融旗下支付公司网银在线正式成为中国银联收单成员机构，跨度不过 4 年，但业务横跨 10 个板块。

第 1 章
现状：风口与痛点

2013 年 12 月，京东金融首个供应链产品京保贝上线；2014 年 2 月，国内首款互联网信用支付产品京东白条上线，率先步入消费金融新时代；同年 3 月、7 月、10 月，理财业务与个人资产管理工具京东钱包、京东产品众筹及京东支付、京小贷等分别面市。而类"花呗""白条"产品能够根据客户的不同风险，制定差异化利息收费标准，这在传统的银行信用卡领域很难做到。

接下来的 2015 年则是遍地开花结果：5 月上线保险业务；6 月投资美国大数据分析公司 ZestFinance；8 月与中信银行信用卡中心联合发布国内首款"互联网+信用卡"小白卡；9 月发布京东农村金融战略；10 月京东白条应收账款债权资产支持专项计划于深圳证券交易所挂牌。

2016 年更是大动作频频：1 月融资 66.5 亿元；3 月白条品牌升级，启动独立域名 baitiao.com；4 月于上海证券交易所发行国内首单互联网保理业务 ABS；5 月发布两款证券行业产品，即京东金融大数据消费指数及量化策略开发平台；7 月京东众创平台（Y.JD.COM）正式上线，提供创业所需的各项服务；9 月成立金融科技事业部、推出京东金融资产证券化云平台、上线白条与银行合作的联名电子账户——白条闪付；11 月京东金融重组；12 月推出东家财富高端金融服务平台，且上线东家财富官网。

2017 年 1 月，旗下支付公司网银在线成为中国银联收单成员机构。这一年，京东金融与中国银联、中国工商银行、招商银行、中信银行、中国民生银行、浦发银行、兴业银行、中国光大银行、华夏银行、北京银行、上海银行、江苏银行、北京农商银行、大连银行、山东城商行联盟、亚联等金融机构达成合作。

至此，走过打造全布局的自营金融 1.0 模式、步入 2.0 模式下的京东金融，从自己做金融的业务转向服务于金融机构，帮金融机构做金融业务。金融机构有净资本和对金融深度理解的优势，京东金融有用户、场景、数据和科技的优势，双方可以形成互补性的结合。

截至目前，京东金融累计为 800 万线上线下商户和 3.6 亿个人用户提供支付和金融服务。

刚满 4 岁的京东金融的初心是成为一家世界级科技公司，输出金融科技能力，将之应用于更多的场景，支持实体经济，促进中国消费升级与经济结构优化，这种朴素的价值诉求缘于京东金融自下而上对一个个行业痛点的拆解和对策，这些痛点逼出了京保贝，亦逼出了京东白条。

助力实体的故事

不妨将镜头切换至2013年7月的某日傍晚。京东金融副总裁、企业金融事业部总经理王琳与一位产品经理在一个小黑屋里经过6小时的"脑力激荡"之后，难掩兴奋之情，有着理工背景的王琳索性动手画起产品流程，包括机器算法。

这个算法的雏形在3个月之后变成了一套被称之为"京保贝1.0法"的系统，并开始面向京东商城入驻的企业推广使用。

就在小黑屋的6小时"脑力风暴"里，王琳与那位产品经理层层分拆了一款国内银行里最好的保理产品。所谓"保理"，是指企业将应收账款按一定折扣卖给第三方保理机构，获得相应融资款。两人一点点去抠细节，探究哪些环节可从"人驱动"换为"数据驱动"。

但京保贝并非一时性起，而是商业逻辑使然，旨在解决金融痛点，满足实体经济的需求。早在京东金融成立之前，京东商城就常常为自己的供应商企业提供信用担保，以期驰援其融资之痛。

满足京东自营供应商而推出京保贝之后，为自营之外的企业量身定制的"京小贷""动产融资""京东金采"，包括"企业金库"等供应链金融服务也相应推出。那些从前因融资烦恼的大小企业主开始体验到金融科技的便捷，甚至有企业借此做大做强⋯⋯现在，他们已经习惯"点鼠标——钱到账——随借随还——轻松理财"的京东式金融服务。

其实，不只是类似京保贝这样的供应链金融服务源于实体经济需求，覆盖1700个县、30万个行政村的京东农村金融也如出一辙。很多没有金融概念的农民亦是受益者、他们可以及时从京东农村金融获得融资去购买化肥或种子，还可以通过融资去扩大再生产，如此接地气的普惠金融服务是他们以前不曾想过的。

的确，这种流入经济毛细血管的金融服务恰恰是借助了科技的力量。

但受益者又岂止是供应商、金融机构和企业？个人用户亦同样享受到金融科技的红利。他们不知道，这些均源于一家定位于服务金融金融机构的科技公司的初心——无论是谁，都有权享受接触和使用金融产品与服务的平等权利。如果说，有些金融与实体的背离是传统金融无暇顾及的，那么京东金融则希望能够提供补短板的服务，逐步解决他们的金融痛点。

唯快不破

谁都知道，在移动互联网新商业时代，唯快不破。当然，有时也不乏机缘巧合。

就京东金融的业务领域而言，在融资业务方面，京东金融立足自营平台，且不断丰富体外场景。

中信证券认为，事实上，国内最早依托电商平台提供融资服务的企业，具有场景、资金和风控三大先发优势。

诚然，作为国内最大自营电商的京东商城，可提供大量 B 端客户（第三方商户超过 12 万户）和 C 端客户（2.27 亿活跃账户，2016 年网站成交金额 6582 亿元）；而资金面的资产证券化可锁定低成本资金，2016 年京东白条共发行 7 期应收账款债券资产支持专项计划，募集资金 98 亿元，优先级加权利率仅 4.06%。

中信证券预计其白条渗透率将稳步提升，白条年交易额有望超 600 亿元。

以京东的供应链金融为例，可谓水到渠成。原来，2012 年时的京东自营占比较高，其对供应商有很多应付账款。而账期是零售行业长期存在的一种特性，对供应商来说，当然是账期越短越好。从行业来看，除京东的账期为 60 天之外，国美、苏宁的账期均为 90 天左右。这使得越来越多的供应商愿意与京东一块"玩"。于是，京东便开始思考如何帮助供应商将其应收账款变为一种融资。

说干就干！尽管那时的京东体量尚小。最开始，与京东合作的银行是中国银行。其操作思路是：京东给自己的供应商提供应收账款的保理，承诺到期之后，帮助供应商还款。

"没想到，此块业务的需求量那么大！"京东金融副总裁企业金融事业部总经理王琳说。那时，京东旨在帮助供应商解决融资问题，完全按照银行的流程做，银行说什么京东就做什么。

不过，痛点也多。例如，银行服务能力、产品创新能力、产品对客户需求的适应性及灵活性等都是待解的难点。比如能否做到7×24小时？很多时候，银行无法做到7×24小时放款，其实际情况是每周五下午五点可能就封账了。再比如，京东的供应商只想借款15天是否可行？而银行的借款期限动辄都是3个月或半年起，加之利率并不低，这导致只想借款15天或30天的企业实际花费成本颇高。

怎么办？如何帮助供应商解决融资痛点？当时，京东金融CEO陈生强提出京东的产品服务要做到7×24小时，3分钟放款。但王琳向其汇报时的说法是：3天放款。结果被陈生强否了，他直言：放款时间必须做到3分钟才行，否则怎么是互联网业务呢。

王琳只好携其团队再接再厉。熟料，小试牛刀，效果喜人——"3分钟放款"不是梦。最后，京东高管合计干脆把金融业务独立出来，在2013年成立金融集团，服务于京东商城上下游。同年12月，京东金融上线供应链金融首款产品——京保贝业务，为B端供应商提供全贸易流程的资金支持。

据中信证券观察，京保贝的本质是具有互联网特点的供应链保理业务，即京东金融根据供应商在京东的采购、入库情况，利用系统自动计算、动态调整融资额度。依托数据集成的线上风控体系，现在京保贝已实现1秒放款。

2014年10月，面向POP（开放平台）商家提供信用贷款的京小贷业务正式上线。京小贷依据店铺信用评级和运营情况核定贷款额度，贷款无须额外提供抵押和担保，且全流程线上操作，1秒放款，按日计息，随借随还。

而京东金融服务供应商之时，发现C端的客户也有痛点。不少人有购物需求，但苦于没资金，去申办信用卡——可等银行信用卡办理下来，促销活动可能又结束了。

面对C端用户的痛点，京东金融索性自己做分期贷款——即京东白条的雏形。

第 1 章
现状：风口与痛点

机缘巧合的是，熟稔银行信用卡业务的许凌于 2013 年 9 月赴职京东，而京东金融于同年 10 月剥离出来。许凌洞悉消费金融的风控逻辑，于是开始摸索产品资源整合与需求对接等。

伊始，京东有白条，也有产品需求，但京东并没有想到自己提供资金供给服务。许凌找其曾经服务过的两家银行，希望对接银行的信用卡，由京东提供用户流量。与此同时，京东还自建了风控数据模型，其合作模式是京东把开发好的用户给银行，银行帮助京东做在线的实时信用卡分期。

不过，那时的银行可能只是将京东视为一个流量入口。一切还是按照银行的即定流程走：用户在线填写银行信用卡申请，银行 3 天之内处理，用户需要提交收入、职业证明等。如此模式与效率，在许凌看来毫无价值，尽管他也理解银行当时的那种合作逻辑。

迫不得已，京东只有拿出真金白银自己干。然后，再拿出结果给银行看——低风险、高效率，且用户体验评价好，还能获利。

"某种意义上，白条是被逼出来的。一是银行对京东模式仍处观望期；除非做一个简单的流量对接，不然不试。其次，银行给出要求之后，又接着回去深度研究条款……毕竟，京东是自营模式，能做赊销——因为没有任何信贷发生，只是一种晚收款的模式。"许凌感叹。如此，何乐而不为？

许凌清楚记得，2013 年 11 月写出产品原型后，就客户资源开发与银行谈商务合作；让银行颇感震惊的是，京东用自己的模式对接自己的体系，在同年 12 月进行内测。通常，传统金融新产品研发动辄需要 1 年以上的时间，但京东白条从研发到上线只花了一个半月。

2014 年 1 月 1 日，京东白条在员工当中内测，边测试边修复，不断迭代升级。赶在那年春节前，许凌拿着京东白条向京东集团 CEO 刘强东汇报。考虑到要修复一些技术上的 BUG，对京东白条赞誉有加的刘强东建议在春节之后正式对外上线。

当年春节之后的第一周，即 2014 年 2 月 14 日，京东正式对外推出京东白条，成为业内首款互联网消费金融产品，市场哗然，因为同业当时尚无竞争产品，那时曾传闻阿里欲推信用支付。

不出意料，上线之后的京东白条快速增长，但也曾面临类似黑中介的集体攻击。好在风控出身的许凌搭建的风控团队也是有备而战。他在白条研制初期就设定了两个目标：一是任何个人消费信贷产品分期定价月息不超过 0.5%，较目前消费信贷产品大多 1%~2% 的费率要低；二是不良率不超过 1%。许凌不允许公司依赖高定价覆盖高损失的模式去运作。据悉，京东团队中的不少风控人员曾是在整个金融业建模逾十年的"老兵"。

上线三四个月之后，许凌告诉刘强东，京东金融的风控投入物有所值。不仅如此，通过率达 99% 的京东白条还提升了消费需求，其结果是用户、电商皆欢喜。

某种意义上讲，京东白条的出现亦是天时、地利、人和。

正如中信证券预计，2020 年前，中国社会消费品零售总额可保持 10% 的年均增长、短期消费信贷规模保持年均 20% 以上的增速。短期消费信贷占社会消费品零售总额比重将持续上升，预计 2020 年约达至 21%，届时规模将达到 10.24 万亿元。

除商业银行提供的消费信贷外，中信证券更看好普罗大众消费升级带来的空间，以电子商务为依托的京东金融兼具数据与场景的双重优势，将消费信贷嵌入线上线下场景，并结合大数据灵活进行风险定价，此模式的综合竞争力较强。

而今，"白条"已经走出京东，开始布局京东体系外的更多消费场景，覆盖旅游、租房、装修、教育、汽车、婚庆、医美等大众消费领域，为用户提供信用贷款分期服务。此外，白条与银行合作联名电子账户"白条闪付"通过 NFC 和银联云闪付技术，实现了在全国 1900 多万台银联闪付 POS 机上使用"白条"，覆盖了线下 800 多万家商户，满足人们衣、食、住、行等多种类型的信用消费需求。

值得一提的是，在延伸的消费场景和需求方面，京东金融还推出现金借贷产品"金条"。同时，京东金融的消费金融充分连接金融市场和实体商户，推出了业内首款积分资产管理产品"京东钢镚"；在与传统金融机构进行连接赋能方面，推出业内首款"互联网+信用卡"——"小白卡"，这成为行业热点 IP，目前已经跟中信银行、光大银行、民生银行等多家银行达成合作。

2014 年 5 月，针对白条用户的量化评分卡落地。目前，白条信用风险评估模型已覆盖 2 亿京东用户，小白卡与京东金融的信用风控评估模型对接，在权益上与钢镚、白条等消费金融产品打通。

就在 2014 年，消费金融亦从京东金融中独立出来。同年 3 月上线理财业务，推出个人资产管理工具京东钱包等。同年 7 月 1 日，京东众筹上线，同时推出新一代快捷支付产品京东支付。

提及京东众筹，许凌解释，京东众筹不是团购平台，其定位是有科技基因的创业、创新平台，颇似一个孵化平台，一方面扶持创业创新企业，另一方面丰富用户的产品体验，为用户提供具有品质、极富设计感、倍加稀缺的消费升级产品。

目前，京东众筹已经升级成为包含产品众筹、互联网非公开股权融资、众创生态、京东金融众创基金、暖东公益五大部分组成的完整众筹众创生态，为创业创新企业提供孵化及加速助力。

不过，囿于非团购模式，其逻辑在于团购模式可以引进不易失败的成熟企业。而孵化平台模式有不确定性，其时，京东众筹上有不少企业难免"死掉"，加之，京东众筹也是一个销售平台，帮助企业把产品销售出去，颇似一个债务融资或股权众筹。

许凌透露，2015 年 3—4 月，京东上线股权众筹，成为第一个吃螃蟹的人，并首次创立领投模式。

不一样的支付"入口"

在变革时代，传统思维与方法正在被摒弃，商业基础要素被重塑，何况是被视为"入口"的支付市场。

从支付来看，京东尽管起步较晚，但 5 年便构建了一幅支付业务战略版图，且在市场份额方面表现不俗。2016 年第四季度，京东金融在第三方互联网支付和移动支付领域占比为 2.8% 和 1.4%（居第 8 位和第 4 位）。

京东支付目前涵盖银行卡快捷、白条、京东小金库、网关等多种支付方式，为用户及商户提供 PC 及移动端适用的 App 支付、码支付、NFC 近场支付（京东闪付)、人脸识别支付等多种支付产品,同时为商户提供单笔或批量代付、支付结算、资金流转、数据分析等服务。基于前沿的科技及产品研发能力,京东支付可向合作伙伴开放电子价签、价签云、人脸识别等高科技服务。

2012年,京东通过收购线下收单机构网银在线获得第三方支付牌照,开始布局支付业务,其发展时间历程如下:

2012年10月,借收购获取第三方支付牌照;2013年,京东停止与腾讯旗下财付通的合作;2014年3月,网银钱包上线,后续整合购物付款、消费信贷、投资理财业务;2015年4月,网银钱包与网银+更名为京东钱包和京东支付;2016年11月,京东金融宣布上线白条闪付,实现线下银联POS机支付。

"白条闪付促使线下融资与线下支付融合。"中信证券认为,白条闪付是京东金融与银行合作推出的联名电子账户,其将卡号捆绑在Apple Pay、华为Pay、小米Pay等手机支付工具上,可实现在银联闪付POS机上支付。白条闪付打通了线上、线下消费场景,有助于京东金融把握个人信用贷款发展机遇,借助银行渠道拓宽京东线下支付业务,增强客户黏性。

其实,"正式开始改造京东支付是在2014年4—5月,其时将京东支付独立出来,这一年的7月,推出快捷支付产品——京东支付。"许凌说。

许凌坦言,过去3年,如果到京东商城里面去支付,用户会发现每年都有变化,且一年比一年好。因为,2016年之前的3年,京东做了很多有效的工作——建立了整个京东支付的产品用户体验。2017年的一个大战略则是走出去。

这3年,京东支付一方面承担京东商城结算任务,另一方面是做好系统。其中,支付是重中之重。就商业基础来说,支付是一切的连接,如还款、投资、理财等。京东金融2018年的重点就是做支付,把过去3年做好的产品向外推广,正如2017年,京东支付的第一件大事就是与银联的战略合作。

许凌相信,京东支付会在2017–2019年爆发式成长,京东有很多产品和技术储备,包括闪付,京东"押"的是NFC(物联网、物物连接)。京东看好IOT业务,即物联网的未来。因为,每个东西都是一个支付工具和一个交易场景。

例如,刷脸支付在消费时只要刷脸就可以支付,不需要手机。包括现在银联也在推闪付、NFC 的支付方式。未来，网络传输、技术革新等的速度会越来越快，普及率也越来越高，这将是必然趋势。

除此之外，许凌不得不提及的是，2015 年 8 月与中信银行信用卡中心联合发布的国内首款"互联网+信用卡"——小白卡。

"8 月我们推出这个产品时，相信整个银行业看京东的眼神又变了。京东不光与银行合作了，还仅用 100 天的时间，就让中信单张联名卡的申请量超过 100 万，将它在线申请的核准率提高 2～3 倍。"许凌说："1 年后，银行告诉京东，这张卡的不良率远低于预期，因为我们做了很充分的风控工作。"

至于接下来的动作，京东金融方面透露，未来，京东支付将以平等、共赢的心态与各类机构展开合作，不断推动支付产品的创新和支付技术革新，将技术积淀向外输出，帮助合作伙伴降低成本、提高效率、增加收入。依托移动支付，京东支付还将逐步为城市生活的更多领域赋予智能与便捷。目前，京东支付已开通全国各大城市包含违章代缴、预约挂号、汽车加油等在内的城市便民服务，并将逐步扩展交通出行、政务服务等应用场景，让更多人享受移动支付带来的智慧生活体验。

风控红线

不言而喻，风控是京东金融的一条刚性红线。

京东的风控体系建设颇令人瞩目，其早在 2015 年 6 月就投资美国大数据分析公司 ZestFinance，完善大数据风控体系。

不只是 ZestFinance，京东金融先后投资国内外数个数据公司，其运用大数据进行风险识别的能力已跻身行业翘楚。

"你的手机丢了没关系，人家知道你的支付密码也没关系，他在你的京东金融 App 上操作时，我就能知道这个人是否是本人，是否有风险。"2017 年 9 月 15 日，在 2017 中国 AI 金融探路者峰会现场，京东金融副总裁、技术研发部总经理曹鹏对生物探针技术的诠释，引发了现场观众的广泛关注。

在曹鹏看来，京东金融依靠大数据、人工智能打造出来的"黑科技"，以及

> 嬗变与挑战
> FinTech 2017—2018 年度报告

在实际金融场景中的广泛应用，正在为合作伙伴打造服务用户的能力。也正因此，京东金融当天荣获了《证券时报》授予的"中国金融科技先锋榜之 2017 中国 AI 金融拓荒奖"，人工智能技术创新水平得到了业界高度肯定。

据曹鹏介绍，基于大数据和技术能力，京东金融已经为行业搭建起了一整套面向全行业的金融解决方案。据悉，该套解决方案主要以用户洞察能力为基础，实践线上线下融合、智能客服、精准营销、风险控制等领域的技术能力，在这个过程中，京东金融的深度学习、机器学习、云计算、图谱网络、人脸识别等先进的人工智能技术均会贯穿其中。

2016 年 9 月设立的金融科技事业部便是致力于将京东金融核心产品能力实现对外输出。具体来说，是以数据为基础、技术为手段，用技术帮助金融行业提升效率、降低成本、增加收入，搭建服务于金融机构及企业的开放生态。

按照京东金融方面的表述，金融科技事业部整合集团所有业务板块资源，打造完整的金融产品体系，平台式发展，输出金融整体解决方案。向金融机构输出涵盖资产交易、企业及个人借贷、直销银行、场景应用、智能投顾、理财、风控数据、风险定价系统等领域产品，来提升其金融业务能力；向企业输出以账户资金管理及投融资服务为基础的一系列金融产品，来拓宽其金融业务场景及提升客户价值，从而成为一站式金融解决方案提供商。

不过，京东金融对外提供输出和服务之时，如何"量体裁衣"？与金融机构的合作逻辑主要是什么？

按照京东金融的理解，金融机构目前都面临着从线上线下业务割裂到线上线下融合的转变。以前，金融机构对于线上的需求主要是获客。但是现在，行业的变化要求金融机构实现更加精细化的运营。这需要金融机构进一步打破物理时空的局限，连接线上与线下，实现"O + O"式服务。所谓"O + O"，不再是线上到线下，或者线下到线上单向的传导，而是以用户的活动场景为中心，线上线下双向互为入口，互为服务。在这种模式下，用户、产品和场景将实现完美的融合。京东金融与工商银行刚刚发布的"智慧贵金属店"方案就体现了这一理念。

在智能线上信贷方面，京东金融现在已经形成一套完整的解决方案"天启"。

海量、多维、动态的大数据叠加最前沿的技术是京东金融作为科技公司的核心优势。在此基础上，京东金融开发出风险量化模型体系、精准营销模型体系、智能投顾模型体系及用户洞察模型体系等诸多前沿应用模型体系，并应用于金融场景之中。基于这些能力，"天启"可以通过用户分析、用户运营、智能客服、反欺诈等服务，帮助银行提升线上信贷业务能力，降低金融机构信贷服务成本，提升信贷服务效率，不断改善银行的客户体验。

在金融服务场景化方面，京东金融提出了场景融入式数字银行的解决方案，希望将整个数字银行里的每一个服务、每一个应用都能够像一张卡片一样从银行里解耦出来，嵌入到场景中去。例如京东金融和工商银行刚刚合作推出的工银小白，未来将实现将资信证明等服务嵌入到留学网站、旅游 App 等场景中去，让用户无须离开应用场景就可以享受金融服务，真正实现以用户为中心。

迄今为止，京东金融的数据与技术能力、系统搭建能力、互联网产品能力、客户运营能力等已经实现向卡组织、银行、保险、证券、信托、消费金融等金融行业各类机构输出。

JD—FINANCE 的朋友圈

现在，回望下 JD—FINANCE 的朋友圈：4 年下来，从 0 到 4000 名员工、800 万线上线下商户，数据驱动下的京东金融正独辟蹊径，致力于成为一家服务金融机构的科技公司……数据 + AI 已然成为其核心壁垒。

假以佐证的数据是：500 + 个风控模型，基于 5000 + 个风险策略和 60 万 + 风控变量，积累了 5000 万 + 的黑灰风险名单，实现对 3 亿 + 用户信用风险的评估。

京东金融"数据能力 + AI 能力"孵化的"鸡"，诸如京东超脑、硅谷实验室、智能风控实验、人脸识别、生物探针技术、RNN 时间序列算法、图计算特征关系网络等也是颇为亮眼。

RNN 时间序列算法被欧洲机器学习会议 2017PKDD 收录，获《亚洲银行家》

信贷风控技术实施奖。

"数据＋AI衍生产品能力"下的"蛋",如安全魔方、人脸支付、天机、天盾、金融云等,以及数据农贷、大数据消费指数、量化平台等,也是颇让人眼花……

但数据的归宿最终还是实体,京东金融数据＋技术能力输出,旨在缔造科技联盟"王国"的朋友圈。若以普惠金融为圆点,其外围的圆环链上包括3.6亿个人用户、800万家线上线下商户、8500家创业创新企业、400余家银行、1000余家基金公司、60余家保险公司等。

京东金融认为,不仅仅是技术,更是一种思维方式,数据和金融本就是天生一对,在数据＋金融路途中,京东金融正大步向前……

若总结大数据、人工智能方面的探索,京东金融的表现可圈可点。

过去4年,京东金融持续加强在中国市场上的数据投入,在数据量、数据源、数据处理能力方面处于世界领先水平。目前,京东金融每天新增数据量200TB。

截至目前,京东金融集团依托京东体系内数亿用户以及数十万合作伙伴所积累的电商数据、金融数据及各类第三方数据,利用人工智能、生物识别、云计算、区块链等新兴科技,开发出风险量化模型体系、精准营销模型体系、智能投顾模型体系及用户洞察模型体系等诸多前沿应用模型体系,并应用于金融场景之中。

2017年,京东金融发布全球首个提供FaaS(Fintech as a Service)的企业服务云平台——京东金融云。京东金融云在传统金融云所具备的服务模块之外,首次推出FaaS的模块。

眺望远方,一夜之间,下一个技术革命和社会变革的核心动力似乎非AI(人工智能)莫属!

无疑,瞬息万变的当下,不管是巨头还是创业公司都在积极理解AI,包括互联网巨头腾讯在内。在马化腾看来,场景、大数据、计算能力、人才是AI不可或缺的四要素。

"最关键的还是场景。有了应用场景,数据自然会产生,也会驱动技术发展,人才也会随之而来。"马化腾称。他认为,就计算能力而言,传统企业的未来就是在云端用人工智能处理大数据。云、大数据、人工智能不可分割。

第 1 章
现状：风口与痛点

如果用电能来对比"云"，电带来了上一轮的产业革命，而新一代信息能源将会带来新一轮的产业革命。

但马化腾认为，在"云"的发展尚未非常成熟之际，人工智能可能还有很长一段路需要走，甚至未来包括量子计算、量子通信等技术发展成熟之后，才会对人工智能的发展有更大的促进。

无独有偶，京东金融 CEO 陈生强亦称，金融和数据天生就连接在一起，人工智能加快普惠金融的到来。数据和场景是人工智能的前提，京东金融在数据和场景方面有着自己得天独厚的优势。"我们愿意以开放的心态把数据和场景连接起来并提供给大家。"

如果说 1.0 模式下，京东金融已经打造了全布局的自营金融，场景、技术和数据成为核心竞争力，那么 2.0 模式下，京东金融更加突出核心竞争力的外部价值输出。目前，京东金融技术输出已明显提速，2017 年与银行合作，技术输出内容集中于大数据、人工智能和云计算。

据中信证券报告分析，京东金融提出的 2017 年六大战略发展重点中，继续突出技术输出的重要性。一方面是大数据、机器学习、人工智能等领域，未来 3 年资金、资源投入年增速不低于 100%；另一方面是将现有业务板块打通、整合实现产品化输出，整体走出去。

党的十九大报告提出了经济高质量发展和现代金融。在京东金融看来，经济的高质量发展和现代金融是相辅相成的。现代金融有两大关键，第一，金融不仅要服务于实体经济，还要能够促进实体经济的高质量发展；第二，普惠。在低成本的前提下，实现金融服务的范围的广泛性，覆盖中小微企业、覆盖"三农"。

有人说，金融科技只有在真实的场景中才能成长；又抑或唯有通过技术驱动服务实体经济的金融才有长远生命力。回归实体是金融科技的本源！

那么，走出去！以数据为本，以技术为策，以场景为谋。如此看来，京东金融走向实体经济的步伐基础日趋夯实。

第 2 章
变局：巨头携手

第 2 章
变局：巨头携手

行业格局生变，大行携手互联网巨头布局金融科技

胡群

没有人想到这一天会来得如此之快。又抑或趋势使然，"分"与"合"注定了 2017 年的不平凡。

2017 年可谓互联网企业与大型银行携手合作重磅之年，四大行纷纷与 BATJ 牵手：3 月 28 日，阿里巴巴、蚂蚁金服与中国建设银行签署了三方战略合作协议；6 月 16 日，京东与中国工商银行签署金融业务合作框架协议；6 月 20 日，百度与中国农业银行携手共建智能银行；6 月 23 日，中国银行与腾讯成立"中国银行——腾讯金融科技联合实验室"。

那么，金融科技会怎样重构银行业态及竞争格局？也许从各巨头携手的发布会上公司出席领导的层次上可看出端倪：互联网一方由马云、刘强东、李彦宏等一把手亲自出马，银行方则是行长或董事长亲自挂帅，其目的是推动传统金融机构的科技转型——尽管就合作内容而言各有侧重。中国建设银行、阿里巴巴、蚂蚁金服之间的合作主要表现为推进中国建设银行信用卡线上开卡、渠道业务、电子支付业务，以及打通信用体系等；中国工商银行与京东的合作内容主要包括金融科技、零售银行、消费金融、企业信贷、校园生态、资产管理、个人联名账户、物流及电商等领域；中国农业银行与百度的合作则主要在金融产品及渠道用户等

领域围绕金融科技展开，包括共建金融大脑及客户画像、精准营销、客户信用评价、风险监控、智能投顾、智能客服等方向的具体应用。

麦肯锡在其研究报告《全球银行业报告（2017）——凤凰涅槃：重塑全球银行业，拥抱生态圈世界》中指出，如果银行不积极应对的话，到2025年，数字化威胁可能拖累行业的净资产收益率，使其降至5.2%。

不过，数字化步伐的加快带来的不单是威胁，也代表着机遇。麦肯锡估计，全面数字化加上数字化营销和分析技能的显著提高，有望在未来3~5年内为银行业带来3500亿美元的新增利润。上述报告指出，成功制订并实施生态圈战略的银行可能在2025年之前实现9%~14%的净资产收益率。

当然，也有人困惑：传统银行的产品链就像"鱼"一样，正在被金融科技切入和细分。若商业银行不积极反击，用不了多久，会不会变成毕加索手里的"鱼骨架"？

毕加索还画过一幅抽象的鱼，这幅画充满生机、富有创新力。如果银行积极反击，拥抱金融科技会如何？

"在金融科技的攻击下，我觉得银行会迎击、反击、蜕变、创新，使自己变成一条新的鱼，这条鱼就会是毕加索的新鱼。"清华大学国家金融研究院院长朱民说。

未来已来，你来不来？

行业格局生变在即，各巨头纷纷选择同舟共济！

自称为第一代FinTech工程师的李彦宏在主题为"开启智能银行时代 共创普惠金融未来"的战略合作发布会上称，"中国农业银行是中国规模最大、布局最完善的金融企业之一，也是普惠金融最坚定的践行者。百度则拥有全球最领先的人工智能技术。金融作为人工智能最重要的应用领域，双方通过AI与FinTech的联合创新，将推动银行业进入智能金融时代。"

"金融科技的飞速发展，将带来金融行业的深刻变革。在当前的市场环境下，农业银行与百度确立以金融科技为主要方向的战略合作正当其时。双方按照优势互补、各取所长的原则,共同孵化创新型的产品和服务,打造数字化的技术支撑能力,促进农行数字化经营的深度转型。"中国农业银行董事长周慕冰在致辞中表示。

李彦宏与周慕冰的话外音是:物竞天择,今天,数字渠道正逐渐成为客户的首选;传统将互联网作为业务和渠道补充的时代已成为过去。据中信建投研究部分析,在新兴互联网技术的冲击下,传统金融机构加快转型步伐,从平台、产品、内部管理和经营策略等方面都进行了重要调整,行业已迎来了新一轮金融科技革命。

对于银行在金融科技大趋势下的转型尝试,中信建投研究部认为,从形式来看,其平台可分为网上银行、手机 App、微信银行等电子渠道,以及电商平台、直销银行等聚焦特色场景、搭建开放式统一的互联网金融综合服务平台;而从转型内容来看,其产品分为支付、借贷、投资理财、账户、结算等不同金融服务需求,与之对应的是同样伴随着金融科技兴起的竞业产品,如第三方支付、P2P、"宝宝类"产品和网络银行等。

未来已来,你来不来?我们不妨从支付这个连接口切入,看一看这个行业正在发生怎样的变局,玩家们有哪些策略,以甄别时局,把握商机。

串联起一个强大朋友圈

2017 年 1 月 4 日,京东金融与中国银联在北京签署战略合作协议。中国银联总裁时文朝、助理总裁胡莹,京东金融首席执行官陈生强,以及招商银行、中信银行、民生银行、广发银行等 16 家银行的高管出席了发布会。

根据战略合作协议,京东金融旗下支付公司正式成为中国银联收单成员机构,双方还将在移动支付产品创新、联名卡、大数据应用、农村金融、国际业务等八大领域展开深度合作,通过资源共享、优势互补,共同打造"金融+互联网"的开放生态,为用户带来更加便捷、安全、高效的金融科技服务。

这几乎是一场"敌人的敌人即是朋友"的约定,马云的对手们正在串联起一个强大的朋友圈。这场发布会看似是马云的两位竞争对手——中国银联及京东成为合作伙伴,但背后还站着 16 家银行。实际上,银联、银行及京东金融的目光瞄向了更远方:消费金融、供应链金融等"金融＋互联网"的开放生态。

协议签署之后,未及半年便已见成果。

2017 年 5 月 27 日,中国银联联合了超过 40 家商业银行及包括京东支付等在内的第三方支付机构推出云闪付二维码支付。央行副行长范一飞表示,从安全性看,产业各方一同对二维码支付技术和安全规范做了全面充分的认证,建立起了具有完整业务规则、技术标准、风险控制的全链条业务体系,依托攻防、检测、认证等手段,进一步提高支付安全性,能够有效保障二维码支付业务规范、健康发展。

"我们肯定不想加入线下支付圈地大战中,那是一个低效的竞争方式。现在,只要对接标准二维码、对接银联的网络,就能全面实现所有场景进入。"京东金融副总裁、支付事业部总经理许凌称。移动支付应从场景之争进入下一阶段的产品之争、服务品质之争。

敌人的敌人是朋友

余额宝开启了中国的互联网金融市场,蚂蚁金服成为中国互联网金融巨头。马云的阿里巴巴及支付宝有意无意间成了京东及中国银联的"宿敌"。而在余额宝及其他蚂蚁金服业务进一步抢占金融市场时,再一次成为诸多银行的竞争对手。

"国内持牌的第三方支付机构大都是银联的收单成员机构,但不包括支付宝。"一位来自银联的人士称。

中国银联总裁时文朝是欢迎互联网金融机构利用银联网络发展金融业务的。"我们也尽力把成本做得足够低、运营效率足够高,让所有希望走银联网络的机构都能进入我们的网络,更多、更好地通过我们的网络发展好自身的业务。"时文朝称。

但他同样坚持"四方模式"的合作原则，这显然与支付宝的"三方模式"难以兼容。"四方模式"中的"四方"即卡组织、发卡机构、商户和收单机构4类参与主体，目前，银联、Visa、万事达卡等均采用"四方模式"。而支付宝等部分第三方支付机构直连银行绕开卡组织进行网络支付，即采取"三方模式"。

银联技术专家、EMVCo管理委员会主席潘见仁表示，目前，"四方模式"被证明在全球实践运行非常成功，国际卡组织的产品开发和服务都以"四方模式"为基础，包括苹果、三星、华为与卡组织合作的手机支付也遵循"四方模式"。

在中国银联与京东金融合作的背后，站着16家商业银行。

时文朝在发布会上称，"虽然是银联和京东的合作，但实际上背后有在座各位银行的行长们、专家们的支撑，没有你们，合作是很难落地的。"

根据战略合作协议，中国银联将与京东金融共同制定银联品牌联名卡产品标准，服务于银联发卡成员机构。在发布会上，参与银联品牌联名卡签约的有16银行，包括：招商银行、中信银行、民生银行、广发银行、华夏银行、渤海银行、北京银行、上海银行、广州银行、北京农商行、江苏银行、天津银行、徽商银行、桂林银行、哈尔滨银行、包商银行。

这是中国银联首次与非金机构合作制定银联卡产品标准。

过去两年中，京东金融分别与中信银行、光大银行、民生银行、招商银行等商业银行合作发行联名信用卡，输出风控能力和客户管理能力，极大地推动了合作银行的发卡数量和发卡质量，这些联名卡成了行业热点IP。

"作为一家服务金融行业的科技公司，我们将为整个金融行业提供服务。"京东金融CEO陈生强称。

支付新变局

金融业务始于账户，但如何通过账户及支付提供综合服务才是取胜的关键。在这条路上，蚂蚁金服、腾讯已分别利用支付宝、微信支付的账户及数据开展消费金融、供应链金融等诸多创新业务，但无论是中国银联还是京东金融，都还在探索的路上。

中国银联无疑拥有强大的账户及数据，而且在支付创新中已取得一定成就。2015年12月，中国银联联合20余家商业银行推出云闪付，持卡人只需在手机银行上生成云闪付卡，即可在具有银联闪付标识的POS机上完成支付。目前，云闪付产品系列覆盖非接触式IC卡、手机、可穿戴设备等多种介质形态，已与苹果、三星、华为、小米等多家手机厂商合作。

从现金交易到刷卡是一种创新，从刷卡到手机支付则可以说是一种颠覆。在许凌看来，二维码支付还需要一个App，而云闪付已不用App，无疑更加安全、便捷。

京东金融虽然拥有科技金融能力，却弱于京东之外的账户及数据。而商业银行则在科技领域面临一定的短板。中国银联助理总裁胡莹表示，智能手机与金融应用的融合对促进移动支付产业发展十分重要，银联云闪付自推出以来，得到众多手机厂商的支持，正成为未来智能手机的标配。但目前，支付宝、微信支付已培养出一部分用户的支付习惯，暂时而言，银行的支付方式并无优势。

京东金融金融科技事业部总经理谢锦生认为，银行和金融科技的结合，将创造出新的金融模式。对于银行来说，过去更多集中在规模的粗放式增长，而这种新金融模式未来更多聚焦在场景和用户交互上，基于对用户的认知和场景的渗透，创造出更多的交易机会，向精细化经营迈进。

最近一两年，部分先知先觉的银行已经在大力发展电子账户，在移动支付上投入大量资源，开展直销银行业务。这些新趋势实际上都是在借助技术的力量实现经营模式的转型升级，而这种转变离不开对用户的认知和识别、对应用场景的开发和渗透。新金融模式最终能帮助银行在风险定价管理和流动性管理方面都前进一大步。

时文朝已经一语点明了合作的方向，"银联的庞大网络现在被定义为中国的金融基础设施，我们两家一起合作，首先会在支付领域做一点名堂出来；其次，除了支付，金融业务还有很多，比如能够通过网络产生的庞大数据支持京东更好地把东西卖到百姓家里，这是我们的价值。如果大家在买东西时想找京东借点钱，走消费金融；供货厂商资金短缺，想通过京东周转一下，叫供应链金融。当然，也包括风险控制。"

简而言之，三方（银联、京东金融、银行）合作中，银联提供账户等信息，京东金融提供科技能力，银行提供资金，共同发展消费金融、供应链金融及风险控制。

陈生强表示，"双方将在支付、风控和用户服务等方面推动技术和商业模式上的创新，降低金融市场参与成本，提升效率，同时为客户提供极致安全的支付体验。我相信，在技术创新跟开放的心态下，支付市场一定会发生新的变局。"

支付的未来在哪里？

一位支付业内人士认为，银联的技术和成本太高，无法做好微支付，这源于"四方模式"中，产业链稍长，总成本将高于"三方模式"。

支付只是开端。商业银行在支付领域与支付宝的竞争中，一直处于劣势。支付宝提供的并非简单的支付业务，而是基于支付等数据，提供安全、信用、理财、融资，即营销、会员等多重功能。

蚂蚁金服国际事业部总经理郏航表示，"未来我们不能只立足于支付而谈支付，我们最终的服务对象是我们的客户。客户的需求围绕着支付商业所衍生出的相关服务，或是相关的价值是我们所需要特别关注的。"

麦肯锡认为，互联网类机构的另一项核心竞争优势是对大数据和先进分析技术的追求及使用。金融从不缺少数据，但是全面利用非结构化数据，特别是互联网端的数据，可以在产品和营销设计乃至风险控制上产生更多创新。

京东金融与银联、银行的合作使上述一切将变得明朗，诸多金融创新将成为可能。

京东金融联姻工行，要做什么

胡群

金融科技攻城掠寨，消费者日渐向移动金融产品体验转变，银行业用户黏性正在快速下降，加之外部经济环境恶化，监管日益加强，银行业经营环境日益严峻。

如何应对新竞争者，寻找新的业务模式？如何挖掘潜在增长机会？银行业将注意力聚焦在发展自身数字化变革上。在经历了电子银行、网络银行、移动银行后，银行业现虽然已全面步入 4.0 数字化时代，但蚂蚁金服、京东金融等金融科技公司在为消费者提供方便、快捷、多渠道、定制化等数字化体验上已走得很远。

"银行必须颠覆传统业务模式，即通过收购、投资、战略合作等多种形式布局，借力金融科技创新，打造以自身业务为核心、融合科技创新的一体化移动金融生态圈。"麦肯锡的研究报告称。

中国的金融科技已取得一定优势，而中国的银行业也正与金融科技公司合作，构建新的金融生态。

"金融科技创新正加速重构银行经营发展的模式和市场竞争格局。"2017 年 6 月 16 日，中国工商银行董事长易会满在与京东集团董事局主席兼首席执行官刘强东的会晤上称。

此次会晤，中国工商银行与京东金融集团金融业务达成合作框架协议，正式全面业务合作，双方将在金融科技、零售银行、消费金融、企业信贷、校园生态、资产管理、个人联名账户等领域全面展开深入的合作。

工行力推金融科技

中国工商银行一直将金融科技创新作为转型发展的重要推动力，已正式成立互联网金融、大数据、人工智能、云计算、区块链与生物识别等七大创新实验室，以金融服务和金融科技创新的双重优势，持续推进在各个领域的应用和创新，努力在民生、经济、金融等领域开辟更广泛的应用场景。

2015年3月23日，中国工商银行发布"e-ICBC"品牌，成为国内首家发布互联网金融品牌的商业银行。年报数据显示，2016年，工行以互联网业务为主的电子银行交易额近600万亿元，占全部业务量的92%。其中通过互联网渠道销售的理财产品达到4.7万亿元，占工行销售总量的96.7%；融e行移动端客户达到2.6亿户，年交易额21万亿元；融e购年交易额达1.27万亿元，客户数超过6100万；融e联客户突破8100万户，网络融资余额达到6500亿元。

在发展自身业务的同时，工行也积极与百度、乐信等互联网公司合作，而此次与京东金融的合作，无疑将更具战略意义。

"以技术创新引领行业变革之先，是工行的传统优势，也是成功转型的关键。本次选择与京东金融达成全面合作，是看中京东金融在服务实体经济过程中形成的金融科技能力，包括产品创新能力、大数据风控能力以及互联网运营能力等，全面深入的合作有利于双方实现各自业务的快速成长与迭代，为双方的客户都创造更好的服务与体验。"易会满称。

由于工行融e购已成为国内领先的电商平台，因此，除金融业务领域的合作外，双方还就京东集团层面与工行的整体合作进行了探讨，未来双方将在物流及电商领域积极展开合作，为广大消费者提供更优质的服务。

科技赋能金融机构

"金融科技公司也好，传统金融机构也罢，实际上并没有矛盾点，也没有冲突点。" 2017 年 5 月，京东金融 CEO 陈生强在银监会党校演讲时表示，在新技术革命的推动之下，金融科技必然会与传统金融体系融为一体。这种融合不是基于无可奈何，而是大势所趋。双方实际上都在朝着一个共同的路线在走，尽管出发点不同，但目标是一致的。双方依据各自不同的资源禀赋，发挥不同的作用，所组建的将是一个全新的金融生态。

正是定位服务于金融行业的科技公司，以数据为基础，以技术为手段，为金融行业降低成本、提高效率、增加收入，京东金融与金融机构才能构建双赢金融科技生态圈。在金融科技输出方面，京东金融目前的合作伙伴涵盖银行、保险、证券、信托等主流金融行业机构。

刘强东在与易会满的会晤中表示，"此次京东金融选择与工行携手，将利用在大数据、人工智能、云计算等科技方面的优势，与工行在获客与用户运营、智能风控、产品服务创新、流程优化等各核心业务层能力上优势互补，为京东和工行既有的数亿用户提供更好的服务与体验。这是京东金融践行开放精神，助力数字普惠金融，连接金融与科技的最好证明。"

重构竞争格局

看似一次银行与金融科技机构普通的战略合作，或将重构新金融行业的竞争格局。

近年，随着中国经济增长进入新常态、对公信贷需求紧缩，以及利率市场化改革，银行赖以生存的息差逐渐收窄，经营环境日益严峻。另一方面，监管趋严、金融科技机构加快蚕食银行业利润，银行业躺着挣钱的时代正逐渐远去。

不仅工行与京东签署战略合作协议，建行与阿里巴巴、农行与百度、中国银行与腾讯都已达成合作共识。此前中国银行业与互联网行业已有多层次、多领域的合作，但未能有效帮助银行重新赢得消费者的青睐。在蚂蚁金服已向金融机构开放最新的 AI 技术，并上线"财富号"，向基金公司、银行等各类金融机构开放之际，工行及京东金融的市场可能会受到一定影响。此次合作能否为双方客户都创造更好的服务与体验？

"金融科技为银行转型提供了很好的科技支撑，为金融业注入了灵感和创新活力。对于云计算、大数据和区块链技术，银行必须重视，并为我所用、用好用活，进一步提升效率，为社会创造更大的价值。"浙商银行行长刘晓春称。

"如今的客户要求银行以客户体验为中心，提供全渠道、无缝式、定制化的产品和服务，这意味着银行必须颠覆传统业务模式，即通过收购、投资、战略合作等多种形式布局，借力金融科技创新，打造以自身业务为核心、融合科技创新的一体化移动金融生态圈。"麦肯锡的研究报告称。

165 天之后，双方合作的成熟产品已面世。

2017 年 11 月 27 日，京东金融与中国工商银行宣布推出"工银小白"数字银行，打造首个国内开到互联网平台上的银行。

短短 5 个月内，京东金融也已经与光大银行、浦发银行、大连银行、北京银行等展开合作。

数据＋场景

党的十九大报告指出，要着力加快建设实体经济、科技创新、现代金融、人力资源协同发展的产业体系。

什么是现代金融？在陈生强看来，现代金融的具体指标可能很多，但至少具备两个特点：服务实体经济及全面实现普惠。

"贯彻落实党的十九大精神，我们找到了自己的准确定位，那就是凭借金融科技助力现代金融，从而更好地服务中国经济的高质量发展。"陈生强说。

由于信息不对称，金融市场长期存在供需错配、需求无法得到满足的问题，金融压抑十分明显，具体体现为小微企业融资难、融资贵等。如何化解这一矛盾？

在过去 10 年里，中国政府在发展普惠金融方面也做出积极探索。央行和原银监会一直积极支持商业银行（包括城乡中小银行）为小微和涉农企业服务，政策性银行尤其是中国农业发展银行也在这方面做了各种尝试。另外，各地还建立了上万家小额信贷公司。近年来，为了缓解中小企业融资难、融资贵的问题，监管部门又推出了"三个不低于"和整治银行收费等政策措施。

2016 年 11 月，北京大学数字金融研究中心课题组受中国人民银行国际司委托的研究成果表明，客观地评价，这两条举措对于改善中小企业的融资环境起到了一定作用，但它们有一个根本性的缺陷，就是没有完全遵循商业可持续的原则。利用互联网技术帮助普惠金融交易成为普惠金融发展遇到的一个历史性机遇。

中国互联网金融协会会长李东荣认为，金融科技有助于解决"普""惠"、服务质量以及商业可持续的问题。

"正是在这种背景下，金融科技应需而生。"陈生强说，无论是改善存量还是创造增量，金融科技都能发挥更大作用，帮助更多金融企业突破原有的发展瓶颈，全面提升服务能力。

在和工行的合作中，京东金融用产品证明了金融科技能为银行创造的核心价值——数字化与全场景化。

金融业务始于账户，但在泛金融时代，很多非银行账户的机构迅速抢占市场，为用户提供存、贷、汇等银行业务。

近年来，银行曾尝试多类型在线获客方式，如开发网上银行，但网上银行只是将客户从线下迁移到线上，要获得新客户难度较大；成立互联网平台，但平台往往采取传统的地推方式，依靠线下的网点人员去进行业务推动，仍很难收到获得新客的效果；有的银行把产品放到互联网平台上，但平台上的客户是由平台推荐，渠道仍由平台掌控，尤其购买金融产品的账户往往是通过平台的三方支付账户来实现，银行仍未能实现有效获客。

第 2 章
变局：巨头携手

"银行把网点开到互联网平台上，而不是平台自身开了一家银行。与那种在互联网平台销售银行产品，客户由平台提供，渠道也由平台掌控的模式相比，最根本的区别是用户在平台上购买银行产品用的是第三方支付机构的账户，这是最核心的问题所在。"中国工商银行个人金融业务部总经理宋建华表示，"工银小白"数字银行用的模式是用户要先开一个工行的二类账户，然后再基于工行的账户买工行的产品。

京东金融将科技能力输出，与银行的传统业务模块相融合，能像积木一样自由组合，像卡片一样自由分发，像插件一样自由嵌入与连接；所谓全场景化，是让金融服务不仅能够在互联网上打破服务场景局限，还能够打破物理时空的局限，连接线上与线下，用户、产品和场景实现完美融合，体验更佳。

"在数字化和全场景化的金融服务体系中，用户不用再去找服务，而是服务去找用户。"陈生强说，金融服务可以嵌入到我们身边每一个生产、生活场景之中，带来一种随处可见、触手可得的全新体验。"这就是金融科技为现代金融带来的新动力。"

党的十九大报告指出，推动互联网、大数据、人工智能和实体经济深度融合。"这让我们感到很振奋，因为这也是京东金融正在和继续发力的重点。"陈生强说，以互联网、物联网、大数据、人工智能、云计算为代表的新技术，正在让生产、服务、生活等实体经济行为逐步可数字化，从而在不同的经济行为过程中建立规则、识别风险，并据此匹配更符合需求的金融产品，从而真正实现更好地服务实体经济。

按照京东金融的未来规划，将为用户提供多样化金融服务。与工行的合作中，"工银小白"把服务对象聚焦在年轻客户，为他们提供包括基础金融、投资理财、购物消费等在内的多样化、个性化金融服务。

以前，在互联网平台销售银行产品，客户由平台提供，渠道也由平台掌控，更重要的是平台上购买产品使用的是第三方支付机构的账户。而"工银小白"的模式是，客户要先开一个工行的二类账户，然后再通过该账户买银行的产品。

"工银小白的诞生是工行和京东合作的一个新起点，功能现在还处于起步阶段，目前主要支持在线开立工商银行的二类账户、办理资信证明等一些相对简单的产品，后期还会陆续增加投资理财、消费金融、个人授信、网点服务预约、贵金属众筹、普惠金融等多项服务。"宋建华表示，长远看，中国工商银行会到其他平台上开银行，也会有很多家银行到京东金融平台上开网点，但双方一对一的合作方式有一个保护期。

在陈生强看来，想要更好地满足百姓对金融服务的需求，首先要探知需求新趋势、新动向，而这正是具备大量数据支撑的京东金融之所长。与此同时，京东金融还能通过提供技术服务帮助金融企业更好地改善服务，让金融市场的供需更加匹配。

京东金融正在将工行变得更年轻、更便捷。

"我们一手探知老百姓的需求，一手提供更合口味的优质服务，从而让金融服务为人们的美好生活增色添彩。"陈生强说。

京东金融与它的银行"伙伴们"

胡群

金融与科技快速融合,大中型银行或通过与 BATJ 等建立合作关系,或通过自建科技子公司等多种渠道发展金融科技,中小银行夹在大中型银行与金融科技机构之间,业务进一步被挤压,如何提升科技能力,构建稳定的盈利模式?

"信息科技建设缺乏统一规划,且管理水平不高,是限制中小金融机构发展的最大技术瓶颈。"山东城商行联盟常务副总经理兼首席技术官黄鑫向笔者表示,这很难以依靠自身力量解决,探索多种类型联合,走科技合作、联合发展的道路势在必行。

这给京东金融等金融科技公司提供了巨大的市场空间。

"我们的着眼点在新的金融模式到底怎么做,希望跟金融机构一起把这个模式做起来。就比如一辆车,数据和技术能力是引擎和底盘。"京东金融金融科技事业部总经理谢锦生表示,中国的银行数量很多,足够分散,从中国整个金融资产的分布来讲,大部分金融资产在银行里。因此,虽然京东金融与银行、证券、保险、基金等机构都会有合作,但银行是重点。

中小银行的科技需求

"在数字化时代,如果不重视客户体验和业务所关联的场景和生态,既无意愿又无能力去构建,将很难形成稳定的盈利模式,最终只能在竞争中被市场挤出。"广发银行网络金融部副总经理关铁军称。

近年来,随着宏观经济进入新常态、金融科技公司崛起、消费者数字化需求增加及新技术的迭代更新,大中型银行纷纷开始试水数字化新模式。当工农中建等大型银行相继与京东金融、百度、腾讯、蚂蚁金服等互联网机构开展战略合作之时,中国民生银行与小米、搜狐也签署合作协议,冀图做大做强互联网金融;光大、平安、兴业、招商银行的科技子公司光大云付、平安科技、兴业数金、招银云创等互联网金融技术也已取得一定成就。

除上述两类业务模式外,国外市场上还有另外一种模式,即通过风投或私募的形式布局金融科技。麦肯锡对全球 100 家领先银行的调研结果显示:52% 的银行与金融科技公司有合作关系,37% 的银行采用风投或私募的形式布局金融科技。

德银中国银行业分析师范海烁认为,在自身变革方面,从上市银行的数据来看,金融科技的运用已经转化为更高的效率、更低的成本、更强的客户黏性;长远来看,能战略性地部署银行电子化信息化业务、构建互联网金融生态体系的银行将具有差异化竞争能力。

然而,中小商业银行的金融科技步伐显然慢了很多。与大中型银行比,中小银行的客户规模、服务手段、方式、品牌、技术储备等方面都远远落后,既没能力开设科技子公司,且没资质(投贷联动)、资金及能力通过风投或私募的形式布局金融科技。

"对大部分金融机构而言,很难自己研发并成立科技子公司,也并非所有的金融机构都有必要或有能力去做科技子公司,所以借助其他科技公司案例比较常见。"光大云付副董事长兼总裁夏令武称。

第 2 章
变局：巨头携手

这是一个极大的市场。

央行发布的《中国金融稳定报告2017》显示，截至2016年年末，全国共有城市商业银行134家、农村商业银行1114家、农村合作银行40家、农村信用社1125家、村镇银行1443家。《2017年全球金融科技调查中国概要》显示，68%的传统金融机构受访者预计未来3~5年内将加强与金融科技公司的合作，以跟上市场发展的步伐、落实创新。

"中小银行依靠网点布局、人员营销、产品宣传等传统手段进行销售，投入了大量的人力、物力等资源，导致成本压力居高不下，银行更愿意将有限的资源投入到能够带来更高价值的客户身上。"黄鑫认为，如果运用先进的技术手段和数据分析拓展更多的客户群体并实现精准营销，并可通过客户行为及偏好的分析，为不同需求层次的客户提供差异化的普惠金融服务，运营成本将实现不断降低。

如果中小银行不能很好地发展金融科技，大中型银行携资金成本、金融科技优势，将进一步挤压中小银行的生存空间，中小银行的日子将会更难过。

"京东金融不会只是为少量的几个金融机构提供服务，我们的目标是希望金融行业能够降低成本，提高效率，从为行业创造的价值里获得自己的盈利。未来，所有的金融机构都可能是我们的合作伙伴。"谢锦生称，银行和金融科技的结合将创造出新的金融模式。对于银行来说，过去更多精力集中在规模的粗放式增长上，而这种新金融模式未来更多是聚焦在场景和用户交互上，基于对用户的认知和场景的渗透，创造出更多的交易机会，向精细化经营迈进。

从宇宙行到地方商业银行

"中国的金融机构已经够多了，但缺乏能够帮助金融机构提升效率、降低成本、增加收入、更好地服务实体经济的科技公司。"京东金融金融科技事业部副总经理徐启昌称，在科技输出方面，京东金融目前的合作伙伴涵盖卡组织、银行、保险、证券、信托等主流金融机构，仅银行业机构就超过了400家。

嬗变与挑战
FinTech 2017—2018 年度报告

2017 年 7 月 18 日，京东金融与山东省城市商业银行合作联盟签署战略合作，京东金融通过大数据、金融云、智能运营等科技能力的输出，助力山东城商行联盟及成员行进行金融创新、加强数据风控能力，提升用户体验。

随后的 7 月 20 日，京东金融与广东省农村信用社联合社宣布签署战略合作协议。此次合作是京东金融与省级农信社的首次战略结盟，双方将在数字金融平台搭建、京东云、资产管理、农村金融及电商物流等领域展开全面合作。

看似普通的地方商业银行与金融科技机构合作，却赋予了相当的想象空间。一旦地方商业银行有效降低成本、提高效率，增加收入、降低金融风险，普惠金融业务便捷扩展，是否将改变地方商业银行格局？

"我们认为，这世界不缺一家技术能力强、能赚钱的金融机构。但这个世界缺的是既能够给金融机构降低成本、提升效率，同时又能给他们带来收入的、服务于金融行业的公司，那才是最有价值的事情。"陈生强称。

自 2015 年以来，京东金融已经陆续与中信银行、光大银行、民生银行、广州银行、华夏银行、北京银行、上海银行、招商银行合作推出小白卡。

"合作开始的前一百天，中信银行小白卡申请量高达 100 万张，这创造了我们的纪录。"中信银行信用卡中心总经理吕天贵称。

据京东金融方面透露，目前与 11 家银行合作小白卡申请人数已超过 400 多万，这完全突破了传统金融服务模式的想象，也是京东金融大数据风控技术提升金融能力的成功展示。

这只是银行利用金融科技提升效率的一方面，波士顿咨询公司（BCG）最新报告指出，零售银行若将最关键的客户旅程进行数字化，将能改善服务、提升客户经理服务能力、提供基于数据的产品服务，营收也将增加 5%～20%。银行还能通过缩短流程时间、自动化和更快更准确的决策，将成本削减 10%～25%。

徐启昌表示，传统银行在做搭建直销银行业务时，至少需要半年甚至接近 1 年，而京东金融在和银行合作搭建时，可以将时间缩短到 2～3 个月。

而这种科技与传统金融的结合，吸引了越来越多的金融机构向科技靠拢。黄鑫表示，"接触京东金融主要是注意到其已和多家金融机构进行了落地合作。通过

第 2 章
变局：巨头携手

深入交流，我们了解到京东金融是定位于服务金融行业的 IT 公司，这与山东城商行联盟为中小银行提供综合性金融中后台服务的宗旨不谋而合。"

要想领先于竞争对手就必须不断创新。京东金融用自己的业务场景不断优化这些算法和模型，同时把这些技术产品化，服务于合作的金融机构。

"目前，京东金融正逐渐把现有体系的风控、营销、运营以及技术等能力解耦出来，同时，正在建立一种分享合作的商业价值逻辑。这一套商业价值逻辑需要双方不断地磨合以达成共识。这将是一场持久战，也需要我们长期、持续地投入。"陈生强称，近期，京东金融在硅谷成立了人工智能实验室，致力于开发人工智能领域最前沿的技术，不仅在应用层面，还包括技术底层和未来的技术。

"综合近年互联网金融监管政策及第五次全国金融工作会议来看，未来，中国金融发展主要依靠银行、证券等正规金融机构，而如何提升这类金融机构的效率，则为金融科技机构提供了更大的发展空间。"中金所研究院首席经济学家赵庆明称。

而在行业躁热之时，市场更需要理性的声音。

在中信建投研究部看来，对于金融科技的崛起，监管机构持谨慎态度的同时，也促进了银行和金融科技公司的合作，积极推动大数据、云计算等新一代信息技术的发展，引导包括数字货币、征信体系等基础设施的搭建，为互联网交易型银行的发展打下技术根基，以维护市场公平秩序、保护金融消费者合法权益和促进金融健康发展为目标，以鼓励创新、防范风险、趋利避害、健康发展为原则，打造互联网交易型银行的新时代。

在我国，金融机构是牌照式监管，尽管 P2P、众筹等创新业态并未明确是否要发放牌照，但从监管的思路和趋势来看，向传统金融监管靠拢已是大势所趋。从互联网金融监管历程来看，随着监管日趋严格和明朗化，自查、整改的难度加大，各平台"监管套利"现象逐步减少，这对于转型中的传统银行来说是一个利好消息。

表 2-1 2017 年银行与 BATJ 合作情况梳理

序号	公司	日期	合作银行	合作内容
B	百度	2017/6/20	中国农业银行	双方共同建立金融科技联合实验室
		2017/11/16	中国农业银行	"AB 贷"落地
		2017/11/18	中信银行	共同筹建的直销银行——百信银行正式开业
A	阿里	2017/3/28	中国建设银行	入驻支付宝；开通财富号；线上开卡；互认互扫；打通信用
		2017/9/28	南京银行	阿里云、蚂蚁金服与南京银行发布南京银行"鑫云+"互金开放平台
		2017/10/24	中原银行	蚂蚁金服、中原农险与中原银行合作开拓农村金融
		2017/12/29	杭州银行	杭州银行、阿里巴巴阿里云、杭州城市大数据运营公司打造金融科技创新实验室等
T	腾讯	2017/6/22	中国银行	成立"中国银行——腾讯金融科技联合实验室"
		2017/6/22	华夏银行	继续探索反欺诈、金融业务上云、与理财通平台的合作
		2017/11/3	广州农商行	推出以腾讯金融云作为金融科技平台的创新"云金融"业务——太阳云银行
		2017/11/9	招商银行	通过 AI 技术把反欺诈能力开放给招行
		2017/11/27	中信银行	开展金融科技领域多维度、多层级、多角度的深度合作
		2017/11/28	杭州银行	通过打造智慧银行，双方发起成立腾讯金融云 & 杭州银行"金融科技创新联盟"等
		2017/12/3	中国银行	新一代网络金融事中风控系统落地
		2017/12/16	中关村银行	在金融反诈骗等方面展开深入合作，共建金融反欺诈大数据风控体系

第 2 章
变局：巨头携手

（续）

序号	公司	日期	合作银行	合作内容
J	京东	2017/1/4	中国银联	宣布战略合作，京东金融旗下支付公司成为银联收单成员机构等
		2017/5/9		合作完成了中国银联与互联网企业之间建设的首条联盟链
		2017/7/19		京东金融上线基于银联"云闪付"合作的"京东闪付"
		2017/2/14	中国民生银行	京东金融与中国民生银行合作的联名信用卡"小白卡"上线开放申请
		2017/3/27	中国光大银行	联合发布光大"白条"联名信用卡
		2017/6/16	中国工商银行	达成全面合作，双方在金融科技、零售银行、消费金融等领域展开全面深入合作
		2017/6/29	华夏银行、上海银行、北京农商银行、广州银行	京东金融联合华夏银行、上海银行、北京农商银行、广州银行等四家银行分别推出了基于银联标准的"白条"联名卡
		2017/7/6	招商银行	联合招商银行信用卡推出"招行小白信用联名卡"，是京东金融小白信用真正意义上的首次亮相
		2017/7/17	亚联数据	达成战略合作，基于大数据和人工智能在用户洞察、风险定价等领域展开合作
		2017/7/18	山东城商行联盟	战略合作，在互联网金融服务平台、投融资平台、反欺诈、智能营销中心等业务领域合作
		2017/7/20	广东农信	战略合作，在数字金融平台搭建、京东云、资产管理、农村金融及电商物流等领域展开合作
		2017/8/18	兴业银行	共同推出国内首张具备互联网基因的借记卡——小金卡
		2017/8/27	中信银行	推出联名信用卡"小白卡"，开拓信用卡领域的全新金融服务模式，此后又联合推出小白 two 卡

（续）

序号	公司	日期	合作银行	合作内容
J	京东	2017/8/31	中国光大银行	宣布战略合作，全面覆盖入口、场景、用户，在大数据风控、用户画像、人工智能等方面合作
		2017/9/28	江苏银行	战略合作，在消费金融、财富管理、农村金融等多个金融领域展开深度合作
		2017年10月	广发银行	京东金融联合广发银行推出"广发小白信用联名卡"
		2017/10/27	东营银行	战略合作，在产品创新、场景化包装及营销、用户画像及数据风控等领域开展合作
		2017/11/9	大连银行	战略合作，同时发布共同打造的直销银行品牌"壹伴客"，共建金融科技实验室、大数据平台与线上信贷平台
		2017/11/22	北京银行	战略合作，宣布三大合作落地：联合风控建模、共享用户标签、联名信用卡
		2017/11/22	浦发银行	战略合作在风控、反欺诈、精准营销、智能金融等各个领域加强合作
		2017/11/27	中国工商银行	推出"工银小白"数字银行，是国内银行业首个开到互联网平台上的银行，将在线下主题网点共建、智慧贵金属店等多个领域开展合作

第 2 章
变局：巨头携手

金融云战争升级，京东金融如何突围

胡群

金融科技正在改变银行业，而金融云服务已成为各家金融机构推动转型必备方案。

金融云市场近期竞争激烈。作为市场的先行者，阿里金融云、蚂蚁金服与南京银行合作的"鑫云"互联网金融开放平台已正式发布，该平台已聚合超过140家中小银行。另有两家全国性股份制银行的合作项目即将上线。

"阿里金融云是金融互联网转型能力的集大成者，基于行业转型的需求汇聚能力，无论来自阿里、蚂蚁还是第三方。它的终局形态将不是一种产品，而是一种互联网转型能力的聚集。"阿里金融云总经理徐敏称。

而作为市场跟进者的腾讯金融云已将战火烧至阿里的大本营——杭州。2017年11月28日，腾讯金融云与杭州银行签署战略合作协议，双方将通过打造智慧银行、成立腾讯金融云＆杭州银行"金融科技创新联盟"等方式，共同探索金融科技业务创新合作模式，未来将重点发力互联网业务上云、金融大数据平台搭建、欺诈风险分析及解决、安全保障体系构建等金融科技业务。

而在此前一天的11月27日，腾讯与中信银行签订了金融科技深化业务合作协议，未来围绕互联网业务上云、金融大数据平台搭建、欺诈风险分析及解决、安全保障体系构建等金融云相关内容展合作。

作为市场的新入局者，京东金融云甫一入场就发布全球首个提供 FaaS（FinTech as a Service）的企业服务云平台。据京东金融副总裁、技术研发部总经理曹鹏向称，京东金融已与超过 600 家金融机构合作。

市场蓝海

银行以账户为中心的业务逻辑正在向以用户为中心转变。此前，由于"以账户为中心"的客户资源导致信息相互割裂，很多业务不能有效配合，而基于金融云和大数据，银行业务以用户为中心正在成为现实。

2016 年，原银监会牵头制定的《中国银行业信息科技"十三五"发展规划监管指导意见（征求意见稿）》提出，"探索建立银行业金融公共服务行业云，构建私有云与行业云相结合的混合云应用"，规划实施时间为：2016—2020 年稳步实施架构迁移；到"十三五"末期，面向互联网场景的主要信息系统尽可能迁移至云计算架构平台。

在监管及市场的共同作用下，金融云市场规模正快速增长。据咨询机构计世资讯的预测，2017 年，我国金融云市场规模将达到 63.0 亿元，同比增长 45.2%。面对金融云市场发展的大片蓝海，巨头们已经开始加速布局。

"2013 年成立的阿里金融云是国内最早提供金融云服务的提供商，迄今已有 2500 多家金融机构客户，非'双 11'期间每天支撑数亿笔交易（不含支付宝），其客户包括数十家银行、半数以上的保险公司、七成以上的证券公司和千余家互联网金融企业。"徐敏称，2017 年下半年，除蚂蚁金服与南京银行发布的"鑫云"互金开放平台外，另有两家全国性股份制银行的合作项目即将上线。

南京银行副行长周文凯介绍，南京银行于 2017 年初启动该项目，以 5000 万客户、亿级账户数为建设目标，着力打造"1 + 2 + 3N"的互联网金融平台，从系统建设、研发模式、运维管控等方面全面实现架构转型。"1"代表一家银行，即南京银行；"2"代表阿里云和蚂蚁金融云；"3N"分别代表医、食、住、教、产、销等 N 个场景，旅游、电商、快递等 N 个行业平台，以及 N 家以鑫合金融家俱乐部成员行为主的中小银行。

2017年11月22日，鑫合金融家俱乐部宣布，成员银行已经增至142家。也就是说，"鑫云"互联网金融开放平台已为142家中小银行输出技术、业务和场景。

"南京银行的'鑫云'互联网金融平台是在网商银行等互联网银行之外，基于互联网技术构建的金融核心交易平台，包括了IAAS、数据库、PAAS等，都完整应用了阿里巴巴和蚂蚁金服的技术能力。"徐敏称，阿里金融云不会是新技术的炫技场，将主要在金融和互联网发生化学反应的交界点布局和投入，必须是成熟、稳定和可靠的，同时负责整体生态的搭建和商业化运营。

基于技术实力和丰富场景，国际研究机构IDC最新发布的市场调研数据显示，阿里云2016年在中国IaaS市场的份额已达到40.67%，超过第2~10位市场追随者规模的总和，已在中国市场拥有绝对领导力。

据另一份数据显示，阿里云2017年上半年IaaS营收5亿美元，占据47.6%的市场份额；腾讯云位居第二，营收约1亿美元，市场份额为9.6%。

"一枝独秀不是春，百花齐放春满园。金融云的这场仗才刚开始。"徐敏称。

短兵相接

当阿里金融云在金融领域纵横捭阖之时，腾讯金融云悄悄地将战火烧至阿里巴巴的大本营——杭州。

2017年11月28日，腾讯金融云与杭州银行签署战略合作协议，双方将通过打造智慧银行、成立腾讯金融云＆杭州银行"金融科技创新联盟"等方式，共同探索金融科技业务创新合作模式，未来将重点发力互联网业务上云、金融大数据平台搭建、欺诈风险分析及解决、安全保障体系构建等金融科技业务。

腾讯金融云步步为营，正快速布局金融云市场。2017年11月27日，中信银行行长孙德顺、副行长兼财务总监方合英、副行长郭党怀等人前往腾讯总部，与腾讯董事会主席兼CEO马化腾，腾讯云副总裁、腾讯金融云负责人朱立强等人签订了金融科技深化业务合作协议。未来，双方将围绕互联网业务上云、金融大数据平台搭建、欺诈风险分析及解决、安全保障体系构建等金融云相关内容展开合作。

在 2017 年 11 月 9 日腾讯全球合作伙伴大会上，腾讯与招商银行就互联网金融安全签订战略合作协议，腾讯金融云联合腾讯安全反诈骗实验室，通过 AI 技术将反欺诈能力开放给招行，帮助招行更好地识别金融业务中的欺诈行为，并开启双方在金融云领域的深入合作，共建互联网金融安全生态圈。

2017 年 9 月，腾讯与中国银行签署了战略合作协议，继 2017 年 6 月"中国银行—腾讯金融科技联合实验室"挂牌成立后，宣布将在金融云等云计算领域开展更纵深的合作。

腾讯金融云与多家大中型银行合作的背后，是腾讯对于金融云业务发展的信心，也反映出银行等金融机构对于业务接入云端的大量需求。

突围

对于市场旺盛的金融云需求，除阿里和腾讯的金融云服务外，华为、京东、百度等互联网企业也在持续发力，而金融系的兴业数金、招银云创及平安一账通等力量也纷纷切入市场。

京东金融于 2017 年 11 月 6 日发布全球首个提供 FaaS（FinTech as a Service）的企业服务云平台——京东金融云，京东金融副总裁、技术研发部总经理曹鹏称，京东金融已为中国工商银行等超过 600 家金融机构提供金融云服务。

但京东金融云提供的服务与阿里金融云及腾讯金融云服务不同。

"我们针对金融需求做定制服务，主要集中在营销，包括风控、反欺诈及给金融提供账户的连接。"曹鹏表示，目前市场上的云服务模式以 IaaS（基础设施即服务）、PaaS（平台即服务）、SaaS（软件即服务）三大类型为主，而对金融行业而言，上述三层服务所能满足的更多是企业成本压缩、业务流程改善、管理效率提升等运营层面的需求，不能带来核心业务价值的提升。京东金融云不仅在这三大类云服务上实现了全布局，为客户提供公有云、私有云等各类服务之外，还特别针对金融行业特点推出了独有的FaaS（金融科技即服务）服务，满足金融机构及其他企业在金融业务上提升核心价值的需求。

伴随着金融服务不断"触网"加速业务办理效率，产生了巨量增长的复杂数据，使高效信息管理和安全性保障需求愈发突出。金融云服务通过将云计算技术应用到金融领域，将金融机构的数据中心、客户端搬到云端，在提高金融机构的数据处理能力、完善流程、改善客户体验、降低运营成本等方面都具有积极作用。

金融云服务商中已涌入越来越多竞争者，无疑将给行业带来更多的竞争，倒逼各方提升业务效率和服务品质，给企业和个人带来更加便捷、高效的金融服务。

金融与科技的融合逻辑,谁说了算

欧阳晓红

金融为本,科技为器。如今,已经不再有人说科技颠覆了金融,或新金融颠覆了传统金融,科技与金融这两者已经实现了正大光明的牵手。

这场正在进行中的科技革命造就了一个互通性发展的黄金时期。不管是传统金融机构,还是金融科技公司,都嗅出了这一先机。

"金融科技能改变传统金融行业过去的发展模式,传统金融业是很重视资本的行业,ROE(净资产收益率)通常只有6%左右,但利用科技做成轻资本,ROE可以做到20%之上。"平安集团首席运营官陈心颖称。

在交通银行金融研究中心高级研究员何飞看来,金融科技是科技与金融的融合,侧重于通过科技手段推动金融创新,更加强调科技的主观能动性,同时,依据金融创新程度判断科技推动效果。科技要素与金融要素的深度融合是金融科技的重要特征。

广义来看,何飞认为,所有体现"金融和科技融合"的产品、服务、模式、流程等都属于金融科技范畴;狭义上讲,不同情境下,金融科技可以特指金融科技公司、金融科技技术、金融科技业务、金融科技服务等。在谈论金融科技本质时,应当基于特定视角。从金融从业者及监管者视角看,金融科技的本质为金融;从技术提供商视角看,金融科技的本质为科技。在研究及运用金融科技的过程中,应当以"目标为导向",结合具体业务及具体客群,以"技术+数据"的驱动方式,实现金融产品、服务、模式及流程创新。

三大特征

何飞分析,目前为止,国际金融科技发展主要呈现以下三大特征:

一是中美两国成为全球金融科技发展的领头羊。2017年1月,花旗研究报告表明,中美两国企业在2016年获得的金融科技风险投资规模在全球占比达87%。对比中美金融科技风投状况可知,信贷和保险分别成为中美最受风投青睐的细分领域。

2017年3月,英国《经济学人》杂志发文指出,从体量规模上看,中国已成为全球金融科技领域的绝对领导者;在互联网信贷领域,中国市场规模占全球市场规模的75%;在全球最具创新力的前五大金融科技公司中,中国占据4席;蚂蚁金服作为中国最大的金融科技公司,市值规模达600亿美元。

二是金融巨头与互联网巨头引领金融科技发展。当前,金融巨头与互联网巨头已成为推动金融科技发展的主要力量,并均已形成相对稳定的金融科技发展圈。以美国为例,美国的金融科技最早起源于硅谷,但随着发展进程的加快,华尔街的金融巨头后来居上,通过收购、控股金融科技公司、自主研发金融科技技术等方式,成为引领美国金融科技发展的主导力量。

相比而言,中国的金融科技发展则最早由BATJ等互联网巨头引领,其主要通过"技术创新+金融牌照获取"的方式迅速扩大金融科技应用范围。事实上,美中金融科技发展主导力的差异也正是发达国家与发展中国家金融发展及普惠程度、金融服务需求及供给水平的真实写照。

三是各国着力加快金融监管科技研究实践步伐。为应对金融科技的迅猛发展,各国都已将金融监管科技(RegTech)纳入未来金融监管创新规划。

为加强英国在金融科技领域的世界领先地位,英国金融行为监管局(FCA)最早设立创新项目(Project innovate)和创新中心(Innovation Hub),并于2015

年设立监管沙盒制度，以实验方式创造安全区域（safe place），对实验区的产品和服务适当放松监管以激发创新活力。

为推进金融科技发展，新加坡金管局（MAS）于2015年设立金融科技创新团队（FSTI），并在此基础上于2016年提出监管沙盒制度，在最大化降低金融创新风险同时最大化减少金融创新阻力。澳大利亚证券和投资委员会（ASIC）于2016年设立监管沙盒制度，允许符合条件的金融科技公司在向ASIC备案后，无须持金融服务或信贷许可证即可测试特定业务。由此可见，监管科技与金融科技齐头并进的国际发展格局正加快形成。

何飞认为，国内金融科技发展同样呈现出三大特征：

一是金融科技的业务范畴及服务人群不断拓展。

二是传统金融机构与互联网机构加强合作应用。国内金融科技发展主要有3种模式：第一种是互联网巨头获得金融牌照，基于互联网生态圈发展金融科技；第二种是金融机构搭建互联网平台，实现自身金融科技布局；第三种模式是互联网巨头与金融机构合作，共同应用金融科技。当前，第三种模式已成主流。

三是金融科技已得到监管机构及自律组织重视。与互联网金融发展经历的"先放后管"不同，金融科技在发展初期即受到监管层密切关注。2017年5月15日，央行网站公布中国人民银行金融科技委员会成立的消息，该委员会由央行主管互联网金融的副行长负责，旨在加强金融科技工作的研究规划和统筹协调。2017年5月19日，中国互联网金融协会在北京召开金融科技发展与研究工作组成立暨第一次工作会议，该工作组致力于为金融科技发展规划、行业管理、标准研发等提供政策建议和研究参考。2017年5月25日，中国支付清算协会金融科技专业委员会在北京成立。

对于金融科技的监管，何飞认为，需要着重应对七大难题：一是如何处理监管体制与金融科技发展趋势不一致的问题；二是如何应对金融科技可以规避传统金融监管方式的问题；三是如何解决金融科技发展领先于传统监管技术的问题；四是如何寻找容忍创新与底线划定的平衡点；五是如何协调机构监管与功能监管；六是如何协调金融消费者利益保护、权益保障与金融科技监管；七是如何平衡金融科技发展的正负外部性。只有解决好这七大难题，国内金融科技才能得到持久健康的发展。

只因融合

一边是三大特征点燃资本与市场的热情，一边是待解的七大难题横亘眼前，痛并快乐着的金融科技就在那里。

现在，不管谁说了算，亦无论谁更依赖谁，高效便捷的用户体验是硬道理。这便要求金融与科技的融合日趋紧密，不断迭代更新。

殊不知，6分钟放贷也好，3分钟放贷也罢，其背后始终不乏"黑科技"之功。

以平安科技为例，提及Fin与Tech的结合，平安科技COO胡玮称，不要低估6分钟放贷的数字，他解释，很多情况下平安3分钟就能放贷，几乎接近实时，背后包含了多项"黑科技"。

第一步是人脸识别，以防止相片、录像造假；第二步是大数据，借"公司自身的征信＋央行征信记录"判断借贷人的还款能力。依据这类"黑科技"，平安2016年1个月能放款200亿元。"这就是FinTech，科技和金融有了非常紧密的结合。"胡玮称。

胡玮透露，平安科技现在的定位是FinTech为主，因其核心是在金融，平安的优势也是金融。"平安的优势也分为Fin和Tech，它们相辅相成，金融就是要控制风险，Tech就是我们怎么用创新的技术保证风险的控制、用户体验的提高、模式的改变、产品的快速上线等。"

AI助力"无金融"社会亦是一种深度融合，其潜台词是人工智能助力未来金融迈向"无金融"社会。

这是因为，科技与金融的融合极大提高了传统金融的运作效率，这对于谨慎的金融行业来说是非常具有挑战性的变革。即便是在金融基础设施和用户素养都比较高的地区，也都很难在短时间内过渡到智能化的"无金融"社会。但是从目前金融科技发展状态上推测，大数据获取与智能算法、生物识别和智能化金融三个方面将最终使人类过渡到"无金融"社会。

很明显，"金融科技已经渗透到我们日常生活的诸多方面。但或许更加明显的是，在关于金融科技未来能为我们做什么这个问题上，人们几乎没有进行任何探讨。当消费者的选择变得越来越严格和挑剔时，正如你所期待看到的那样，传统金融机构将越来越依赖金融科技的进步。"The Assets 公司联合创始人和首席策略官亚历山大·格拉斯说。

为了在数字化时代提升客户体验，传统银行正在全面拥抱互联网。

随着大数据、云技术、区块链、人工智能、物联网等新技术日渐成熟，银行提升数字化业务能力和客户体验有了新动能。新技术孕育了金融服务的民主化，推动金融科技公司迅速崛起。银行也同样可以获得或者发展此类技术，强化自身的数字化能力、提升用户体验。

一些银行已率先将改善用户体验列为战略重点，并快速付诸行动，赢得市场份额。如欧洲某领先银行进行了数字化流程改造，将银行开户时间从 7 天缩短到 7 分钟，抵押贷款审批从 800 分钟缩短到 80 分钟，解决了用户痛点，优化了用户流程。

国内来看，各家银行智能机器人悉数亮相，指纹识别、人脸识别技术快速发展。互联网科技与智能自助设备的运用，使银行开始向轻型化运营与智能化服务转型。可以说，商业银行对于金融科技的应用已渗透到包括资产端、资金端及过程中的风控、支付清算等全流程各个业务环节，甚至带来了一些业务场景的重大变革。

这一切皆因融合，只为极致便捷的金融用户体验。金融与科技的融合逻辑，谁说了算并不重要。

第 3 章
风控：变与不变

第 3 章
风控：变与不变

政策动向：
"技术中立"下的政策动向

欧阳晓红

不知从何时起，基于金融科技底层技术的借贷市场、财富管理领域从未像现在这样被放大、被关注。规范已成当务之急。那么，我国基于技术中立的政策动向如何？

当下，"整个行业必须精细化经营，重视科技与数据的力量。"京东金融副总裁、金融科技事业部总经理谢锦生说。而这一切的前提是行业规范。

按谢锦生的话说，整个行业需要做得更加规范才能驱逐劣币——这个行业对于劣币的控制才能越来越强。当然，这也需要企业提升自身的能力，如此，机会亦会更多。

一个横亘在市场主体面前的刚性红线是所有金融业务均需纳入监管。

2017 年 11 月 21 日，互联网金融专项整治工作领导小组办公室下发《关于立即暂停批设网络小额贷款公司的通知》（以下简称《通知》），要求各省立即暂停批设网络小贷公司。

其实，《通知》只是对现金贷机构整治的开始。随着现金贷、消费信贷的规范，大多持有互联网小贷牌照的机构或将陷入无产品可做的尴尬境地。

2017 年 10 月 28 日，央行金融市场司司长纪志宏在中国互联网金融论坛上表示，近期，部分媒体报道，现金贷规模扩张迅猛，发展有待规范。舆论质疑其经营模式，呼吁将其纳入监管。为防范化解相关风险，央行会同相关部门组织开展互联网金融风险专项整治，目前整治工作取得了初步成效。

下一步，"专项整治工作将以防范系统性金融风险为底线，完善法律法规框架，创新监管方法，按照实质重于形式的原则，实施穿透式监管，贯彻落实好所有金融业务都要纳入监管的基本要求。"纪志宏说。

监管框架待构建

就在2017年5月，央行成立金融科技（FinTech）委员会，旨在加强金融科技工作的研究规划和统筹协调。央行指出，金融科技是技术驱动的金融创新，为金融发展注入了新的活力，也给金融安全带来了新挑战。

央行将组织深入研究金融科技发展对货币政策、金融市场、金融稳定、支付清算等领域的影响，切实做好我国金融科技发展战略规划与政策指引，进一步加强国内外交流合作，建立、健全适合我国国情的金融科技创新管理机制，处理好安全与发展的关系，引导新技术在金融领域的正确使用，强化监管科技（RegTech）应用实践，积极利用大数据、人工智能、云计算等技术丰富金融监管手段，提升跨行业、跨市场交叉性金融风险的甄别、防范和化解能力，致力于推动我国金融科技健康有序发展，为服务实体经济、践行普惠金融做出贡献。

2017年3月，深圳市福田区政府率先推出促进金融科技发展专项政策《关于促进福田区金融科技快速健康创新发展的若干意见》，提出抢抓金融科技发展机遇，推动福田金融核心区建设，实现福田金融业创新发展、提质升级，打造现代金融产业高地，助力深圳打造全球科技产业创新中心。

而今，数字普惠金融监管框架已提上监管层议事日程。

在数字普惠金融发展方面，纪志宏建议，引导并发挥好金融科技对普惠金融的支持作用，夯实普惠金融服务的基础设施；建立多层次、广覆盖的数字金融组织体系和产品体系，支持传统金融和新兴金融互学互鉴、相互发展；形成鼓励数字普惠金融发展的政策体系，构建相应的金融法律和监管框架。

2015年12月，国务院印发了《推进普惠金融发展规划（2016—2020年）》。经过多年探索和实践，中国普惠金融在覆盖率、可得性和服务水平等方面，已经有很大的改善，但仍然面临不少困难和挑战。

纪志宏表示，尤其在数字普惠金融领域，中国积累了一些经验，在G20峰会上，中国作为主席国牵头起草了普惠金融的高级原则，得到了国际社会的高度认可，总结经验和工作中的体会，在此对数字普惠金融发展提出三点思考和建议。

第一，引导并发挥好金融科技对普惠金融的支持作用，夯实普惠金融服务的基础设施。

第二，建立多层次、广覆盖的数字金融组织体系和产品体系，支持传统金融和新兴金融互学互鉴、相互发展。

第三，形成鼓励数字普惠金融发展的政策体系，构建相应的金融法律和监管框架，规范数字普惠金融健康有序发展，借鉴国际发展数字金融的良好实践，构建适应数字普惠金融特征的政策体系和监管制度。

接下来，专项整治工作将深入落实全国金融工作会议要求，以防范系统性金融风险为底线，完善法律法规框架，创新监管方法。

纪志宏称，按照实质重于形式的原则，实施穿透式监管，贯彻落实好"所有金融业务都要纳入监管，任何金融活动都要获取准入"的基本要求，建立互联网金融的行为监管体系、审慎监管体系和市场准入体系，引导其回归服务实体经济本源，并以此作为衡量的标准。

喧嚣过后，规范之下，市场终将归于平静。

怎样一种监管生态

掐指算来，始于2016年4月的强监管不是为了遏制新事物的发展，而是在铲除行业"毒瘤"之后，给予互金行业更加公平、透明的竞争环境。

根据原中国银监会创新业务监管协作部主任李文红在《金融科技发展与监管：

一个监管者的视角》一文中的观点，金融科技的核心是利用新兴的互联网信息科技改造和创新金融产品和业务模式，金融科技更强调新技术对金融业务的辅助、支持和优化作用，其运用仍需遵循金融业务的内在规律、遵守现行法律和监管要求。

李文红撰文指出，金融科技有"三个不变"：即金融的本质功能不变、风险的本质特征不变、监管的本质要求不变。因此，无论是科技企业还是金融机构，只要从事同类金融业务，都应在现行法律法规框架下，接受相应的市场准入和持续监管，遵循同等的业务规则和风险管理要求。

李文红认为，当前，在金融科技监管方面需要重点关注三点：一是是否依法获得了相应的金融牌照或是否超越牌照范围开展金融业务，是否遵循了相应的监管规则；二是是否实施了与所承担风险性质和水平相匹配的风险管控措施；三是新技术应用是否带来了新的金融风险和问题，如互联网企业的金融业务与非金融业务之间是否交叉补贴、滥用客户信息、变相非法集资、从事非法证券活动、技术风险转化为流动性风险等问题。

此外，监管机构应加强对新兴技术的关注、监测和研究，做好监管准备。考虑到金融业务对现代科技的应用呈加速趋势，监管机构应密切跟踪研究区块链、分布式账户等金融科技发展对银行业务模式、风险特征和银行监管的影响，加强与金融科技企业的沟通交流和政策辅导，强化专业资源配置和工作机制建设，做好监管准备。

与此同时，李文红认为，应积极参与金融稳定理事会、巴塞尔委员会等国际组织关于金融科技的发展演进、对金融稳定的影响和监管应对等问题研究，共同探索如何完善监管规则，改进监管方式，确保监管的有效性。

普华永道报告称，监管法规不仅需要与时俱进，更关键的是在鼓励创新和控制金融风险之间取得平衡。除了专项整治，互联网金融监管的长效机制也在逐步成型。负责监管网点业务的原银监会在整治期间先后发布两项规定，将网贷平台定性为信息中介，并发布了客户资金存管的具体指引；央行则早在2015年12月就发布了网络支付业务管理办法。其他金融监管机构如证监会、原保监会等都在制订和完善各自职责范围内的互联网金融监管规定。

有效监管之策

如何有效监管金融科技行业已成业界焦点话题。在 2017 年 10 月 14 日上海举行的"2017 金融科技的创新、应用与风险监管国际研讨会"上，央行上海总部副巡视员兼金融服务一部主任季家友说，近年来，第三方支付、P2P、众筹等新型金融业态逐步兴起，云计算、大数据、人工智能、区块链、生物识别等新兴技术不断涌现，极大地驱动了金融创新的步伐。

但同时，金融与科技的进一步融合也产生了一些问题，对整个金融行业的冲击和影响不容忽视。在金融科技的发展过程中，金融体系的复杂性不断加深，风险传导的速度不断加快，市场波动的幅度不断放大，这让金融风险的复杂性、隐蔽性、突发性、危害性都为之增强，对此要有充分认识和高度警惕，如何练就"火眼金睛"，及时、有效识别和化解金融科技风险，成为金融监管需要解决的新痛点。

在此背景下，以技术创新为驱动，以普惠金融为导向，以消费者保护为前提，以风险防范为重点的金融科技监管共识正在逐步形成。

"无论是互联网金融还是金融科技，都应全盘纳入监管，实现监管的全覆盖。健全金融科技监管框架，全面促进金融科技健康有序的发展将成为我国金融科技监管的主要任务。"季家友认为。

季家友提出 4 点关于金融科技规范发展的建议。

首先，要树立正确的金融创新理念和价值导向。按照经济发展规律，只有以服务实体经济为导向的金融科技创新才有生命力，这也是金融经济发展的必经之路。

其次，把握好金融科技创新和监管风险之间的平衡。有效金融监管机制需要积极借鉴国际上的有效金融监管思路和方法，坚持审慎监管和行为监管平衡互补，行政监管和自然监管有机结合，全面覆盖金融科技创新可能产生的各项风险。

季家友说，以央行非银行支付机构网络支付业务监管的实施为例，该办法的颁布使央行建立了金融科技有效监管机制，互联网第三方支付机构按照鼓励创新、防范风险、趋利避害、健康发展的整体要求，依据互联网支付应始终坚持服务电子商务发展和为社会提供小额快捷、便民小额支付的服务宗旨，坚持支付账户实名制，较好地平衡了支付业务的安全和效率。

再次是实时评估金融科技发展的货币政策、金融稳定等宏观要素的影响。金融科技提供跨市场、跨机构、跨地域的金融服务，为此金融风险传染性更强，涉及面更广，传播的速度更快，直接影响金融的稳定。

最后是建立有效的消费者保护和风险交易体系。季家友认为，金融科技创新将大量的人纳入服务半径，促进普惠金融发展，但大多数消费者欠缺金融知识，风险意识不足，风险承受能力较弱，消费者保护和风险的教育亟待加强。就支付来看，中国人民银行从责任核定、信息网络安全、信息披露等方面对互联网支付机构做出了要求，比如规定特定的形态下，互联网支付机构应承担先行赔付责任，并固定互联网支付机构应定期公布涉及欺诈、消费者投诉的有关情况等。

上海浦东国际金融学会副会长肖志军说，对于金融行业而言，防控系统性金融风险关乎生存之道，而日益活跃的金融科技也在风险防控及推动金融脱虚向实中发挥着积极作用。但风险管理始终是金融业的核心竞争力，金融科技创新需要更加实用的风险管控。金融科技创新的风险主要在于：一是信用风险；二是市场以及流动性风险；三是操作科技风险和欺诈风险；四是法律合规风险；五是客户失当性和失誉风险。

肖志军认为防控风险应抓住4个方面：一是突出一个主题，即金融创新；二是明确两个方向，也就是加强金融监管协调，补齐监管短板；三是抓住3项任务，即服务实体经济、防范金融风险、深化金融改革；四是坚持四项原则，也就是回归本源、优化结构、加强监管、市场导向。

概而言之，目前，中国金融监管已基本形成了"一行两会＋地方金融办＋执法部门"的合作模式，金融科技在其中逐步扮演起了重要的通道作用。在此背景下，监管部门应该尽快搭建可共享的监管数据平台，并开发数据输入节口和查询平台，坚持堵疏结合，以服务于实体经济为天职，逐步营造金融科技创新发展的良好态势。

如果就"监管与金融科技的发展"来看，毕马威报告称，金融业务的风险具有隐蔽性、滞后性和重大性等特点，金融机构的风险存在巨大的外部效应，因此，代表社会公众利益的监管者对从事金融业务的机构进行监管是必要的。

在金融科技和金融创新迅猛发展的今天，监管理念和监管手段也在随之变化，但金融监管的核心目标始终不变，即维护金融系统稳定，保障消费者权益、维持金融市场运作秩序。

微观来看，微信支付产品安全负责人马松松认为，合规即安全是对安全认知中比较普遍的误区。合规就是门槛，是一个基本的条件。从世界最大安全咨询服务公司服务器的近况来看，合规的门槛必须满足，但仅合规是不够的，在合规的基础上，还需要更多措施。另外，在复杂的网络形势下，安全非黑即白也是一个认识误区。安全是一个动态的过程，网络安全保护中目前不存在"银弹"。

马松松称，安全需要有自己的坚持，首要是敏感信息的保护，随着网络安全法的推出，该领域大有可为。程序安全是非常复杂、细致的系统工程，在服务大量用户的过程中会遇到各种实际问题，要解决这些问题、消除各种风险，需要细致工作，层层防御。

专家视点：
急停的互联网小贷牌照或许是张伪牌照

嵇少峰

2017年11月21日，互联网金融专项整治工作领导小组办公室下发《关于立即暂停批设网络小额贷款公司的通知》(以下简称《通知》)，要求各省立即暂停批设网络小贷公司，互金界一片喧哗。很多人预测，本就难拿的网络小贷牌照身价将一飞冲天。但笔者认为，这是在我国不明朗的监管形势下形成的一种歧义，也是对互联网金融及小贷发展方向的误判。

互联网小贷的性质

互联网小贷即小额贷款公司，我国的小额贷款公司类似国际上的非吸收存款类放贷机构（Non-Deposit-Taking-Lenders，简称NDTL）。国家曾出台《非存款类放贷组织条例》(征求意见稿)，基本明确了对中国小额贷款公司组织性质的倾向性认定。非吸收存款类放贷机构（以下简称NDTL）是指不吸收公众存款、发放贷款的机构。这种机构最重要的特点是不吸收存款，基本无金融外溢性风险。事实上，我国小额贷款公司的监管属性并不完全清晰，其受限程度远远超过国际上的NDTL，生存空间非常有限。

互联网金融的本质仍是金融，互联网小贷的本质也仍是小贷，国家的金融监管政策并未给互联网小贷制定另外的管理规则，地方金融办一般也按传统小贷的总框架来约束互联网小贷机构，均严格限制了小贷公司的杠杆率，即一般情况下，最高不得超过3倍资本金。由于互联网小贷是新生事物，监管部门难以掌握监管尺度，全国监管政策也不一致，使得很多互联网小贷公司通过ABS、信托等通道绕过监管，突破了小贷公司的基本监管规则，变成了无限杠杆率，这是一种典型的监管套利行为。这种行为将随着监管的加强而逐渐规范，互联网小贷牌照的价值或将回归真实。

互联网小贷牌照的内涵解读

第一，不吸收存款。依靠自有资金并在受限的杠杆率下融资，其本质决定了互联网小贷是一个非常传统的、重资产的有限信贷机构，传统小贷公司存在的各种政策限制，互联网小贷基本都会承接。当前全国小贷公司的停业率超过半数，终极税收成本超过营业收入的50%，税前风险拨备只能为贷款余额的1%，从这层意义上来说，小贷公司的发展还存在着相当的制度性障碍，互联网小贷同样会限入行业的困境。

第二，异地放贷的价值被高估。除银行信贷以外，信托公司、融资租赁公司甚至投资公司异地放贷并未受到严格的约束，这些机构也有很多绕道放贷的手段。除银行业外，国际上对非存款类放贷机构的异地放贷资格大多数实行非常简单的备案制，有的国家只需要在网上备案即可，备案的主要目的也仅是为了让机构的经营行为符合当地的监管规定并保护属地借款人的权益。大部分传统信贷机构异地放贷都要面临信息对称、信贷风险防控及贷后管理等方面的限制。除核心企业资源对全国辐射的特殊情况外，大部分信贷机构并无多少异地放贷的需求。

第三，一部分机构对互联网小贷牌照的热情，源自传统网贷的合规化包装所需。但监管对小贷公司资金来源管控非常严格，直接或变相吸收公众存款必然受限制。P2P平台尽管将其定义为纯信息中介平台，但实际上仍具备间接向不特定公众吸收存款的功能，这是目前对网络中介平台定义及监管的缺陷。但网贷平台希望通过获取网络小贷公司牌照得以合法化或用技术包装的手段无限放大杠杆率，一定会被监管部门所禁止。很多金控集团及大型企业意图通过互联网小贷形成影子银行，利用各种杠杆工具放大风险。这些集团一方面利用小贷牌照来保护自己的合法性，一方面仍是P2P的打法，资金仍来源于社会公众，利用金交所、资产交易中心、债权转让等各种包装向社会公众传递风险，这也迟早会被监管所禁止。

第四，互联网小贷被当作另类的、低门槛的消费金融公司牌照看待，这实际上是一种赤裸裸的监管套利。部分纯线上新金融信贷产品，特别是现金贷、场景贷等互联网信贷产品的出现，让互联网小贷牌照的价值被放大。一般情况下，非存款放贷机构的经营性信贷面对的是有一定融资经验的中小微企业，在谈判地位及信息对称方面借贷双方基本处于公平交易状态。对从事这类业务的机构，监管部门一般不须太多管束。但消费金融面对的大多是没有融资经验、不熟悉相关法律与规则的消费者，极易受信贷机构的欺诈与不公平对待，国际社会一般均对此制定了较为健全的法律保障措施及较高的机构准入门槛，以保护消费者权益不受侵害。原银监会对消费金融市场的市场准入仅限于银行及持牌的消费金融公司两类机构，并制订了非常严格的监管规则，其监管依据就在于此。

传统的小贷公司由于受区域及技术手段的限制，很少从事消费金融，其负面影响较小，但互联网小贷的兴起使线上场景迅速转化为消费金融驱动力，在金融消费者缺乏有效保护机制的情况下，消费信贷欺诈或软硬暴力变现行为泛滥成灾，一哄而上的无牌消费金融机构几乎处于完全无约束状态，金融业态面临监管缺位。互联网金融专项整治工作领导小组办公室下发的《通知》，实际上是在用一种非常的手段对另类消费信贷机构特别是现金贷机构监管套利的紧急刹车。

纯互联网信贷产品相对有限

当下，互联网小贷或者说互联网新金融产品一般分为两类：一类是获客、风控、发放、贷后管理等全信贷流程均在互联网端实现，完全不依赖于线下的新型

第 3 章
风控：变与不变

信贷产品，典型代表为现金贷和互联网消费场景分期；另一类是基于小贷公司主发起企业的自身资源，将可控、闭环的产业链信息、企业生态资源及风险控制手段进行高效转化的信贷产品。

依靠互联网的纯线上手段来实现借款人与放贷人的信息对称、防范信贷风险，在技术上不太容易实现。第一个代表性产品——现金贷的特点与本质，在我的《为什么说 99% 的现金贷终将消亡》一文中已表述得非常清楚，这种纯互联网端的产品，就安全性来讲，虽然有一定的技术支撑与数据验证，但毕竟没有经过严格的市场检验，同质化严重，风险控制难度极大，短暂的业务发展过程未经历较长经济周期的检验，风险暴露往往是后置的。

当前，新金融信贷产品存在两大难题。

① "场景式信贷"。很多人认为，一旦有场景，贷款转化非常容易。殊不知，这是一个非常幼稚的观念。以消费分期来说，第一类优质消费人群是持有信用卡的优质客户，他们基本不会或很少使用信用卡以外的高息信贷产品（机构利用信息不对称的欺骗除外）；第二类人群是信用卡额度不足或为了便捷对相对适中利率的消费信贷产品仍有相当的兴趣，这类人群大多数成了持牌消费金融公司的客户；第三类人群是没有信用卡或所谓的信用白户，同时还愿意接受较高成本的消费信贷产品。上述分类尽管略显简单，客群难免有交叉并存在一部分可行市场，但长期而言，不确定性很高、对机构的挑战极大。场景肯定不代表风控的有效性，更谈不上信贷的安全性。行业内的一些机构浮躁地把"场景+简单大数据+征信过滤"当成信贷的可靠模式，这是过分乐观了，他们忘记了利率定价对人群的自然筛选功能。

②新金融产品本身的风控缺陷。包括现金贷在内的大部分互联网新信贷产品，其风控的本质是结果引导、概率制胜。它们对客户基本信息的采集范围非常狭窄，主要依靠信贷结果对决策引擎进行修正，这种做法虽然有一定的依据，但存在 3 个致命的缺点：一是纯数据驱动的信贷产品很容易被模仿与复制，大量乱入者会使市场受到严重冲击，导致风险状况及决策模型失真或失效；二是纯数据驱动的信贷产品，在初创期需要消耗大量资金与时间来进行验证，过一段时间也能

做到相对可靠，但一般不容易跨过经济周期的洗礼，因为这种产品对客户的基本信息了解太少，无法以此预测客户未来的趋势，风控是以结果为导向，当外部经济、信贷环境突变、不良贷款大量出现时，机构已反应不及，因此很难抵抗周期性、系统性风险；三是欺诈与反欺诈的技术斗争会长期存在。技术是一把"双刃剑"，既可以为信贷机构所掌握，也可以被利欲熏心者所利用，这种产品需要信贷机构长期在技术上进行投入，其成本巨大，碰到"黑天鹅"的机会较多。国内现金贷业务发展仅两三年时间，欺诈与反欺诈竟然成为信贷机构与客户之间的常态，这让现金贷这种纯数据驱动的产品变得非常危险。

互联网小贷的第二类代表性信贷产品是基于小贷公司主发起人（核心企业）的自身资源变现。笔者将其定义为一个新名词——自生态新金融，指的是核心企业利用内生的资源与风险控制手段，在独特或闭环的商业生态中构建的新金融服务体系。这个体系中的信贷产品称之为自生态信贷产品，例如阿里、京东金融。自生态金融很多情况下也是以类似供应链金融核心企业的特殊资源为基础。从信贷角度看，这种自生态信贷一般有两种信贷产品：一种是依靠核心企业自身对交易过程中的钱或物的完全控制力或信息的充分对称实现，一般表现为经营性信贷，例如蚂蚁金服针对网络卖家的支付宝 7 天回款账期的变相质押贷款；另一种是依靠核心企业场景获客的资源变现，多表现为消费类信贷。这种消费类信贷无法实现钱、物的闭环控制，更多的是流量变现，即向其他信贷机构出售流量及有限的信息，这些流量与信息真正转化为信贷的可靠性仍然不足。

有一段时间，信贷机构言必称供应链金融，其中误区很多。供应链金融并不是一个新生事物，银行针对供应链上游的应收账款质押、保理业务，面对下游的保兑仓业务等早已开发多年。相当多的信贷机构错误地把供应链信贷理解成了围绕核心企业的应付账款，将其作为还款保证的一种极其简单、安全、高效的信贷产品，殊不知这一模式中最大的风险就是核心企业本身。对这一模式中的核心企业而言，依据长期合同向供应商定时、定额支付货款是应遵守的商业规则。以一般大型商超奉行押三付一的规则为例，即供应商连续供货 3 个月，从第四个月起支付第一个结算月的货款，以此类推。商超这样做的目的，是在保证供货的稳定

第 3 章
风控：变与不变

性与质量的同时，又能保证供应商的现金流连续。在非特殊供货情况下，一般 3 个月应付账款能派生出来的保证贷款，总额不能超过 1～2 个月的供应量，超过这个限额，信贷资金就有可能被挪用，供货商也有可能不履行其他与商超之间的商约，容易带来纠纷。为了放大信贷规模，商超采取的另一个手段是延期对供应商支付付款，把本该正常偿付的货款换成了贷款，在核心企业强势的情况下，很可能出现这种情况，但结果肯定是负面的，由于过度压榨供应商利润，供应商能采取的措施无非是把利息转化为对供货商品的涨价，或者选择放弃与这个商超的合作。久而久之，核心企业的供应商体系质量会严重下降，其结果将严重伤害核心企业本身的利益。在正常范围内操作供应链融资的核心企业也会优选信贷合作机构。利率、服务、支持均是考量的重要条件。最终，一般核心企业都会首选对其授信的银行或利率低的银行。安全的信贷需求一定会首选低成本的资金匹配，这是信贷基本原理，高息资金如果仅希望通过与核心企业建立私人关系来维系业务是不现实的，即使是核心企业自建金融平台，也会选择先接入低成本资金，高息信贷机构能做的供应链金融仍跳不出次级贷这个圈子，往往最终被核心企业绑架。

很多核心企业成立互联网小贷的目的是通过自生态信贷产品形成基础和规模，然后努力拓展到外部市场，缘生于此，而不止于此，这是美好的希望，事实上信贷机构如果依靠核心企业资源形成的风控体系发展起来，希望以此拓展到体系以外非常困难，因为风控逻辑完全不同。自生态信贷产品严重受限于核心企业本身，一般销售规模不达到数十亿量级很难支撑一个经营性信贷平台，同样，如果获客流量不以亿级为单位，也很难支撑一个消费性信贷平台。对绝大多数核心企业而言，自生态供应链金融产品的前途相对有限，真正能做到像阿里、京东生态环境的企业寥寥无几。对绝大多数核心企业而言，可以通过商业承兑汇票或与银行合作的方式将资源有效变现，以获得金融性收益，以小贷公司的资金成本与税收成本来说，单独建一个互联网小贷平台可能是极不经济的，毕竟只有极少的平台能够走出自我、走向资本市场。

互联网小贷公司价值的真实还原

第一，监管当局的《通知》仅是对现金贷机构整治的开始，作为互联网小贷的主要产品，现金贷受监管压制的可能性非常大。这意味着拿到互联网小贷牌照的现金贷公司并不能经此作为挡住其他无牌照现金贷公司的门槛，反而会让自己成为第一批被公开整治并被严格监管的对象。

第二，由于监管套利空间的变窄，当下从事消费信贷的互联网小贷公司也将承受到越来越高的成本压力。当局不会长期容忍消费信贷存在两种截然不同的准入门槛与监管规则，在暂停新发互联网小贷牌照之后，势必会出台对存量互联网小贷的整顿措施。

第三，对发放现金贷的互联网小贷公司的整治也将延伸到那些将小贷当作合法化外衣的 P2P 机构。为应对日趋严格的网贷监管要求，很多 P2P 公司都依靠一张互联网小贷牌照来保持自己。但小贷终究是一种信贷机构，信贷机构的本质是一个信用中介，与作为信息中介的网贷平台完全不同。当下很多网贷机构并不了解这两者本质上的区别，以为仅是网贷平台多了一个合法放贷的身份而已，这完全是对监管与身份定位的误解。

第四，随着现金贷、消费贷的规范，留给互联网小贷的信贷市场与信贷产品将会像退去潮水的石头一样让人一览无遗。绝大多数持有互联网小贷牌照的机构将陷入无产品可做的尴尬境地。据笔者掌握的信息，50% 的互联网小贷公司并没有真正开展互联网业务，仍从事传统的小贷业务或持牌观望，30% 的公司从事现金贷及次级消费分期，20% 的公司从事与自己的主发起企业产业相关的自生态金融产品，真正能发挥牌照价值的机构比例很低。

第五，牌照的交易价值实际上是虚无的。大多数省份对互联网小贷的准入门槛极高，一般都要求实收注册资本 2 亿元以上，主发起人一般也要求是大型企业或知名互联网公司，对这些机构而言，转让牌照会牺牲品牌声誉，而且各省金融办不会轻易同意牌照的转让，对股东身份的更换及企业并购的审查非常严格，因此，想象中的牌照价值更多是对准入机会成本的测算，多数不过有价无市罢了。

（注：作者曾在中国人民银行、原银监会系统从事金融监管工作16年，现为江苏兀峰信息科技有限公司董事长、南京金东小额贷款公司董事总经理。）

专家视点：
"变味"的长尾消费贷需要如何监管

何飞

笼统来说，消费贷是指为消费主体（包括个人及家庭）提供贷款服务。无论在国外还是国内，消费贷都并非新事物。

消费贷的前世今生

改革开放以来，我国的消费贷主要经历了四大发展节点，分别是1979年信用卡的出现（现归属于商业银行的信用卡中心）；1988年大额消费贷款（房贷、车贷）的出现（现多归属于商业银行的个金业务）；2009年消费金融公司的出现以及2013年互联网消费金融的兴起。

值得说明的是，原银监会在2009年发布的《消费金融公司试点管理办法》（以下简称《试点管理办法》），对消费贷具有里程碑式的意义。这是因为，在此之前，商业银行主导国内信贷市场长达30年。《试点管理办法》提出设立消费金融公司，由此打破信贷市场的单一格局，尤其是将信贷服务对象拓展至长尾人群，意义深远。

相比信用卡、房贷、车贷等信贷业务，消费金融具有差异竞争优势：一方面，在服务对象上，政策鼓励消费金融为长尾人群服务。这类人群无法获得银行信贷，但消费需求旺盛且规模庞大，成为消费金融的主要客群。另一方面，在信贷额度上，政策提倡小额、高频的消费金融产品，以此降低借贷风险。与此同时，政策对消费金融的不良容忍度进行了适当放宽，以减轻消费金融公司的经营压力。除此以外，消费金融公司的贷款利率相对较高、盈利可期，且由于贷款期限较短，消费者需要偿还的利息也不会太高。

从当前情况看，消费金融公司普遍开始盈利。以首批试点成员中银消费金融为例，截至 2017 年 6 月底，中银消费金融实现营收 20 亿元，净利润 6.45 亿元，同比增长分别达 125.73% 和 192%。与此同时，中银消费金融 2017 年上半年的净利润比去年全年增长 1.08 亿元。

消费金融公司的困境

事实上，消费金融公司直到近两年才实现扭亏为盈。在此之前，各家消费金融公司都经历了相当长的困境期。

获客是消费金融公司面临的第一大困境。通俗而言，即"想要的得不到，得到的不想要"。一方面，对于有 PBOC 记录的人群，其普遍拥有银行信用卡，且信用卡额度远高于消费金融公司授信；另一方面，对于没有 PBOC 记录的长尾人群，消费金融公司要求严格，过审客户数量较少。

风控是消费金融公司的第二大困境。尽管在经营之初，消费金融公司严控客户准入，但由于违约样本收集需要时间累积，最初开发的评分模型效果不好，坏账上升较为明显。与此同时，相比于信用风险，欺诈风险对消费金融公司的威胁更大，严重干扰后者的正常经营。

资金是消费金融公司的第三大困境。为防控风险，消费金融公司在技术创新上投入巨大，加上坏账核销支出，消费金融公司面临现金流危机。与此同时，由于不能吸收公众存款、同业拆借利率较高，消费金融公司只能靠股东增资渡过难关。

场景是绝大部分消费金融公司面临的第四大困境。尽管消费金融公司的股东背景多元，但真正拥有高黏性消费场景的公司并不多。在此情况下，由于本身不具备获客场景，消费金融公司难以实现高频授信，客户管理及持续盈利受到影响。

由此可见，很长时间内，消费金融公司都在为获客、风控、资金及场景殚精竭虑。直到2016年，在经历了长尾人群较为完整的信贷周期，以及技术进步、股东增资、客群改善、场景拓展之后，绝大部分消费金融公司才进入盈利期。

互联网消费金融的崛起

进一步将视线聚焦2013—2016年，尽管持牌消费金融机构处于困境期，但长尾人群的消费需求继续扩大，消费金融的利好政策持续出台。在此背景下，借互联网金融发展东风，以京东白条、蚂蚁花呗为代表的互联网消费金融迅速崛起。

由于本质依然是消费信贷，互联网消费金融同样需要应对客户、风控、资金以及场景这四大难点，但这对于电商巨头来说并非难事。依靠本身拥有的存量客户、丰富场景及强大资金，电商巨头只需着力解决风控难题即可迅速做大互联网消费金融。

在风险把控上，电商巨头主要采取两大措施：一方面，从已有客群（包括自身电商平台及线上线下合作商户）中挑选出优质客户，开展白名单预授信。与此同时，限定白名单授信户的消费范围，通过指定消费场景把控资金去向，防范消费者道德风险。另一方面，借助自身及合作伙伴的数据累积，运用大数据技术开发信用评分及反欺诈模型，为长尾人群提供授信。就目前情况看，白名单预授信方式更为普遍且效果更好。

正因为巧妙解决了消费金融的四大难点，电商系互联网消费金融获得巨大成功，不仅直接开辟了新的盈利渠道，而且助涨了电商平台的交易规模。然而，与消费金融公司相比，电商平台开展消费金融依然面临政策风险。这是因为，作为持牌经营机构，消费金融公司虽然受监管约束，但也受法律保护。相比而言，电商平台并不持有消费金融牌照，平台借助法律渠道进行催贷时，本身即面临经营合法性问题。

从服务效率及用户体验来看，互联网消费金融的确是一种创新。然而，任何创新都自带负面特性，且随着时间推移，创新的负面性会愈发凸显。事实上，当前异常火爆的现金贷正是互联网消费金融酿下的苦果，而这一苦果早在2014年就开始生根发育。

变味的长尾消费贷——现金贷

2014年，当电商平台如火如荼开展互联网消费金融时，市面上开始出现一大批分期平台，这些分期平台以惊人的速度发展壮大。与此同时，在电商平台与分期平台的相互竞争中，互联网消费金融变成了通俗的互联网消费贷，不久之后，互联网消费贷又演变为现金贷。

更名易姓的背后，意味着长尾消费贷开始变味。无论是近两年出现的校园贷裸条事件，还是暴力催收导致的人命案，无不说明变味的长尾消费贷已严重偏离消费金融发展的初心。

那么，长尾消费贷究竟是如何一步步变味的？变味的长尾消费贷又会带来哪些影响？笔者认为，依然可以从上文提到的客户、风控、资金以及场景因素做出解释。

首先，互联网巨头的流量输出，为很多消费贷平台解决了获客问题，使得原本面临客户困境的平台敢于做大规模。然而，天下没有免费的午餐，当流量变现成为互联网巨头盈利的重要手段时，流量费也成为消费贷平台的巨大支出，并很可能转化为高利率及高手续费转嫁到消费者身上。与此同时，消费贷平台还通过广泛开展合作解决场景困境，其背后存在的利益承诺则不为人知。

其次，部分个人征信试点机构的信用评分似乎为消费贷平台解决了风控问题，不少平台号称运用了大数据评分技术。事实上，到目前为止，8家个人征信试点机构尚未获得牌照，其对外输出信用评分的行为本身就名不正、言不顺。与此同时，大部分个人征信试点机构既当裁判员（开展个人信用评级），又当运动员（开展放贷业务），由此很可能产生不公平、不公正问题。此外，各家个人征信试点机构所依赖的征信数据不同，由此造成同人不同分的滑稽评分结果。

再次，随着互联网金融风险专项整治力度的加大，诸多互金平台急于转型"上岸"，消费贷成为不法平台谋求短期暴利的重点目标。在此过程中，消费贷平台的资金困境似乎也得到了解决。以 P2P 平台为例，其主要通过两种方式参与消费贷：一种是自建消费贷平台，并通过已有 P2P 平台为消费贷募资；另一种是为其他消费贷平台提供资金，并通过收取高昂的中介费获取收益。在实际操作过程中，这两种方式均存在违规嫌疑。

如果说从互联网消费金融到互联网消费贷是长尾消费贷发霉的标识，那么，从互联网消费贷到现金贷则是长尾消费贷腐烂的标志。很显然，脱离消费的现金贷改变了消费贷的本质：一方面现金贷没有指定消费场景，所有人都可以申请，且无须告知贷款用途；另一方面现金贷平台可以通过设定超高利率及高手续费，实现收益覆盖风险，即通过收取正常还款用户的高利息及违约用户的高滞纳金来填补坏账，这也意味着现金贷平台可以完全不用考虑风控有效性。

更为巧妙的是，由于借款期限较短，即使面对超高的年化利率，用户也毫无察觉。与此同时，第三方暴力催收机构可以帮助现金贷平台收回部分坏账资金，从而解决平台的后顾之忧。由此可见，对于现金贷来说，消费金融中的客户、风控及场景困境都不复存在。在此意义上，只要平台有稳定的放贷资金，现金贷模式就能持续开展下去并迅速获利。

事实上，当前很多现金贷平台的放贷资金来源不清，而媒体曝光的多头借贷则暗示了平台之间的资金流动可能相当频繁。多头借贷的出现不仅反映出长尾群体极不理性的消费观，也反映出不健全征信体系带来的严重弊端。与此同时，很多平台私下鼓励借新还旧，这不仅给非理性消费人群造成巨大伤害，而且加速了行业风险累积，一旦风险集聚爆发，后果不堪设想。

通过上述分析可知，无论是何种消费贷模式，只要解决好客户、风控、资金、场景困境，就能够获得快速发展。而在实际运营中，不同模式应对困境的手段各不相同。变味的长尾消费贷则通过"耍小聪明"钻了 5 个空子：一是钻了国内征信体系不健全的空子；二是钻了国家鼓励政策先行但监管及立法滞后的空子；三是钻了持牌金融机构受到强监管的空子；四是钻了长尾人群消费需求旺盛但不够理性的空子；五是钻了技术创新噱头高但底子薄的空子。在钻空子的基础上，再经过巧妙的流程包装，变味的长尾消费贷粉墨登场、乱象丛生。

多措并举实施监管

第五次全国金融工作会议提出，要紧紧围绕"服务实体、防控风险、深化改革"三大任务，完善金融市场体系，建设普惠金融体系，解决经济社会发展的薄弱环节。事实上，消费金融既有利于更好地服务实体经济，也有利于金融改革深化和市场体系完善，还有利于长尾人群获得普惠金融发展红利，但前提是必须通过有效的监管措施防控消费金融风险。

当前，变味的长尾消费贷已成为捆绑在长尾人群身上的枷锁、吸附在基层社会身上的"虱子"，迫切需要监管出手消除。结合上文分析，笔者认为，对于消费贷乱象，应该从以下几个方面予以规范。

首先，要针对消费贷各个环节中存在的不法行为，采用各个击破的监管思路。一方面，要对单个平台的获客方式、风险控制、资金来源以及场景拓展进行深入排查，尤其要对平台放贷资金来源进行重点监测；另一方面，要对消费贷生态链中的各个主体，包括消费贷平台本身、互联网巨头等导流平台、个人征信试点机构、第三方催收机构、第三方数据提供商等进行合法性排查，严厉打击利益勾结及非法利益输送。

其次，要统一监管标准，综合运用多种监管手段。市场上之所以出现劣币驱逐良币现象，是因为当前针对各类从业主体的监管标准不统一，大量不受监管的互联网消费贷平台扰乱了市场秩序。在此状况下，应当按照统一标准，对所有从业主体实施穿透式监管，不给任何非法平台留空子。与此同时，要综合运用多种监管手段，包括准入监管与过程监管、功能监管与行为监管、联合监管与协调监管，以及直接监管等。尤其要严控消费贷平台准入，严防以信息科技之名行金融业务之实的平台获得注册。对于已经注册通过的相关平台，要坚决予以取缔。

再次，要借鉴国外监管经验，加强相关法律法规制定。当前，我国消费贷发展中出现的高利率、多重债务、暴力催收在日本也曾有类似现象发生并造成严重危害。当时，日本通过发布《贷金业法》等法律法规，强化消费贷监管，具体措施包括设立严格市场准入、设立借款人最高融资限额、设立贷款最高利率（包含手续费）等。我国应充分借鉴国外监管经验，通过立法实现长治久安。在具体立法过程中，建议着重考虑准入标准、持牌经营、利率上限（含手续费）设定、贷款用途限定、平台退出方式等。

除此以外，长远来看，要加快诚信社会建设与个人征信体系完善。当前，我国的诚信社会建设虽然已取得显著成绩，但距离支撑信用社会发展还有很长距离。与此同时，我国的个人征信体系长期落后于信贷发展，导致用户日益增长的消费信贷需求得不到满足，给不法平台留了空隙、钻了空子。在此情况下，监管层要联合公共部门、正规金融机构、持牌消费金融公司、大型互联网平台、个人征信试点机构、大型数据公司等，共同推动数据信息共享及市场化征信体系建设，以支撑消费信贷业务开展。

最后，要做好消费者教育，加强消费者适当性管理，要合理引导长尾人群去杠杆，有效约束消费贷款用途。毕竟，带动我国经济发展的是全体消费者实实在在的健康消费，而不是长尾人群加杠杆的过度消费。

党的十九大报告指出，我国的社会主要矛盾已经转化为人民日益增长的美好生活需要和不平衡不充分的发展之间的矛盾。一方面，消费金融已成为满足长尾人群美好生活需要的重要方式；另一方面，我国当前的消费金融发展既不够平衡也不够充分。因此，唯有通过市场和监管共同努力，才能实现促进消费金融健康发展与满足长尾人群美好生活需要的双重目标。

（注：作者系交通银行金融研究中心高级研究员，本文仅代表个人观点，不代表所在单位意见。）

第 3 章
风控：变与不变

政策动向：
网络小贷整治的三大意义与六大举措

何飞

2017 年 12 月 8 日，原银监会 P2P 网络借贷风险专项整治工作领导小组办公室发布《小额贷款公司网络小额贷款业务风险专项整治实施方案》（以下简称《网络小贷整治方案》），对此，笔者作以下解读。

网络小贷整治的三大意义

一是扩充了互联网金融风险专项整治内容。自 2016 年 10 月国务院办公厅发布《互联网金融风险专项整治工作实施方案》起，"一行三会"等多个部门相继就非银支付、互联网资产管理、P2P 网络借贷、股权众筹、互联网保险、现金贷、虚拟货币、互联网金融交易所等业务模式及平台展开风险专项整治。本次《网络小贷整治方案》的下发意味着互联网金融风险专项整治任务远未结束。

二是进一步体现了"各个击破"的互联网金融监管思路。由 2015 年 7 月 18 日下发的《关于促进互联网金融健康发展的指导意见》可知，网络小贷归属于网络借贷范畴，而后者又归属于互联网金融的七大模式之一。一方面，网络借贷是互联网金融中发展最快，同时也是风险暴露最多的模式，故专门针对网络借贷开展风险整治符合行业发展现状；另一方面，早在 2016 年 10 月，原银监会即下发《P2P 网络借贷风险专项整治工作实施方案》。当时，之所以未将网络小贷一并纳入整治范畴，主要是因为网络小贷与 P2P 网贷的性质不同，前者属于拥有小贷牌照的持牌机构，后者属于非持牌的信息中介机构，两者存在本质区别，故必须区别对待。

事实上，2015—2016 年发生的网络借贷风险主要是由 P2P 网贷平台产生，而 2017 年爆发的包括现金贷乱象在内的一系列问题已经涉及网络小贷领域，故当前重点针对网络小贷开展风险专项整治，充分体现了监管的及时性、专业性，也是将各个击破的互联网金融风险监管思路发挥到极致。

三是延续了 2017 年 11 月以来的网络小贷监管措施，进一步明确了网络小贷监管细则。事实上，自 2017 年 11 月以来，监管层已经针对网络小贷下发了三大文件。2017 年 11 月 21 日，互联网金融风险专项整治工作领导小组办公室发布特急文件《关于立即暂停批设网络小额贷款公司的通知》，强调自 2017 年 11 月 21 日起，各级小额贷款公司监管部门一律不得新批设网络（互联网）小额贷款公司，禁止新增批小额贷款公司跨省（区、市）开展小额贷款业务。12 月 1 日，央行和原银监会联合发布《关于规范整顿"现金贷"业务的通知》，强调对于已经批准筹建的网络小额贷款公司，暂停批准开业，对于不符合相关规定的已批设机构，必须重新核查业务资质。由此可见，本次下发的《网络小贷整治方案》是监管层按照一致性监管原则烧出的第三把火，极大地有利于将网络小贷乱象斩草除根，可谓恰逢其时。

网络小贷整治的六大举措

《网络小贷整治方案》对网络小额贷款进行了明确界定，指互联网企业通过其控制的小额贷款公司、利用互联网向客户提供的小额贷款。同时，《网络小贷整治方案》特地指出当前存在的两种经营模式，一种是全国范围内纯线上经营网络小额贷款业务的小额贷款公司，另一种是跨区域线上、线下结合开展网络小额贷款的小额贷款公司。在此意义上，无论是大型互联网平台旗下的小贷公司，还是专门从事网络小贷业务的互联网金融平台，都必须按照《网络小贷整治方案》的要求进行全面排查整改。《网络小贷整治方案》主要从准入资质、放贷资金、综合费率、贷款管理、业务合作、信息安全等六大方面进行排查整治。

一是在准入资质上，《网络小贷整治方案》不仅强调了严格管理审批权限的重要性，而且明确了重新审查网络小额贷款经营资质的要求，尤其是对未获得牌照而从事网络小贷业务的主体进行重点排查。这就意味无论是借网络小贷牌照从事非法现金贷款业务的主体，还是凭线下小贷牌照从事线上小贷业务的公司，抑或根本没有小贷牌照却经营贷款业务的企业，都是本次重点整治的对象。

二是在放贷资金上，《网络小贷整治方案》提出要运用穿透式监管，排查股东是否以委托资金、债务资金等非自有资金出资入股，是否委托他人或接受他人委托持有小额贷款公司股权；排查小额贷款公司是否主要以自有资金从事放贷业务，是否进行非法集资、吸收或变相吸收公众存款，是否通过网络借贷信息中介机构融入资金。这意味着利用自有资金进行放贷必须成为网络小贷公司经营的根本原则，同时，"网贷＋网络小贷"的经营模式将被限制。

三是在综合费率上，《网络小贷整治方案》提出综合实际利率要求，强调综合实际费率应当包括所有借款成本，同时在设定时要与贷款本金挂钩，并折算为年化形式。此外，还强调了网络小贷公司不得存在从贷款本金中先行扣除利息、手续费、管理费、保证金或设定高额逾期利息、滞纳金、罚息等行为，同时要事先向借款人全面、充分披露并提示相关风险。这意味着当前网络小贷公司普遍存在的"名义利率＋其他费用"的展业模式将难以为继，同时，网络小贷公司的综合实际利率必须符合最高人民法院关于民间借贷利率的规定，并且要做好贷前信息充分披露，不得出现诱贷行为。

四是在贷款管理上，《网络小贷整治方案》提出网络小贷公司要构建全流程风控体系，要充分评估和持续关注借款人信用状况、偿付能力、贷款用途等；要审慎确定综合实际利率、贷款额度、贷款期限、贷款用途限定、还款方式等；要防止借款人过度举债。同时，要重点排查小额贷款公司的业务范围，并强调小贷公司不得进行暴力催收。此外，监管层明确要求网络小贷公司不得发放无特定场景依托、无指定用途的网络小额贷款；不得发放校园贷和首付贷；不得发放贷款用于股票、期货等投机经营。这就意味着之前打着消费金融幌子从事现金贷业务的平台将受到严厉整顿，消费金融将回归特定消费场景的放贷模式，现金贷款流入房市、股市的现象也将被有力约束。

五是在业务合作上，《网络小贷整治方案》提出小额贷款公司不得与未履行网站备案手续或未取得相应的电信业务经营许可的互联网平台合作发放网络小额贷款；不得与无放贷业务资质的机构共同出资发放贷款；不得将授信审查、风险控制等核心业务外包；不得通过抽屉协议等方式接受无担保资质的第三方机构提供征信服务以及兜底承诺等变相征信服务等。这就意味之前网络小贷公司普遍存在的助贷模式将受到限制，通过助贷平台变相收费的违规做法将受到惩戒，与助贷平台存在利益勾结的违法行为将受到制约。

六是在信息安全上，《网络小贷整治方案》要求小额贷款公司必须建立网络信息安全管理体系，必须妥善保管客户资料和交易信息、保护客户隐私，尤其不得以大数据为名窃取或滥用客户隐私信息，不得非法买卖或泄露客户信息。这就意味着注重个人信息及隐私保护将成为网络小贷公司必须坚持的从业底线，同时，之前"以大数据风控为名行用户信息买卖之实"的违法行为将被制止。

最后，《网络小贷整治方案》对整治目标、整治原则、职责分工、工作步骤和方式进行了详细规定。具体而言，实现监管全面覆盖和风险有效防控是本次整治工作最主要的目标。"借鉴经验、措施稳妥、标本兼治、着眼长远、高度重视、加强协作、做好预案、守住底线"是本次整治工作的32字方针。P2P网络借贷风险专项整治工作领导小组办公室负责网络小额贷款风险专项整治工作的总体部署和重大事项的协调处理，包括制定专项整治实施方案，组织研究专项整治工作中遇到的新问题等。各省（区、市、计划单列市）小额贷款公司监管部门要按照"谁审批、谁监管、谁担责"的要求，具体负责本次专项整治工作。在工作步骤上，要按照"先摸底排查，再分类处置"的顺序开展，时间节点则分别为 2018 年 1 月底和 3 月底。应该说，《网络小贷整治方案》将成为网络借贷行业规范发展的标志性文件，是监管层与时俱进开展互联网金融风险专项整治的集中反映，非常有利于行业进一步规范发展。

（注：作者系交通银行金融研究中心高级研究员，本文仅代表个人观点，不代表所在单位意见。）

金融科技的风控体系：数据思维

欧阳晓红

金融科技王国中，大数据落地的首要场景是大数据风控，而大数据的核心又在于"场景+分析方法"。

"从登录环节开始，京东金融就开始见微知著。"2017年9月3日，在2017智慧金融年度峰会上，京东金融风险管理部总经理沈晓春如是说。她试图从AI在金融场景的应用出发，诠释算法为风控带来的改变，诸如人机识别、关系图谱、深度学习、安全魔方等。

这需要怎样一种数据思维与风控之道？

京东金融的安全魔方

风控始于账户登录场景。沈晓春解释，为了确保每一位用户的账户安全，京东金融建立了包括设备识别、人机识别、生物识别三大技术及异常登录模型和账户等级模型在内的全方位账户安全体系，用于判断当前登录可能产生风险和用户行为偏好等。

以设备识别为例，"我们在这项技术的应用上，会有前后两个模块来同时推进，比如在最前端，在客户进行登录过程中，我们已经能够精确识别客户的设备，

第 3 章
风控：变与不变

通过一些相应的技术手段来采集客户的设备环境，帮助生成客户识别的 ID。在后端，则是通过机器学习等计算方法实现设备精准核算和判定，从而进行更好的风险控制并增强体验。"沈晓春说。

人机识别也是类似的逻辑，在账户登录的场景下，一般会遇到大批量的外部攻击。攻击过程中如何做到在第一时间对它进行截断，并且保护所有客户资金的安全？

对此，沈晓春介绍，京东金融自主研发了整体的人机识别体系，它从 6 个维度来对一次实际登录行为进行不同维度的判定，比如在手机端，通过手指摁在屏幕上的力度来判定是不是本人；在 PC 端，则是通过评估鼠标的轨迹是否规整，来判断是否真正遇到恶意攻击。

谈到异常登陆模型，沈晓春表示，京东金融的账户安全模型是由多层架构组成，异常登陆模型就是接近于顶层架构的分类模型。据介绍，京东金融异常登录模型结合了前端收集的设备特征编码、生物信息 ID 与历史数据规律，在京东金融在线算法系统支持下，可以在毫秒级时间内就完成数百项数据的特征加工与模型计算，是用于保护用户安全的核心模型。

因为，算法成就科技风控。除了阐述 AI 在账户安全登录场景下的应用，沈晓春还首次对外透露了京东金融两个比较有代表性的算法是如何提升京东金融风控能力的。

第一个算法是路径的轨迹学习。据沈晓春介绍，该算法是通过判断正常用户和异常行为用户浏览点击的不同轨迹，以及他们对于页面产生的不同反应，来进行好坏用户的相应判断。

沈晓春坦言，现在的网络攻击者都非常专业，他们有很多高明的手段，也会对自己的很多行为进行相应的掩饰，但总体来说，"当我们看到的足够多的时候，我们就会发现欺诈人群行为轨迹都会有一些相应的偏离"，沈晓春说，"通过 RNN 的时间序列算法，我们对于坏用户识别的准确率可以超过常规机器学习算法的 3 倍以上。"值得一提的是，京东金融的这一算法研究已经被欧洲机器学习会议的 PKDD2017 收录，得到了国际上的权威认可。

第二个算法，沈晓春强调，是关于京东金融基于大规模图计算的涉黑群体的挖掘技术，这也是一项京东金融已经申请专利的技术。沈晓春表示，现在社会中的欺诈行为很有隐蔽性，也很有群体性。京东金融可以通过一个突破点延伸，抓住很多隐藏在后面的欺诈行为，提前预防并将其拦截在体系之外。"目前，这项算法已经在交易欺诈、营销欺诈、保险欺诈各个方面进行相应的应用，我们可以把它理解成整体业务的安全防火墙。"沈晓春说。

上述风控策略与手段看起来很美妙，其实战效果如何？

假以佐证的是京东金融经历"双11""6·18"考验之安全魔方。这其实关乎京东金融的对外赋能，即输出数据＋人工智能技术。沈晓春在演讲中特别提到了京东金融的反欺诈解决方案——安全魔方。据悉，拥有千万级每分钟之风控指标运算能力的安全魔方，还具备毫秒级的风险预警及响应时效，可提升金融机构及电商客户的信贷申请反欺诈、账号与交易安全、营销反欺诈能力。正如，安全魔方产品经过京东多次"双11"和"6·18"等超大业务量考验，包括支付、信贷、保险、理财、电商等全业务场景实战。

目前，银行、保险等金融机构做互联网消费金融业务面临的欺诈挑战异常严峻。现在的欺诈者以非法牟利为目的，在真实交易各方不知情的情况下，进行盗取账号、伪造身份、提供虚假信息、从事虚假交易等行为，给正常的交易各方造成损失。

京东金融的对策是，依托京东庞大的用户和交易量数据及关联外部合作伙伴数据资源，通过多维度建模形成安全魔方产品，实现对申请欺诈、信用欺诈、账户盗用、洗钱、羊毛党、虚假交易等行为的有效防范。这种能力已在京东支付、白条、众筹、企业信贷等多个业务场景得到实战验证。

京东金融的风控技术可以做到尽可能满足各方"事前评估、事中监测、事后处置"的全流程风控价值诉求，甚至结合产品的特质满足不同的风控需求。

沈晓春说，"风控一直是京东金融的战略核心，在数据不断积累和技术驱动的前提下，我们的风控也在更新迭代……京东希望达到的目标，是风控真正做到无形，因为无形的风控才能让产品更好的融合在一起。"

大数据风控之道

不过，大数据或大数据模型并不等同于风控，其只是风控体系中的一环。

风控系统的搭建涵盖贷前征信、贷后管理，产品上线后的风险评估、反欺诈人工调查、渠道管理以及操作风险与资产管理等。

据36Kr-FinTech行业数据研究报告分析，目前大数据在金融行业首要落地场景便是大数据风控。整理历史投资事件中发现，金融大数据融资数据量整体均高于其他细分领域。

我国大数据风控产业链条可分为数据生产主体、数据供应方、数据加工方和数据使用方4个部分。数据生产主体是个人和企业；数据使用方包括招商银行、白条、人人贷、分期乐、好期贷、苏宁消费金融等；数据供应方如中国银行、京东商城、微信、淘宝网、支付保等；数据加工方如征信中心、前海征信、考拉征信、腾讯信用、百融金服等。

如果分析大数据产业链参与者现状，会发现此环节存在如下问题：

第一，存在信息孤岛、维度割裂现象，在数量、相关性和维度等方面都无法得到满足。解决此问题，一方面需要制定市场统一认可的风控模型，加强数据清洗、脱敏等治理手段的标准化建设，进而解决数据定价问题，最终解决数据的流通问题；另一方面需要在一定前提下，央行进一步开放数据给更多下游企业解决数据缺乏相关性等问题。

第二，第三方征信行业的独立性问题。2015年1月，央行批准的可以开展个人征信业务相关准备工作的8家企业目前仍未获得实质牌照。中国人民银行征信局局长万存知表示，"其中存在的问题之一就是其不具备独立性，存在利益冲突。"在此背景下，成长起了一批相对独立的征信机构如百度金报、同盾科技等。

第三，为吸引足够多的数据使用者即资金方，盲目提高客户的融资价值。此问题可能会触发系统性风险，对大数据征信行业造成难以扭转的信任风险。

数据使用方包括了银行、消费金融公司、P2P、泛信用生活领域等对信用有知晓需求的机构。数据使用方对信用的第一需求是数据的相关性，此部分主要存在的挑战是创新数据在实际应用过程中的有效性，这仍需时间来验证。

在风控产业链中，数据加工方需要应对的风险主要包括欺诈风险和信用风险。欺诈风险具有主观性，是客户主动带来的风险，在发起请求时即无还款意愿；信用风险具有客观性，指的是借款人因由未能及时、足额偿还债务而违约。总体而言，反欺诈是信用的基石，是贷前风控的首要步骤。

根据益博睿发布的《欺诈经济学：规避快速增长和创新中的风险》显示，中国互联网欺诈风险排名全球前三位，网络欺诈的损失达到了GDP的0.63%，仅次于美国的0.64%，而来自猎网的数据显示互联网欺诈中金融欺诈最为严重。

当前互联网欺诈已经形成了一条完整的地下产业链。欺诈产业链可分为上游信息售卖者、下游欺诈实施者以及最终的分赃销赃者3个环节。

除欺诈风险之外，风险控制还包括了大量的信用风险。中国征信体系建设以掌握信用强相关数据的央行为主导，以利用具备网络效应的数据源来探索信用评断依据的其他公司、机构为辅，我们将后者定义为大数据征信公司。

截至2016年，央行共记录了8.8亿人的个人金融数据，但有信贷数据的仅有3.8亿人，覆盖率仅占28%。随着普惠金融和消费金融的普及，越来越多的人具备信贷需求，央行数据难以支撑。此背景下，大数据征信发展蓬勃，如芝麻信用和腾讯信用。

那么，京东金融总体上的风控体系建设如何？该怎样理解大数据风控模型？在消费金融领域，京东金融又搭建了怎样一套底层风控和信用生态系统？

京东金融方面解释，公司风控体系利用深度学习、图计算、生物探针等人工智能技术，已实现无人工审核授信和放款，坏账率和资损水平低于行业平均值50%以上。此外，京东金融还实现了智能风控能力的输出，帮助银行的信贷审核效率提高10倍以上，客单成本降低70%以上。

京东金融依靠数据和技术能力搭建起包括云图系统、高维反欺诈模型、大规模图计算框架、风险画像、深度学习能力、生物探针在内的一整套完整的风控体系。

未来，算法说了算？《未来简史》作者尤瓦尔·赫拉利曾经这样表达他对于人工智能的理解："人类已不能做主，未来算法说了算。"算法究竟能给人类带来什么，就让时间作答吧。

嬗变与挑战
FinTech 2017—2018 年度报告

金融科技市场风险与防范

欧阳晓红

成也萧何，败也萧何。囿于行业周期的不完整、历史数据的不完备，金融科技在颠覆传统，变革业态，加速市场融合的同时，随之滋生的风险亦与日俱增。诸如市场风险、操作风险、技术与竞争风险等，包括与其对应的政策风险对市场主体而言，亦不容小觑。该怎样甄别风险？如何防范？

在 2017 年 6 月 21 日的"2017 陆家嘴论坛"上，原银监会信托监督管理部主任邓智毅指出，金融科技对于金融行业特别是资管行业的影响越来越广，如降低了信息不对称，提高了信用违约的成本；降低了行业的壁垒，加速了金融机构和非金融机构的深度融合等，但金融科技潜在风险越来越多。

"金融科技的发展增加了信息科技的操作风险，金融机构更多运用新技术，并进行外包，增加风险管理难度。在实际运行中，已有部分第三方合作机构因为系统缺陷导致金融交易数据泄露。"邓智毅称。

此外，金融科技可能会提高整体风险水平。诸如金融科技企业在增加金融服务可获得性的同时，有可能降低客户门槛，引入更多的高风险客户群体。由于金融科技尚未经过一个完整周期的检验，历史数据并不完备，因此或容易造成金融风险的低估和错误的定价，抬升整个行业的风险水平。

以智能投顾为例，智能投顾也是金融科技的一个重要分支，按照邓智毅的说法，金融机构运用智能化系统为客户提供程序标准化资产管理建议的同时，如果采用相似的风险指标和交易策略，那么很可能在市场上导致更多的统买统卖、重涨重跌。

中国人民大学金融科技与互联网安全研究中心主任杨东亦认为，国内有很多P2P平台转型做智能投顾之后，会在不具备风险管控能力的情况下，向普通投资者推荐高风险的资产。

五大风险

不妨聚焦风险，试图找到解决方案。

（1）市场风险。

①市场财务风险主要体现为利率风险。由于便捷性和优惠性，互联网金融可以吸收更多存款，发放更多贷款，与更多客户进行交易，面临着更大的利率风险。在金融科技与互联网金融快速发展的今天，市场财务风险主要体现为利率风险，即利差变动风险。不可否认的是，金融科技与互联网金融加速了利率市场化的进展。以往，由于利率受央行宏观调控，银行的盈利主要来源于利差。随着互联网金融的出现，一些创新产品如余额宝等不断吞食着银行传统市场份额。如今，为应对互联网金融产品的冲击，很多银行放弃了活期存款带来的巨大利差，开始推出活期理财产品，而这都将大幅收窄银行的利差水平，同时对商业银行及金融科技企业造成较大影响。

②备付金体系待完善，互金整治方案初见成效。互联网金融机构往往发挥资金周转的作用，其中，最令人担忧的是行业机构，尤其是支付机构铤而走险背后是客户备付金的巨大诱惑。尽管央行自2010年就颁发了《非金融机构支付服务管理办法》及其实施细则，并配套发布了《支付机构预付卡业务管理办法》《支付机构客户备付金存管办法》《中国人民银行关于建立支付机构客户备付金信息核对校验机制的通知》等一系列专项制度文件。与此同时，央行以这些制度为基础建立信息化、实时化的非现场监管系统，并加强现场检查，但仍有少数支付机构的

资金根本未能合规进入备付金存管体系,一些胆大的企业法人代表则携带财务公章直接取出备付金,并挪作放贷、投资、理财等他用,给社会造成较大损失,严重损害金融及第三方支付行业声誉。

基于存管、收付、汇缴的三级账户功能建立起的客户备付金存管体系、信息核对校验机制是央行响应第三方支付行业呼声,结合当时的支付清算设施现状,平衡行业发展与监督管理的权衡之举,促进了几家大型支付机构的快速发展,使得第三方支付行业步入快车道。但当时支付机构的备付金银行数量、账户都比较多,造成银行间信息不对称、激励不相容以致"存管"有名无实,客观上给经营不善甚至图谋不轨的小型支付机构提供了挪用、占用客户备付金的可乘之机并由此发生了不少风险事件甚至资金损失。

随着国务院办公厅公布《互联网金融风险专项整治工作实施方案》(以下简称《实施方案》),对互联网金融风险专项整治工作进行了全面部署。《实施方案》要求集中力量对 P2P 网络借贷、股权众筹、互联网保险、第三方支付、通过互联网开展资产管理及跨界从事金融业务、互联网金融领域广告等重点领域进行整治,进一步优化客户备付金存管体系,从根本上防范资金挪用及市场失序的风险。

③金融科技当前最大的市场风险为信用风险。金融科技产品的核心是金融,任何金融产品都是对信用的风险定价,金融具有的信息不对称、交易成本、监管、金融风险等因素并不会因为互联网金融的出现而消失,反而会更复杂。同时,由于网络交易信息的传递、支付结算等业务活动在虚拟世界进行,交易双方互不见面,只通过互联网联系,交易者之间在身份确认、信用评价方面存在严重的信息不对称问题,信用风险极大。

(2)政策风险。

虽然拥有宽松的政策环境,但是对于所有互联网金融公司而言,未出台的监管政策都是不确定因素。采用何种方式监管、监管的细则是什么,目前都无从得知,对互联网金融将造成何种影响,都是未知风险。央行发布的《中国人民银行年报 2013》报告指出,随着互联网金融的快速发展,其风险的隐蔽性、传染性、广泛性、突发性有所增加。

第 3 章
风控：变与不变

这种未知的政策风险很可能直接改变很多互联网金融企业的业务流程和作业模式，甚至让一些规范性较差的公司从市场上消亡。最典型的案例是 2008 年上半年，LendingClub 曾因一系列资质和授权事宜被美国政府叫停票据发行，但其仍然继续利用自有资金向借款人发放贷款。直到 2008 年 10 月 14 日，LendingClub 才恢复了新的投资者的注册手续，走向全面发展之路。

金融创新对传统立法的冲击进而引起的合规性风险。由于在金融科技语境下，区块链、大数据等技术的发展对许多金融交易的习惯与方式进行了重构，传统的金融立法难以有效界定并进行监管。层出不穷的新型金融业态和新型金融交易行为难以在现有的法律框架内进行有效的规制，从而在一定程度上存在合规性风险。例如，对于区块链技术在智能合约中的应用，现行法律法规无法明确界定智能合约的法律性质，对于智能合约是否适用《合同法》等已存的法律规范，学界尚无定论，对于出现的纠纷也就难以进行准确的定性与规制。这种合规性风险也是金融科技发展背景下的重要风险之一。

（3）经营风险。

经营风险作为金融科技操作风险的一部分，主要指由于不当或失败的内部流程、人员缺陷、系统缺陷或因外部事件导致直接或间接损失的可能性。这些风险因其涉及面广、可控性小、关联性强，是当前我国互联网金融所面临的主要风险。

内部操作风险是一种重要的操作风险。银行对网上银行业务目前普遍处于粗放式管理阶段，在组织保障、内部审计和管理、绩效考评机制，以及审计监管等方面仍存在诸多问题，易引发内部操作风险。其原因一方面在于缺乏对互联网金融机构网上银行业务的系统性管理，没有专门的部门对网银操作风险加以协调和统筹管理，易出现多头管理或管理的真空地带，埋下操作风险隐患；另一方面是内控相对滞后，目前，包括银行在内的互联网金融机构大多将网上银行的重点放在业务拓展上，以抢占市场份额为出发点，注重产品开发和运用，但在风险防范和内部控制建设上却较为滞后。这是互联网金融机构从事金融业必须严格防范的风险，这也是金融业不同于其他行业的根本点。互联网金融机构如同银行一样，首先是一个风险管理机构，把握好风险才能保障持续稳健经营。

控制操作风险主要坚持以下几个原则：一是采取适当的操作程序、内部审计和其他防范措施；二是内部员工胜任其工作；三是开发的信息系统能提供实时、准确和安全的资料；四是技术及操作系统程序应具有处理意外事故的紧急对策以保证关键性操作的持续性。

（4）技术风险。

金融科技行业的技术风险主要表现在3个方面：一是计算机系统、认证系统或者互联网金融软件存在缺陷；二是伪造交易客户身份；三是未经授权的访问。

互联网金融的安全管理主要遵循以下几点原则：一是互联网金融的管理体制要从传统金融的以账户为中心转向以客户为中心；二是加强互联网金融业务风险管理的关键是建立合理的授信制度和开发经营业务管理系统，用以降低业务风险，提高互联网金融机构的经济效益，提高客户的满意度；三是互联网金融必须采用综合性的智能网络管理系统，提供一体化的网络管理服务，通过协调和调度网络资源，对网络进行配置管理、故障管理、性能管理、安全管理、灾难恢复管理等，以便网络能可靠、安全和高效地运行；四是互联网金融安全管理必须建立完善的内控管理制度，使系统的安全管理能得到有效地实施；五是互联网金融机构需要建立一个网络金融安全管理的综合、可循环的管理过程控制系统；六是互网络金融需要建立具备保护、监测、反应的动态自适应的金融监管和预警系统；七是互联网金融工程在开展网络金融安全管理设计时，要坚持综合性整体原则、效能投资相容原则、易用性与交互性原则、有限授权原则、全面确认制度、安全跟踪稽核原则、应急及持续经营等原则。

（5）竞争风险。

与互联网金融相比，金融科技范畴更广，业态也更丰富，其涵盖以下内容：

①各种基于互联网与移动互联网的金融交易（如第三方支付、基于互联网的借贷、融资、理财、保险、征信等）。

②利用新兴科技来改造与提升线下的经济与金融活动（如智能投顾、金融机构客户服务的智能化、智能零售等）。

③具有革命性、探索性及基础性的金融技术创新与应用（如区块链和具有深

度学习能力的投资、借贷及风险管理的模型与算法等)。

与之相适应,金融科技领域的竞争主体包括:

①传统的金融机构(如银行、券商、保险公司等)和互联网公司(如电商、网络社交媒体、搜索引擎、门户网站等)。

②初创的专门从事金融科技与应用模型的研发企业(如专注于区块链的研究与应用的企业,专注于研发征信模型、风险定价模型、风控模型、投资顾问模型的金融科技公司,专注于利用人工智能技术为金融机构改造信息系统、客户服务系统的科技公司等)。

③专门从事金融科技应用的金融公司与平台(如独立的第三方支付公司、P2P平台和完全基于互联网的保险、征信、理财、投顾、众筹等公司)。

此外,由于金融科技不断把基于互联网的线上商业模式推广融合到线下交易中,这也迫使或激励了一些纯粹从事线下商业活动的非金融企业(如一些传统零售、电信乃至地产公司等)积极利用新兴的金融科技并借助自身庞大的客户基础来进军金融服务领域。

鉴于金融科技尚在蓬勃兴起的早期阶段,出现纷繁复杂的技术概念、日新月异的商业模式以及群雄逐鹿的竞争格局是难以避免的。随着各类技术的不断发展、成熟及更新,各类商业模式会经历大浪淘沙的过程,逐步分化成主流与非主流的商业模式。与之相适应,在金融科技各个子领域的竞争主体也会优胜劣汰,逐步形成相对稳定的竞争格局。

风险防范措施

针对金融风险的防范与治理,应当遵循以下 3 条可靠的路径:

第一,信息工具的路径。借助信息工具,规制金融风险尤其是互联网金融风险。金融中介服务于资金供给者和资产提供者,金融风险的产生、交易或资产服务都要通过金融中介来完成。因此,金融中介是风险管理和交易的主体。由于金融市场准入门槛高、风险集中、价格形成过程难以预测及监管失灵等问题都源于信息不对称，而区块链、大数据和云计算等科技手段的应用可以凸显互联网金融的信息优势，也可以在一定程度上降低信息的供给成本，使得金融交易过程和市场价格形成过程更为公开透明。只有运用好互联网、大数据等信息技术手段，进行风险预测和风险判断，才能有效规制目前金融科技领域的创新与风险。这种以信息工具为核心的金融风险规制路径可以适用到整体金融市场的风险防范与治理的过程中。

第二，金融消费者保护的路径。我国的金融消费者不但在与金融机构的交易中处于弱势地位，而且具有一定的异质性，导致金融消费者在信息获取和应用上的弱势，也使得金融机构利用金融消费者的自身局限性做出偏离理性甚至错误的投资决策。因此，为了矫正这种不平等的交易关系，增强金融消费者理性选择的能力，我国金融法的制度设计中引入了金融服务者的适当性原则、说明义务等一系列保障金融消费者权益的制度。除此之外，可以建立投资者分类制度，允许专业投资者、高资产净值投资者和机构投资者参与投资，鼓励其以套利交易挤出噪声交易者，完善投资者救济机制。还应当建立完善金融消费者保护基金制度，在不同行业内部，加强各金融业协会协同作用以保护金融消费者，同时，积极地在各级消费者协会内设立由专门人员组成的金融消费者保护工作委员会，切实强化消费者协会保护金融消费者的职能。

第三，穿透式监管理念的路径。穿透式监管是针对混业经营的金融新业态进行监管的重要模式，是指在监管过程中打破"身份"的标签，从业务本质入手，将资金来源、中间环节和资金最终流向穿透联结起来，按照"实质重于形式"的原则辨别业务本质，根据业务功能和法律属性明确监管规则。使金融监管和风险排查跟上金融创新的步伐，同时避免因监管规则的不统一导致监管套利。这一监管理念也得到了政策上的认可，如我国互联网专项整治方案在正文中多次明确提出了"穿透式"监管的概念，确立了穿透式监管理念。以资产管理产品为例，其存在诸多风险点，如产品规则不统一、层层嵌套；没有严格遵守投资者适当性原则，很多投资者的风险承受能力与投资方向不匹配；数据和投向不清晰等。针对这些风险点，对此各个监管当局应当坚持穿透性的监管原则，穿透到最终的投资者和最终使用资金的产品。

面对飞速发展的金融科技,传统金融机构至少应从3个方面迅速采取更有力的行动。

一是利用自身力量,加强重点领域金融科技研发。我国各金融机构科技开发和创新能力差距较大,且研发力量注重解决当前业务问题较多,投入未来创新发展相对较少。新形势下,金融机构要拿出一部分研发力量,跟踪金融科技发展前沿,持续学习掌握前沿技术,选择一些重点领域开展具有一定超前性的创新研发,结合金融机构的品牌和基础设施优势增强竞争能力。一些大行已经开始行动,例如,中国工商银行将人工智能、区块链、大数据等作为重点创新应用领域,开展超前性研发;瑞士银行(UBS)在伦敦金融高科技孵化基地Level39开设了创新实验室,专门研究E-区块链(Eblockchain)应用;中国银行成立金融技术办公室,专门从事未来3~5年金融科技创新研发;花旗银行在2015年11月成立"花旗金融科技"研发术办公室,不仅招募了大量来自亚马逊、贝宝等科技公司的员工,还与其他金融科技公司合作,开展创新研发,其首要任务是使App用声音和面部识别取代密码。

二是秉承开放共赢精神,加强与金融科技相关企业合作。金融机构要学习开源、开放的互联网文化,在加强自身人才培养和技术储备的同时,坚持开放创新。

一方面,要勇于开放一些自身的数字化资源。在这方面,国外已经有一些先例。例如:德国Fidor Bank建立了一个专门的带有一定开放应用接口(API)的中间件,用于为合作伙伴提供支持,以进一步为本行客户提供更丰富、更个性化的金融服务。高盛、摩根大通等金融机构不仅使用开源软件,也向开源社区贡献自己的开源项目。

另一方面,要加强领先科技的应用或与金融科技公司合作。如瑞士信贷、巴克莱、UBS、花旗等众多银行宣布与纽约一家区块链技术初创公司R3 CEV合作,共同投资开发企业级区块链技术标准,以便使这一技术能够为金融业提供区块链解决方案。

三是加大金融科技投资力度,融入金融科技浪潮。风险投资一直以来是金融科技初创公司融资的主要途径。近年来，国际上一些金融机构如高盛、花旗、桑坦德、摩根士丹利、美国银行、三菱日联金融集团等在投资并购金融科技公司方面相当活跃。在我国，金融机构投资科技公司不仅可以完善科技金融服务模式，支持科技创新创业企业发展，而且可以获得金融科技相关人才和技术，能够较快推进自身金融科技发展。中国人民银行、原中国银监会、科技部联合发布《关于支持银行业机构加大创新力度开展科创企业投贷联动试点的指导意见》，为我国银行业参与金融科技投资提供了难得的新机遇。

从更长远的角度看，面对数字化生活浪潮和客户需求的巨大变化，金融机构迫切需要重新思考自身在新金融生态中的位置和经营管理模式，制定更彻底的数字化转型战略，迎接金融科技带来的新挑战。

第 4 章

案例：借贷与财富管理

据艾瑞咨询报告，信贷与理财依然是金融科技重要的利润来源。未来，如果金融行业内涵不发生根本性的转变，金融科技的利润来源依然是传统金融业务。然而，当下的金融科技各细分领域商业模式比较简单，行业整体发展需要在内涵和服务模式上有所创新……

市场上从事消费金融业务的"玩家"可大致分为三类：商业银行、银保监会批准成立的消费金融公司、依托于电商平台的互联网消费金融公司，例如阿里旗下的借呗、腾讯旗下的微粒贷以及京东金融的白条等。

除商业银行提供的消费信贷外，中信证券更看好普罗大众消费升级带来的空间，即以电子商务为依托的京东金融，其兼具数据与场景的双重优势，将消费信贷嵌入线上、线下场景，并结合大数据灵活进行风险定价，此模式综合竞争力较强。

第 4 章
案例：借贷与财富管理

掘金万亿消费金融市场

胡群

经过 2017 年的高速增长后，消费金融在 2018 年或将迎来分水岭。随着金融监管日趋完善，消费金融行业的参与机构对风控重视程度空前提高，金融开始回归本质，消费金融市场真正比拼风控能力的时代来临。

2018 年 1 月 10 日，清华大学中国与世界经济研究中心（CCWE）发布《2017 中国消费信贷市场研究》，中国互联网金融协会业务一部主任沈一飞在报告会上表示，目前电商平台、网贷和互联网小贷等都利用自身优势开展差异化竞争，从协会的角度来看，目前中国消费金融市场通过不同场景，已经形成差异化竞争格局。在接下来的一段时间内，差异性将会长期存在，因为每一类平台都有相对的生存价值。拥有差异化竞争能够更加广泛地覆盖更多的人群，实现普惠金融。

"2018 年将是调整的开始，那些有风控能力、场景及客户管理体系的公司将会留存下来，成为行业翘楚。"京东金融副总裁、消费金融事业部总经理区力说，"2017 年，京东消费金融已经实现了盈利，从公司财务报表来看，盈利能力每个月都在向好的方向发展。"

消费提振经济

"虽然中国投资增速有所放缓,但国内消费仍保持稳健增长。"渣打中国财富管理部投资策略总监王昕杰表示。

2017年我国GDP同比增长6.9%,高于市场预期的6.8%。消费成为稳增长的第一动力,2017年前三季度最终消费支出对GDP增长的贡献率为64.5%。《2017中国消费信贷市场研究》指出,消费金融是助力消费的重要抓手。

该报告还指出,截至2017年10月,中国居民消费信贷占全国金融机构各项贷款总规模比例为24.8%,达到30.6万亿元,其中,短期住户类消费贷款较2010年增长近10倍,所占比重不断上升。根据此前测算,消费信贷交易规模增长也可谓高速,近5年间年均增长超过30%。

与企业降杠杆不同的是,近年居民家庭的杠杆率虽上升较快,仍处于可控水平。西南财经大学中国家庭金融调查与研究中心发布的《中国工薪阶层信贷发展报告》显示,中国家庭的信贷参与率和资产负债率持续稳定增长,而美国家庭的信贷参与率先降后升,资产负债率呈下降趋势。但中国家庭负债率仍低于美国。

美国家庭的信贷参与率从2007年的77.0%下降至2013年的74.9%后,又于2016年回升至77.1%。而资产负债率从2007年的14.8%增长到2010年的16.5%后,便持续降低至2016年的12.2%。

近年来,中国家庭的资产负债率虽然在持续增长,但目前仍处于可控范围内。中国家庭的信贷参与率从2013年的34.9%上升至2015年的38.3%后,又于2017年继续上升至39.6%。中国资产负债率从2013年的6.2%增长到2015年的6.9%后,持续增长至2017年的7.1%。

"消费金融行业将会是一个重要的行业,是要继续发展的行业。"清华大学中国与世界经济研究中心教授李稻葵说。

万亿消费金融市场

在消费升级大浪潮驱动下，消费金融市场潜力极大，前景广阔，银行、消费金融公司、小贷公司、互联网金融机构等数万家机构都在厉兵秣马鏖战消费金融大市场。《2017中国消费信贷市场研究》指出，消费信贷客户主要以18～29岁的低收入、高学历年轻群体为主，超过70%的客户月收入在2000～5000元。

这是一个潜力巨大的市场。根据2016年国家统计局数据，80后、90后人群合计4.1亿人，共占比30%。随着消费能力逐渐提升，80后，90后成为引领消费的新人群。更为关键的是，目前这类人群中相当部分不是银行等机构的客户，他们更愿意拥抱互联网及数字金融，通过消费金融机构、甚至现金贷机构解决中小额借贷需求。

然而，数万家提供消费金融业务的金融机构并未被纳入金融监管机构的有效监管之下。2017年，互联网金融风险专项整治工作领导小组办公室、P2P网贷风险专项整治工作领导小组办公室联合下发了《关于规范整顿"现金贷"业务的通知》，是否拥有固定的金融场景成了新金融企业的生死线。京东金融CEO陈生强认为，未来的金融行业将是数字化与全场景化的，京东金融将力图打破服务场景和物理时空的局限，为用户创造一种随处可见、触手可得的全新服务体验。

捷信集团董事会董事梅恺威表示，信贷确实能够推动经济增长，但是政府关心的是消费者能否获得足够的保护。国务院发展研究中心金融所副研究员王刚认为，下一步监管的核心问题是制定相对统一的监管标准。因为现行的差异化监管之下，仍会存在监管套利的空间。

《2017中国消费信贷市场研究》报告建议，将各类消费信贷企业纳入统一的监管体系。在合规方面要加强内部风险管理，同时建立完备的个人征信系统。在创新方面要大力发展多层次资本市场，拓宽消费金融公司融资途径，不断发掘长尾客户和利基市场，挖掘潜在客户需求。

2018年1月4日，中国人民银行官网发布了关于百行征信有限公司（筹）相关情况的公示，公示显示中国人民银行受理了百行征信有限公司（筹）的个人征信业务申请。其中，首批 8 家个人征信试点机构将成为百行征信的股东。

据中国人民银行数据显示，当前中国人民银行征信中心数据库已覆盖约 8 亿人，其中仅有 3 亿人有信用记录，有就业信息但缺失信用记录的人口超过 5 亿人，更有超过 5 亿人尚未被征信系统覆盖。

最新数据显示，截至 2017 年年末，支付宝国内用户已达 5.2 亿，微信活跃用户近 10 亿，芝麻信用及腾讯征信拥有近 10 亿用户数据。这意味着数亿人的个人征信信息将被重新认知，而这势必将扩大包括消费金融在内的个人金融业务的规模。

清华大学中国与世界经济研究中心研究员张鹏认为，中国万亿消费金融市场"明日可期"。今天的消费金融使得金融产品和服务从政府、企业延伸至居民日常消费，从居民房产、汽车和耐用品消费拓展至日常消费品、旅游、教育和文化等细分领域，从某种程度上消费金融逐步成为中国庞大的消费市场和供给的桥梁，尤为重要的是消费金融带动消费增长，促进了经济转型，优化了供给结构，对于促进供给侧结构性改革、实现中国经济高质量增长具有重要意义。

京东消费金融业务盈利

"市场竞争需要超越对手的实力，最大的长期获利方式就是创新。"中国人民银行副行长陈雨露在其著作《世界是部金融史》中写道，要想领先于竞争对手就必须不停创新。创新并非是与众不同，而是要有打破常规的意识和认清自己的能力，并在此基础上走出最适合自己的路。

随着京东金融消费金融业务的盈利，以"白条"为明星产品的这一业务板块的估值已达到 300 亿元。

依托京东金融，目前白条已覆盖至汽车、装修、租房、教育、医美、旅游等领域。近年来，白条相继与中信、光大、民生、华夏、上海、北京农商、广州、招行、广发等商业银行合作，已发布了 13 张联名卡产品。其中，仅中信银行、光大银行和民生银行的小白卡目前申请人数就已超过 400 万。而与银行合作推出联名电子账户"白条闪付"，通过 NFC 和银联云闪付技术，"白条闪付"覆盖了全国 1900 多万台银联闪付 POS 机、线下 800 多万家商户，满足人们衣、食、住、行等多种类型的信用消费需求。

"在过去的三四年中，我们在科技技术领域大量投入，这是一个固定成本。现在已积累了几千万的活跃用户，实现了对 3 亿 + 京东用户信用风险的评估。当技术手段形成体系以后，随着产品线的丰富，客群规模的扩大，走向这个盈利拐点只是一个时间的问题。"区力称，现在京东金融已定位为一家科技企业，为更多合作金融机构提升效率，以后将关注于技术变现。

下一个"趣店"是谁？
金融科技与资本的盛宴正酣

胡中彬

趣店之后，谁是下一个？这场金融科技与资本的盛宴搅动一池春水。

虽然公布上市相关信息近一个月时间，但当趣店集团（QD）真正挂牌纽交所时，业界还是各种哗然和艳羡：发行价高出原定定价区间上限、首日开盘价较发行价涨43%、第二个交易日逆市大涨近20%……趣店的上市表现引发市场高度关注。

在这背后是趣店不俗的财务表现。2014年3月才成立的趣店是一家定位为为数亿非信用卡人群提供金融服务的互联网消费金融平台，赶上中国消费金融的大爆发，趣店实现飞速增长，仅2017年上半年净利润便接近10亿元。

众多早期投资机构成为这场资本盛宴中获利最丰厚者，趣店的早期投资人获得了超过千倍的投资回报。而在趣店上市之后，一大批中国的同类金融科技公司正翘首期盼着登陆公开市场，诸多早期资本、创业团队在等待类似"收割期"的到来。他们会如愿吗？

一场金融科技与资本的盛宴正酣，前者为何出海IPO？ 资本缘何狂欢？

趣店上市"神话"

2017年10月19日,有关趣店IPO的消息在朋友圈频频刷屏。当晚,趣店将正式登陆纽交所,众多金融投资圈、互联网圈的人士均在关注着趣店开盘的情况。

晚上9点30分,趣店进入新股盘前竞价程序,这支中国金融科技概念股的首日表现悬念即将揭开。经过此前几日的询价后,趣店确定了最终的发行价为每股24美元,高出早前确定的每股19~22美元定价区间的上限,已然折射出二级市场投资者的追捧。

在竞价阶段,趣店的股价更是一路飙升,随后趣店的开盘价确定在了32~35美元之间,美国纽交所交易大厅的火爆令身在现场的趣店创始团队及IPO前的投资人们更是激动不已。

最终,开盘价确定为每股34.35美元,高出发行价高达43%!这多少令很多关注者感到意外。而按此计算,趣店成为一举突破百亿美元市值的公司。即便当日其股价走低,收盘报收每股29.18美元,但其市值依旧达到了96.25亿美元。

吸引投资者的是趣店的业绩,从招股说明书披露的业绩来看,其表现可谓亮眼:

2017年上半年,趣店的总营收达18.33亿元,与2016年同期的3.72亿元相比增393%,增近4倍;趣店实现净利润9.74亿元,与2016年同期的1.22亿相比增698%,增近7倍,并且2017上半年实现的净利润已远超过2016年全年水平。

而事实上,此时,离这家公司成立不过三年半的时间,但趣店的"神话"故事早已在资本市场圈内外耳熟能详。

趣店集团成立于2014年4月,最早以趣分期品牌在校园分期市场起家。2016年7月7日,在宣布完成PRE-IPO系列首期约30亿元融资的同时,趣分期宣布正式升级为趣店集团,定位为一家技术驱动的金融科技公司,主要提供的服务是小额信用借款和商品分期业务。趣店早期投资人、昆仑万维董事长周亚辉在撰写的投资笔记中表示,"趣店可以说既是一个金融平台,也是一个电商平台"。

根据招股书,截至 2017 年第二季度,趣店集团注册用户数接近 4800 万人,平均月度活跃用户数达到 2800 多万人,2017 年第二季度实际交易用户数约 560 万人。截至 2017 年 6 月 30 日的 12 个月中,交易额超过 600 亿元,交易笔数接近 7000 万笔。

值得一提的是,趣店背后股东蚂蚁金服的作用非常关键。上市摊薄前,蚂蚁金服全资子公司云鑫投资以 12.5% 的持股位列趣店上市前第五大股东之位。资料显示,2015 年 8 月,趣店获得蚂蚁金服和老股东的 2 亿美元 E 轮融资,数月后,趣店集团旗下产品接入蚂蚁金服旗下独立的第三方征信机构芝麻信用,同时也获得支付宝提供的流量入口。

目前趣店的流量绝大部分来源于支付宝,正是得益于这个巨大的流量宝库,趣店的新用户获取成本远远低于市场水平,成本控制优势表现非常突出。再加上在风控方面的积累,使得趣店现有产品综合息费水平低于 36% 的国家红线。

"现在很多互联网消费金融平台的息费水平远超 36%,尤其是现在消费金融的获客成本大幅上涨已经成为最大的成本支出,在这种情况下若再按照 36% 的息费水平做,很难实现盈利。"一位消费金融平台人士表示。

回报千倍的资本盛宴

趣店的百亿美元市值同样令诸多国内投资人获得了大丰收。在其 IPO 之前进行的多轮融资中,数家机构在趣店身上下重注,蓝驰创投、源码资本、梅花天使创投创始合伙人吴世春及凤凰祥瑞、联络互动、昆仑万维等机构投资者成了趣店 IPO 的资本盛宴中另一群狂欢者。

在纽交所上市现场,包括蓝驰创投合伙人陈维广和朱天宇、梅花天使创投创始合伙人吴世春、源码资本创始合伙人曹毅、昆仑万维 CEO 周亚辉、凤凰祥瑞操盘人杜力等均集体现身。

吴世春是趣店的天使投资人之一。在最初创立时,趣分期(趣店集团前身)获得了李想、吴世春、陈华、李树斌、鲍岳桥数百万元天使轮融资。

"吴世春投资回报超 1000 倍。"梅花天使创投官方公众号发布信息称。

而在天使投资完成 1 个月后，蓝驰创投成为趣店的第一个机构投资人，"当时还有其他机构想投趣店，但被我截和了。"蓝驰创投合伙人朱天宇公开谈及该笔投资时表示。他说，3 年前投资趣店时的估值，只有不到趣店 IPO 市值的 1/1000，即蓝驰投资后趣店估值涨了 1000 倍以上。

紧随其后，源码资本参与到趣店的投资中，而在源码资本的引荐下，昆仑万维成为趣店的另一个重要投资人。

从 2015 年开始，昆仑万维 2 年内共投资趣店 3 次，分别是 2015 年 4 月、2015 年 8 月和最 2016 年 1 月。这 3 笔投资，让昆仑万维在趣店上市之前的持股比例达到了 19.7%，为趣店第二大股东。

神秘的资本人物杜力成为另一个斩获巨额回报的投资人。这个被周亚辉称之为"从来没听过的 80 后资本大佬"经吴世春介绍后，于 2016 年 7 月出资 20 亿元参与了趣店的融资。

周亚辉发表的投资笔记称，实际上在 2015 年春节前后，趣店在进行新一轮融资前的确遇到了巨大的挑战，"见了 100 多家投资机构也没搞定，连他本人就同罗敏共同见了至少 30 家机构"，融资不顺也导致昆仑万维最终变成了其 C 轮的领头人。那些与趣店擦肩而过的上百家投资机构因此错失了此次资本盛宴。

消费金融平台加速资本化

趣店的风光上市掀开了国内金融科技业资本化浪潮的冰山一角，大量的平台早已蠢蠢欲动。

"昨晚不知道有多少金融科技领域的人都在关注着趣店，大家都在等待这个时刻。"杭州一金融科技行业人士感慨。最受鼓舞的无疑要数当下火爆的互联网消费金融平台们，尤其是现金贷平台。

从趣店的业务模式来看，其大部分业务是线上小额信用借贷，即业内俗称的现金贷业务。在金融科技经历了数年的资本投入后，其实至今并没有出现太多成功的商业模式，最终大家依靠找到了现金贷这一可行的方向，很多平台都正等待着靠这一业务上岸。

从 2016 年开始大爆发的现金贷业务为消费金融平台们带来了丰厚的利润，部分领先的头部平台单月净利润超过亿元者已经比比皆是。这些平台都非常急迫的希望能够冲出重围，早日赶上二级市场的班车。上市对现金贷平台来说，既可以提升平台资质，增强资本获取能力，提升核心竞争力，同时亦有应对早期投资方退出、监管政策收紧和行业变化等诸多压力的考量，因此很多平台都在争分夺秒推进上市事宜。

而摆在现金贷平台面前的一个现实是它们在 A 股市场上运作的空间并不大。目前国内的现金贷平台基本上都被定位为类金融机构，因这些平台自身从事放贷业务，平台会承担放贷风险，主要是以赚利差为盈利模式，通过 A 股上市审核的概率很小。

"我们内部去年也曾分析过很多现金贷平台，但后来我们认为现金贷平台在上市时会面临政策风险，业务也有一定的道德风险，我们退出的不确定性较大，所以我们当时全部放弃投资这个领域。"国内某一线股权投资机构投资总监称。这同样也是很多股权投资机构对利润良好的现金贷平台望而却步的原因之一。

不过，很多现金贷平台仍然受到了 A 股上市公司的青睐。多家中型现金贷平台透露都正在与 A 股上市公司洽谈资本运作事宜。

"不是直接让上市公司控股，那肯定无法直接装进上市公司，而主要是以上市公司参股的方式进行投资，这可以帮上市公司获得很好的业绩。"上海一家单月交易规模约 5 亿元的现金贷平台负责人称，其正在和某上市公司洽谈资本合作事宜。

而另一家包含现金贷业务的互联网消费金融平台负责人则透露，已在筹备 A 股资本市场运作，但具体如何运作则闪烁其词，仅表示"合规方面券商会帮我们想办法。"

事实上，仅有少数的互联网消费金融平台敢于将目标瞄准 A 股 IPO。这类平台完全以科技公司定位，主要是在数据、风控技术、流量、反欺诈等业务与外部金融机构合作，而非自己平台放贷，盈利模式也非赚取放贷利差，而是收取服务费，这一定位的差别决定了其资本化运作方向和估值的巨大差异。

"我们和深圳一家消费金融平台洽谈合作的时候，他们和其他机构不一样，明确只单纯提供助贷服务，希望我们银行自己承担放贷的风险，他们只收取技术服务费。其实它并不是对赚利差不心动，而是为了满足 A 股上市条件，同时把估值做上去，金融公司和互联网公司的估值是不一样的。"广东一家城商行互联网金融部负责人称。

美国市场和香港市场则让金融科技公司看到了希望。趣店的火爆和前两个交易日的飙涨，这在一定程度上证明海外资本市场对现金贷模式的认同甚至意外追捧，这更令他们对出海 IPO 充满憧憬。

值得一提的是，在趣店正式披露招股信息后，已经在美股上市的同类型中国概念股迅速飙涨。从趣店披露招股书到趣店上市时，宜人贷的最高涨幅超过 20%，而另一家公司信而富则一度涨幅超过一倍，海外资本市场对中国金融科技市场的热情可见一斑，这也令国内金融科技企业看到了很好的时间窗口。

紧随趣店之后，已有一批金融科技公司只待 IPO 钟声的敲响……如和信贷、拍拍贷等，其均在近日披露了招股书，也将赴美上市。而业界消息称，这之后，包括量化派、挖财等多家公司已筹备 IPO 多时。它们背后，无数资本和创业者正翘首期盼资本盛宴时刻的到来。

机构抢滩市场，
智能投顾的春天还有多远

郑一真

如果人工智能是万能的，那么我们是否可以让它模拟股神巴菲特的炒股逻辑，研发出一套相应的智能投顾系统呢？

这是智能投顾令人着迷的地方，也是业界对于它在未来投资领域的期许之一。毫无疑问，智能投顾是 2017 年的新风口，除了第三方财富管理公司和互联网企业布局人工智能之外，银行、券商、基金等传统金融机构也在加速入场。国内的智能投顾玩家悉数到场，在这场征战中，传统金融机构以其丰厚的资金和资源优势，依然具有后发优势。而新兴的互联网与财富管理公司以敏锐的洞察和先进的技术不断突破向前。加上国家政策的支持——《国务院关于印发新一代人工智能发展规划的通知》，智能投顾进入发展的快车道。

其快速崛起得益于目前市场的空白，在美国理财行业有"10 万美元困境"一说，即手持 10 万美元现金的中产无法借助专业理财机构，常常将自己的财富置于风险之中。中国的中产亦如此，传统的财富管理只针对高净值客户，投资顾问会为这些客户量身定制一套与其资产和风险相匹配的资产配置建议，这类服务门槛和收费都很高。如何将其以低成本、高效率的方式推广给普通的中产客户，就是智能投顾要解决的问题。但如何建立一套高效的智能投顾体系、如何培育一个更为成熟的市场,行业仍在探讨之中。

抢滩市场

中产阶层的壮大和互联网的兴起,让财富管理行业意识到:除了传统的高净值人群之外,还有一大批长尾客户的理财需求尚未得到满足。

艾媒咨询的数据显示,2016年,中国互联网理财用户达3.11亿人。预计到2017年年底,中国互联网理财用户将达3.84亿,增长率为23.5%。据贝恩咨询测算,2014年我国个人可投资资产总额约为112万亿元,预测未来有望以13%的年复合增长率保持高速成长;同年,大众富裕阶层(可投资资产总额在60~600万元)和高净值人群(可投资资产总额超过1000万元)分别达1388万人、104万人,预计未来将以超过10%的速度增长。

随着互联网金融的发展,互联网理财的观念渐渐普及,大众理财的规模越来越大,而智能投顾以其低成本、风险分散的独特优势适时地站在了风口上。智能投顾实际上是利用移动终端、量化技术和机器的深度学习能力,给普通投资者一个智能化、科学化的资产配置。基于大数据和深度学习,智能投顾将投资决策看作是一个机器吸收、理解、消化海量信息并最终得出买卖建议的过程。在这个过程中,输入的信息包括每一种金融资产在所有市场、所有时刻的价格,以及相关的新闻、公司财报、政府报告、分析师报告、社交媒体信息,甚至还包括地理划分、政局变动、经济体系、消费者心理等宏观和微观知识,最终输出买卖的决策。一套成熟运作的智能投顾系统,甚至能以微秒为单位给顾客提出投资决策建议,而这是人工投顾所无法比拟的。

目前布局智能投顾的企业主要有以下三类,一是初创的第三方独立理财公司,以弥财、蓝海智投、拿铁智投、理财魔方、资配易为主,这类公司一般都采取与证券、基金公司合作的模式;二是国内大型的科技公司或者大型财富管理公司,如京东金融的"智投"、宜信财富的"投米RA"等;第三类则是传统的金融机构,包括招商银行的摩羯智投、广发证券的贝塔牛、嘉实基金的金贝塔等。

这三类机构的投资标的有所不同。弥财、蓝海智投主要投资于海外 ETF，拿铁智投投资于国内的公募基金，而资配易研发的智能投顾模型投资标的为 A 股。京东智投生产的投资组合覆盖京东金融平台下不同性质的金融产品，如股票型基金、票据理财等。与海外的智能投顾主要投资于 ETF 的被动投资策略不同，相较于美国市场上的 1600 多只 ETF，中国只有 100 多只，可投标的非常少，所以国内的智能投顾更偏向于主动投资。

相比于传统的投顾，智能投顾有以下三大优势：首先是降低了准入门槛。银行针对高净值人群的投顾服务一般都要求资产上千万，例如招商银行私人银行客户服务门槛为 1000 万元，而其于 2016 年年底推出的摩羯智投服务门槛为 2 万元。其次，智能投顾的管理费用相对较低。传统投资顾问管理费率平均在 1% 以上，而智能投顾通过人工智能，节省了昂贵的人工成本，将费率降低到 0.3% 左右甚至更低。最后，相对于人工投顾，机器的决策更为理性，不会受投资顾问个人偏好和情绪的影响。

人工智能与资管变革

智能投顾的兴起，也反映出传统金融机构从以销售为导向到真正以客户需求为中心的策略转变。在当前的市场行情下，竞争异常激烈，通常券商只负责开户和产品销售，客户赚钱还是亏钱，似乎跟它没有关系。有了智能投顾以后，未来可以通过技术手段提高效率，让客户享受到更多、更好的理财服务。

目前来看，银行系和券商系以及几家第三方理财公司的智能投顾已经做得风生水起。虽然大家的投资标的各有不同，但其殊途同归。长期来看，资产管理 90% 的回报来自于有效的资产配置，好的智能理财就是要做多元资产的配置服务。

券商系智能投顾——广发证券的"贝塔牛"自 2016 年推出以来获得市场不少关注，其主要给广发证券的客户做机器人投顾服务，既有给客户提供产品配制的建议——"I 配置"，也有提供股票组合的投资建议——"I 股票"。股票组合里，根据大家需求设了四种组合，包括短线智能、综合轮动、价值精选和中小盘

第 4 章
案例：借贷与财富管理

成长四种策略。以综合轮动策略为例，其投资逻辑是行业轮动具有一定的周期性和记忆性，该策略通过 3 个原则来定义一个行业是否启动：一是行业的区间累计超额收益最高；二是行业累计超额收益超过历史年度最大累计超额收益的最小值；三是上涨区间内，超额收益的最大回撤不超过区间最大涨幅的 50%。基于此，该策略找出当前行业涨跌序列中的最佳匹配样本进行投资。

另一家券商——平安证券则从资产配置的角度切入，其智能资产配置系统的最新版本将大数据分析与调查问卷相结合，从客户基本信息、财务收支、资产负债、历史投资、产品偏好等维度进行更全面分析与刻画，推出财富健康指数，全方位为客户进行账务诊断，为系统下一步的定制配置方案奠定基础。在资产配置上，则选择公募基金为主要投资标的，高度分散在各大类资产间投资。平安证券投顾团队优选出 4000 多只公募基金，形成精选产品池。同时，运用量化金融多类模型策略，结合精选池的产品进行组合投资。平安证券方面的数据显示，多样化主题投资组合成立 15 个月收益高达 22%，牛人牛基组合成立 25 个月收益 50%。

同样以公募基金为标的的还有银行系智能投顾，招商银行的"摩羯智投"采用"人+机器"模式重新定义自身理财服务。摩羯智投运用机器学习算法，构建以公募基金为基础、全球资产配置的智能基金组合销售服务。目前，该系统已经对 3400 多只公募基金进行分类优化和指数化编制，每天计算达 107 万次。同时，依托于招商银行管理的中高端个人客户金融资产总规模 5.4 万亿元、理财资管规模 2.3 万亿元、金融资产托管规模 9.4 万亿元，摩羯智投拥有海量的潜在客户资源。这也是传统金融机构进军智能投顾市场的独特优势。

不过，智能投顾在发展的初期依旧有不少被市场诟病的地方。以贝塔牛为例，各个策略之间的累计收益如何取得、如何计算，投资者并不能一目了然，而"I 股票"中的股票池是如何筛选出来的，也并没有明确的解释。这也是机器深度学习的局限之一，它能够做出建议，但是却很难向投资者解释为什么做出这样的投资建议。另外，这四种策略中只有综合轮动是远远跑赢指数的，其他几种策略都是接近指数。这也是为什么国外的智能投顾实际上都是追踪 ETF 指数基金的。而国内这方面的选择很少，所以最终广发证券选择从配置的角度切入来做智能投顾，先推荐组合，一旦客户选择了之后，会定期提醒客户买入和卖出的时机以及配置多少等。

长远来看，中国拥有全球最大的电商平台、第三方理财平台和第三方支付平台，我们拥有其他国家无可比拟的用户基数，但是过去十几年，大众并未养成很好的投资理念，也没有长期的投资理念，特别是对智能理财和互联网理财认知度很低，这是当前智能投顾发展的最大挑战之一。目前，智能投顾仍处在市场培育的阶段，等大家都有了更为成熟的理财观，智能理财的春天也许会真正到来。

直销银行：百度 AI 如何赋能百信银行

胡群

AI+bank 是什么？

可能第一印象会是 aiBank。是的，中国的确有一家英文名为 aiBank（百信）的银行。百信银行由中信银行和百度公司发起设立，是中国第一家直销银行，已于 2017 年 11 月 18 日开业。

据百信银行行长李如东透露，这家银行将聚焦智能和普惠，构建智能账户、智能风控和智能服务等核心能力，主要针对传统银行服务薄弱和未触达的空白领域进行错位发展。通过"线上＋线下""商业＋银行"的差异化发展模式，积极构建泛场景生态圈，将银行服务深度融入各类生活场景和产业生态，实现生态共融、协作共赢。

百度的 AI 将如何赋能百信银行？原百度集团总裁兼首席运营官陆奇表示，人工智能（AI）在智慧金融时代将成为基础设施和核心驱动力，百度将把 AI 技术输出给百信银行，将其打造成最懂用户、最懂金融产品的智慧金融服务平台。

监管机构同样对百信银行寄予厚望。

中国人民银行副行长范一飞表示，百信银行的成立顺应了金融科技发展的浪潮，是传统银行主动拥抱互联网技术的典范和商业银行战略转型的有益尝试，是践行数字普惠金融的积极探索，更是银行业响应国家战略的重大创新试验，具有重要意义。"希望百信银行以科技为金融赋能，打造一批差异化、场景化、智能化的创新金融产品和服务，为践行普惠金融、支持实体经济发展做出更大的贡献，走出一条有别于传统银行的创新发展之路。"

中国银行保险监督管理委员会副主席曹宇表示，百信银行作为我国首家独立法人形式的直销银行，是商业银行适应市场需求和互联网发展趋势的有益尝试。"希望百信银行切实做好试点工作，强化普惠金融服务，坚持合规审慎经营，走专业化、特色化经营道路。"

从 2015 年 11 月 17 日中信银行董事会审议通过《关于设立直销银行公司的议案》，到 2017 年 1 月 5 日中信银行收到银监会获准筹建百信银行的批复，再到 2017 年 8 月 21 日百信银行获准开业，百度 aiBank 的尝试已走完整整两年。

然而，这只是百度 aiBank 的开端，而非全部。近年来，新一轮科技革命在全球范围内蓬勃兴起，大数据、人工智能、云计算等信息技术与传统金融业务快速融合，推动金融业态发生深刻变化，也给商业银行转型升级带来了新机遇。而百度携 AI 优势，已与多家银行开展多类型的业务合作。

"2017 年 11 月 16 日上午 10 点 10 分，第一笔'AB 贷'贷款已发布。"2017 年 11 月 16 日举行的 2017 百度世界智能金融分论坛上，中国农业银行方面宣布，百度和中国农业银行合作的首只现金贷产品已正式上线，这是 2017 年 6 月 20 日，百度与中国农业银行签署的战略合作协议的成果之一。

"经过百度金融和浦发银行协调、交流，决定双方共同组建百度浦银消费金融 ABS 基金。"百度副总裁张旭阳表示，百度希望成为一个桥梁，连接资金和资产，服务于场景方和普罗大众。

百度金融目前已与以中国农业银行、中信银行、百信银行、招联金融、宜人贷等为代表的传统银行、直销银行、消费金融展开多类型合作。

当百度 All in AI，百度金融在百度业务中地位如何？

"百度金融是百度 AI 版图第一个实现变现的商业场景。只有在金融领域中应用智能科技，才能真正地实现普惠金融。"百度高级副总裁朱光称。

张旭阳表示，目前，百度业务分为几个象限：一是现金流业务，即传统的巩固优势的业务；二是移动互联网短板的业务，如手机百度、包括爱奇艺的内容生态；三是要尽快成长的业务，包括无人车、DuerOS、ABS、智能云。

"排在第一位的是百度金融"张旭阳称，金融业务是数据的处理、分析，这是百度的长项，也是人工智能可能最早商业化或者最早产品化场景应用的一个领域。

作为中国银行业人民币理财的开创者，张旭阳当初加入百度时，希望运用百度的科技力量推动资管行业的发展。然而，有些业务受限于牌照等因素，发展较慢，如智能投顾，而有些业务的发展却超乎当初的预料。

"ABS 业务，实际上是比我们设想的要快一些"张旭阳称。百度当时也没有考虑到区块链业务，但现在百度金融已加入 Linux 基金会旗下 Hyperledger（超级账本）开源项目，并成为该项目核心董事会成员。

目前，百度金融已整合体系内外资源，搭建 ABS 业务平台化生态，针对资产方和资金方的痛点提供全方位的服务解决方案——百度金融 ABS 云平台。张旭阳认为，ABS 云平台有"六种赋能"，分别是金融云、资产管理催收复联、反欺诈、支付、资产证券化融资、区块链。特别是区块链会与人工智能一样，是下一步金融机构或者整个金融发展的底层技术，区块链会推动互联网从无界无序向有界有序转型。

嬗变与挑战
FinTech 2017—2018 年度报告

账户为王，财富管理进入 2.0 时代

胡群

金融业务始于账户，但在泛金融时代，很多非银行账户的机构迅速抢占市场，不仅为用户提供存、贷、汇等银行基础业务，更将触手伸向了财富管理领域。

"得账户者得天下。我们已经进入了基于金融科技的财富管理 2.0 时代，这个时代的特点就是以账户为核心、以科技能力为基础。"2017 年 10 月 31 日，京东金融财富管理事业部总经理周宇航表示，京东金融并不是一家金融公司，而是一家科技公司。京东金融不会自己做金融产品，而是把金融科技的能力输出到银行、证券、保险、基金、信托等金融机构，形成若干项的应用。这也是金融科技时代下，作为金融科技公司的一种基本定位。

近年来，银行曾尝试多类型在线上获客的方式，如开发网上银行，但网上银行只是解决客户从线下移到线上的转移，要获得新的客户，难度比较大；成立互联网平台，但平台往往采取传统的地推方式，依靠线下的网点人员去进行业务推动，仍很难收到获得新客的效果；有的银行把产品放到互联网的平台上，但在平台上，客户由平台推荐，渠道由平台掌控，尤其购买金融产品的账户往往是通过平台的三方支付账户来实现，银行还是未能实现有效获客。

未来的金融生态会如何变化？是否会形成分工，有的机构负责场景，有的机构负责账户，有的机构负责金融产品？还是从场景、客户到产品整个链条由一类

机构负责？

新生代的理财需求

"为什么要在互联网上做财富管理？答案和众多互联网产品的出现是一样的：有需求的地方就有机会。随着互联网的发展，大家越来越发现用户的需求是多样的，而其中一项就是理财的需求。网络上聚集着大量的年轻人，那么这些年轻人需不需要财富管理？需要什么样的财富管理？"周宇航发现，对于入门级的用户而言，最有效的财富管理方式就是强制储蓄。

泛金融化的时代，科技给金融带来更大的变化是生态的变化，新闯入金融领域的科技机构正在构建新的生态。麦肯锡的调查问卷显示，在亚洲发达市场，58%～75%的客户在线购买银行产品，更多客户愿意尝试数字化程度更高的产品。相比过去，新生代消费者更加看重方便、快捷、多渠道等数字化体验，这是客户选择银行的重要考量标准。

"年轻人刚踏入社会，将钱存下来是其财富管理的第一步。而这些用户恰恰又是很多传统的财富管理机构所忽视的，因为他们是'低净值人群'。但我们相信，现在一个月只有几百上千元存款的年轻人未来一定可以成长起来。"周宇航称。

事实上，这一块是巨量的蓝海市场，此前余额宝一举引爆这一人群的财富管理观念。之后一些平台开始做P2P、小额理财和万能险，包括当时一些平台在做非标资产的拆分等。周宇航称之为财富管理的1.0时代。

"这个时代有一个特点，互联网金融从业人员一直在试图寻找更加合适的向大众群体提供财富管理服务的方式但是发现这些方式始终会呈一种正弦曲线的分布，被捧热了一段时间之后，就会被政策或社会舆论打下来；再热一段时间、再被打下来，始终处于一种不断归零的状态，也不断遭到市场上的一些质疑。"周宇航表示。

周宇航发现，财富管理的1.0时代面临着两个难点：一是很多业务有风险敞口，这些风险敞口可以用企业自己的准备金机制解决，但有些小平台解决不了，只能选择跑路；二是很多平台没有牌照，难以被监管覆盖，因此做了很多违法的事情。随着监管的细化与实施，监管层已明确表示，金融业务必须持牌经营，因此逃离监管的路走不通。

"大多数金融创新是积累式的，也就是说后来出现的创新都是在以往微小创新的基础上逐步积累形成的。"2013年诺贝尔经济学奖获得者罗伯特·希勒(Robert J. Shiller)认为，"一系列令人叹为观止的激进的金融创新给人类历史增添了不少色彩，这是一系列从根基上给我们的生活带来重大改善的创新。"

互联网的财富管理，正是在这样的环境中，开始进行自我变革。周宇航称之为基于金融科技的财富管理2.0时代。这个阶段的创新并不是颠覆性的，更多的是以用户、账户为基础，以科技能力、特别是以人工智能为代表的若干科技能力作为驱动的一种财富管理的实现方式。

技术驱动下的 2.0 理财时代

针对财富管理1.0时代面临的两个难点——风险敞口业务与无牌照平台，京东金融如何对症下药，进而升级为财富管理2.0呢？

在周宇航看来，财富管理1.0时代是弱账户的，是把理财产品当货物一样售卖，本质上是产品驱动。而在周宇航看来，2.0时代则要开始寻求在技术驱动，在账户层面上，对用户进行精准定位与洞察。所有基于财富的金融科技能力一定是以数据为基础的，这个数据最重要的不是说积累的年头多，而是需要多维数据。

依托科技能力，京东金融将用户运营、风控等能力开放给金融机构，降低成本、提高效率，与金融机构一起构建新的金融服务业态。

周宇航举例说，针对一个实名账户，京东金融的做法是对该用户进行多维度、广泛的分析，通过风险建模、量化运营、用户洞察、企业征信、智能投顾等，最终将这个用户形成智能财富管理模型。

周宇航表示，本质上这是一种以账户为核心的能力。京东金融并不是一家金融公司，而是一家科技公司。京东不会自己做金融产品，而是把金融科技的能力输出到银行、证券、保险、基金、信托等金融机构形成若干项的应用，这也是金融科技时代，金融科技公司的一种基本定位。

周宇航介绍，这些输出的基础能力包括智能投顾、智能投行、智能销售、智能投资等，京东金融希望以科技能力为金融机构提供服务，帮助金融机构降成本，增加利润，实现平台、金融机构、用户三方共赢。

假以佐证的是京东金融推出的"小金卡"。该业务通过银行卡在POS机和第三方支付上做相应的链接，其资金由基金公司管理，托管在银行。周宇航解释，这其实是非常小的一个技术应用，包括京东金融在和信托合作做一些消费信托、家族信托等，和保险公司做基于保险账户的深度用户洞察，和证券做第三方账户的打通。

"我认为，上述归纳起来就是若干年前曾经在互联网流行的一句话——得账户者得天下。"周宇航说。

嬗变与挑战
FinTech 2017—2018 年度报告

金融科技如何助力券商 在"战场"赢得先机

程久龙

在当前券商的市场化竞争中，金融科技业务的角逐成为一个不可规避的领域，也是一个如火如荼的战场。

早在 2012 年前后，各大券商纷纷发布基于手机客户端的股票交易 App 软件——这也是券商涉足移动互联网科技的最早雏形。随着 2015 年一波牛市行情的到来，以及网上开户政策的放开，这为传统券商基于移动互联网平台的快速发展提供了契机。

在此背景下，各大券商纷纷在金融科技领域投入重金，跑马圈地希望在新的战场赢得先机。

"尽管金融科技已经成为当前券商竞争的热点，但是行业内还没有形成寡头垄断。"天风证券金融科技部总经理季卫华认为，在金融科技领域的比拼，各家券商"基本还在同一条起跑线上"。

基于这样的行业预判，天风证券——这家行业整体排名已经跃居中游的公司，在过去的几年中先后发布了针对投资者的天风高财生 App、针对天风员工展业的天风经纪家等多款金融科技类产品，并迅速获得市场认可。

比照各家券商发布的金融科技产品或服务，季卫华透露："我们产品的各项指标在业内处于前列。"但天风证券在金融科技领域的雄心并不止于此。季卫华这样描述天风证券在金融科技领域的未来规划：事实上，金融产品分发的平台化战略绝非易事，除了来自券商行业内的竞争外，还将面临来自既有大平台互联网巨头们的严峻挑战。天风证券如何突出重围，成为摆在季卫华面前的首要难题。

"梦想还是要有的，万一实现了呢！"每每谈及于此，季卫华的眼神中都流露出一种淡定和自信。

天风的金融科技契机

公开资料显示，天风证券成立于 2000 年，总部设于湖北省武汉市，是一家拥有全牌照的全国性综合类证券公司。截至 2017 年 12 月 31 日，公司注册资本达 46.62 亿元，总资产 514.98 亿元。在全国重点区域和城市设有 15 家分公司及近百家证券营业部，拥有多家全资及控股一级子公司，包括 1 家境外子公司，员工人数超过 3000 人，综合规模已跃居中等券商行列。

"年轻充满朝气，有着良好的企业文化是天风证券的优势所在。"季卫华透露，从一开始天风证券就把金融科技的发展放在公司战略的突出位置。

以往证券业多数侧重于"通道为王"，核心是把渠道铺到客户家门口，对金融科技的重视程度普遍不高，主要通过内部信息系统改造来体现科技含量。但在 2012 年前后，证券公司纷纷设立互联网金融部或网络金融部，核心是客户导流、做大增量。具体做法主要是与第三方合作，在对方平台发布广告，链接至公司网站与交易终端。

爆发式增长发生在 2015 年，季卫华回忆有两个重要的背景：一是牛市行情导致交易活跃度陡增；二是网上开户政策的放开。

随后行业经历了 2016 年的移动 App 打造、2017 年的智能化浪潮阶段，进入 2018 年的券商行业正迎来金融科技时代。

2016 年，季卫华加入天风证券，开始着手组建金融科技部，为天风证券的综合金融服务提供全面的信息化支持。

"初始阶段最重要的功能是客户的引流，但是随着流量成本越来越高，这种模式难以为继。"季卫华表示，当前金融科技发展比拼的重点是风险控制能力、成本控制能力和产品控制能力。

基于这样的发展逻辑，季卫华带领的金融科技部门在天风证券的角色定位并非是某个单一的业务，而是为零售这条业务线下的综合金融服务整体赋能。"我听到最欣慰的反馈是，某个业务部门负责人告诉我，某位客户使用了我们天风高财生 App 之后体验得到提升，从而主要在天风系统进行交易。"季卫华认为，这就是金融科技的核心竞争力。因此，证券行业要进一步用好技术手段，以效率提升和客户体验带动增量。

站在客户利益思考

事实上，在天风证券的金融科技部门，经常有一些看似很炫的科技创新却被季卫华无情地毙掉。

"经常会有团队做出一个很新、看似很炫的技术。但是我会反问一个问题，这个技术能够解决客户哪些需求？这些需求是真实存在的吗？"季卫华认为，金融科技产品的研发一定要站在客户的利益思考，这也成为天风证券金融科技部的一个业务拓展原则。

以证券交易为例，传统统计数据的流程，每周要从数据库内导出数据，然后过滤掉重复的数据，制作成图表后打印成文档。流程动辄十天半月，不仅增加了企业运营成本，还错过了很多市场机会。

基于此，天风证券金融科技部建立的数据平台，每分钟都能看到公司经纪业务收入、新增客户数等核心指标的变化情况。"公司总部组织的系列营销活动，不再需要等每家营业部汇报，活动效果好不好，都会实时反映到后台数据上。"季卫华说。

另一个例子则体现在公司旗下证券交易系统的应用上，如天风证券自主开发的证券交易系统天风高财生。"通过天风高财生这样的 App，我们可以对用户使用数据做到实时更新。"季卫华解释。

譬如，如果发现客户天风高财生 App "首页"栏目用得较少、用"自选"栏目较多，金融科技部就会以该产品为主，进行内部讨论，分析原因，寻找优化方式。但讨论分析并不会仅以客户当下选择为唯一导向，还会综合考虑功能是否符合未来发展方向，是否符合客户使用逻辑等问题。具有战略意义的板块依旧会保留，积极引导客户习惯，确实不符合要求的功能则会被放弃。

因此，或许有的交易客户喜欢新股申购，有的交易客户喜欢中长期价值投资，基于后台系统分析，天风证券就能针对不同客户能提供差异化服务。

"证券交易有很多信息、热点、趋势，投资交易客户每天去浏览信息会花掉很多精力。当我们把这些内容挑选并加工后，客户就节省了进行海量信息阅读、筛选的时间成本。"季卫华说。

这种模式不仅有利于客户，也促进了内部良性竞争。季卫华在总结这种模式的优势时评价："如今基于数据分析的内部评价机制更加公平、透明，产品经理都有种做出的东西一定要有人用的强烈愿望。"

用户的私人订制

随着金融科技的发展，基于客户的个性化订制需求越来越强烈。在此背景下，如何基于大数据分析，提供有针对性的差异化需求，成为各大券商在金融科技领域又一个比拼的重点。

在季卫华看来，证券大数据平台作为券商正在进行的金融科技建设阶段的基础平台系统，能帮助券商构建数据基础服务平台，实现数据管理、数据治理、指标开发、数据应用、业务应用，重构业务层数据管理，实现产品数据、账户数据、业务数据、服务数据的有效融合，为数据驱动业务的各个智能应用夯实数据支持基础。

"大数据平台的建设，能够在创新产品、优化运营、技术提升、整合资源上帮助券商充分挖掘客户数据资产价值，全面推行以客户为中心的业务运营服务模式。"季卫华透露，在天风证券内部，这被称为客户画像。

据介绍，客户画像系统在大数据平台基础上，全面整合证券客户基础数据、交易资产数据、第三方关联数据，利用大数据的高性能分布式计算能力、专业的业务建模平台，深入挖掘数据潜在的商业价值。客户画像从多维度提取证券客户的特征标识，为每位客户打上精准的多维度标签，完美抽象客户业务全貌，勾勒出该客户的证券金融投资专业画像。

以天风高财生 App 为例，基于客户画像系统的一个最直观的体验是：不同类型客户手中的手机客户端呈现的 App 界面都是不一样的。

季卫华介绍，客户画像系统的建立，可帮助投顾、客户经理全面了解客户投资偏好、交易风格、风险承受能力、盈亏能力等，指导服务人员给不同风格及投资能力的客户提供千人千面的智能化服务及产品指导。

而对于券商的整体运营，客户画像系统的意义也非同一般。据天风证券提供的资料显示，该系统的建立可将券商整体服务体系的单客服务能力和效率迅速提升数十倍，最大限度地发挥各线下营业部的客户价值转化能力，从客户潜在价值机会转化、个性化精准营销，在客户投资周期全程进行智能引导服务，实现基于标签体系的智能业务指引与任务分发。

"在基于客户个人的千人千面系统以外，我们还将研发基于个股的千人千面。"季卫华表示，未来天风证券将通过金融科技尽力做到满足不同客户的个性化需求。

金融科技助力风控

除了给传统券商业务赋能外，风控合规也将是金融科技发展的另一个着力点。金融科技如何助力行业风控能力的提升，也是天风证券关注的焦点。

2018 年 5 月 18 日，一份为"促进行业金融科技和合规科技发展的指导意见（草案）"即将由证监会发布，此草案公布了中国证券业协会召开的互联网证券相关会议上强调的 4 点监管内容：

第 4 章
案例：借贷与财富管理

①证券公司的金融科技业务不能盲目对标互联网公司，不能仅仅以赚快钱、找流量、盲目追求客户体验等为导向，而是要兼顾投资者教育和保护，在维护证券市场秩序的前提下开展相关业务。

②在证券公司，互联网和金融科技往往只和经纪业务关联，这一点太狭窄，理论上，金融科技应该是证券公司提高内部治理能力和风险控制能力的技术依托。

③警惕"软件即服务"的第三方机构合作思路，要严格区分业务边界，在交易环节、客户信息安全保护环节等和第三方有明确界限。

④在和第三方合作中，由于技术条件、商业利益等因素容易造成信息泄露引起安全隐患。

"如何利用金融科技加强券商的风控合规管理，也是金融科技业务的另一个重点。"据季卫华透露，风控与合规管理将贯穿天风证券各种金融科技流程设计的始终，是天风证券未来工作的重中之重。

据悉，在业务风险管理方面，天风证券将尝试以模块化、标准化的系统对业务进行前端筛选。按照监管机构的法律法规、意见要求设定筛选门槛，系统自动对业务文件、流程等进行初步审核，不达标则不予通过，这样将大大提高风控体系的运作效率，也可避免大量重复工作可能导致的疏漏。

同时，天风证券通过自研系统，掌握关键核心信息，有效避免因与第三方合作可能出现的信息泄露等安全隐患，也是积极配合证监会意见要求的重要举措。

"这些仅是我们的基础性工作。"季卫华解释，不同的投资者，其风险承受能力各异，未来天风证券要在合规的基础上，构建有针对性、差别化的风控体系，这同样要依赖天风证券的客户大数据，由此形成客户画像系统，根据不同的客户个体，设置不同的风险控制流程标准。

第 5 章

趋势：
守望与回归

第 5 章
趋势：守望与回归

模糊边界之下，监管与创新的平衡

欧阳晓红

一边是数字普惠金融日趋改变中国金融体系，一边是政策环境趋紧，但凡金融业务均要纳入监管，持牌经营。二者的均衡已经成为当下的重中之重。其潜台词是 FinTech 的未来发展尤其需要强调创新与稳定的关系。

从边界的打破，到创新之"虞"、监管之"齿"再到监管与创新的平衡之术——穿透式监管；金融科技的监管与创新已步入提质减量，优化市场结构的 2.0 时代。

2.0 时代的金融监管风向将更加趋紧，2018 年放在首位的仍是主动防范化解系统性金融风险，而非创新和发展。正如党的十九大报告中对于金融的发展定位是"稳"字，焦点在于服务实体经济、提高直接融资比重，守住不发生系统性金融风险的底线。

2017 年被金融业称为史上最严监管年，监管令密集发布，大额罚单频出。据不完全统计，截至 2017 年 12 月，金融监管部门共出台重要监管文件超过 20 个，行政处罚超 2700 件，罚没金额超 80 亿元。

2017 年 12 月 1 日，央行与银监会联合发布《关于规范整顿"现金贷"业务的通知》，清理整顿现金贷行业乱象，划定从业机构应遵循的红线。

监管从严整治现金贷风险，严控银行等金融机构通过保证金、配资、联合放贷、助贷等模式，变相参与到"现金贷"资金来源和业务合作，整治行业乱象等。

上述一切均旨在防范潜在金融风险。如此大背景下，创新之"虞"与监管之"齿"的利弊权衡并非易事。

模糊边界

现在，不只是金融监管边界的"穿破"，技术进步、科技创新带来的结果可能是金融与非金融的边界亦开始变得有些模糊。

诚然，长期以来，为维护金融业安全稳健运行，保护存款人和投资者合法权益，针对金融业内生脆弱性和负外部性强的特点，全球各国普遍按照金融与实业相对分离的基本原则，将金融业作为特许经营行业，实施严格的牌照管理。从事金融业务需要事先获得金融监管机构的批准并接受其持续监管，不允许无照、无证或超范围经营。

然而，以金融科技为支撑的新金融正在突破金融监管机构的边界。近年多项（类）金融创新领域在兴起之时并未受到严格监管，如P2P、股权众筹、ICO等。

2017年7月召开的第五次全国金融工作会议明确要求进一步强化金融监管，将所有金融业务纳入监管。

央行在2017年10月16日凌晨发布消息，在国际货币基金组织和世界银行年会上，时任我国央行行长周小川在谈到金融稳定时表示，金融稳定发展委员会未来将重点关注四方面问题，其中包括影子银行和互联网金融，另两个领域为资产管理行业和金融控股公司。

周小川表示，目前许多科技公司开始提供金融产品，有些公司取得了牌照，但有些没有任何牌照的公司却仍然提供信贷和支付服务、出售保险产品，这可能会带来竞争问题和金融稳定风险。

中国银行保险监督管理委员会业务创新监管协作部主任李文红认为，目前，与金融科技相关的金融牌照主要有五类：吸收存款类、发放贷款类、支付类、资本筹集类和投资咨询类。迄今为止，金融科技在金融产品设计和业务模式上的应用，尚未改变支付清算、债务融资、股权融资等金融业务的基本属性，也未改变金融体系的基本结构。

2017年9月22日，时任央行副行长易纲公开表示"凡是做金融业务的机构都要持牌经营，都要纳入监管。"2017年10月28日，央行金融市场司司长纪志宏再次强调，所有金融业务都要纳入监管，任何金融活动都要获取准入。

果不其然，监管层在一个月之内，祭出三份重磅文件：如2017年11月21日的《关于立即暂停批设网络小额贷款公司的通知》、2017年12月1日的《关于规范整顿"现金贷"业务的通知》、2017年12月8日的《网络小贷整治方案》，都旨在根治互金病兆，清肃借金融科技之名违规经营的乱象。

事实上，监管层对金融科技的再思考及新定位，或将成为京东金融等金融科技公司新的发展机遇。"我们不是在颠覆传统金融。"陈生强表示，京东金融一边是主打金融科技的概念，一猛子扎下去要走技术路线，未来做持牌金融机构的服务商。

"综合近年互联网金融监管政策及第五次全国金融工作会议来看，未来中国金融发展主要依靠银行、证券等正规金融机构，而如何提升这类金融机构的效率，则为金融科技机构提供了更多发展空间。"中金所研究院首席经济学家赵庆明称。

创新之"虞"与监管之"齿"

不过，在科技公司创新的路上，亟须做好各方平衡术，规范创新，规避创新之"虞"与监管之"齿"的失衡。

按照央行支付结算司司长谢众的话说，近年来，随着信息技术在支付领域的广泛应用，特别是随着金融科技的兴起，零售支付领域的创新层出不穷。非银行支付机构（简称支付机构）出现后，将互联网、移动通信及各种新兴技术与支付业务更紧密地关联在一起，提高了支付结算效率，降低了交易成本，改变了金融服务方式乃至社会公众的生活方式。这也对支付市场的资源配置、服务主体和产品服务等产生了深刻影响，在加快支付服务市场化发展进程的同时，加剧了支付服务市场的竞争，进而对支付产业链的生产关系和监管理念产生影响。

但谢众指出，支付机构对于客户备付金的使用已出现某种异化，偏离了监管部门批准其开办业务的初衷，要引导其回归支付本源。央行出台的备付金集中存管制度，既是出于保护支付机构客户资金安全的需要，也是基于金融监管的基本原则，将支付机构基于客户备付金开展的各类创新纳入更加审慎的监管范畴。

非银行支付不容忽视的服务风险，有资金风险、合规风险、技术风险、经营风险、无证经营支付业务风险5种。

依据2017年金融工作会议上明确提出的，做好金融工作应把握好回归本源、优化结构、强化监管、市场导向4个重要原则。对于非银行支付监管工作，特别是在国际国内经济发展新常态的大环境、金融科技高速发展的大背景下，央行将从以下3个方面完善非银行支付业务监管：一是回归支付本源，服从服务经济社会发展；二是强化监管，守住系统性风险底线；三是提质减量，优化市场结构。

截至2017年5月31日，全国已摸排确认的无证经营支付业务机构共243家。目前，处于核查取证阶段的无证机构有28家，已进入清理整顿阶段的有215家，其中137家已完成整改，27家正在整改中，51家已被出具行政认定意见并移交工商、公安等相关部门，8家已由公安机关立案查处。

诚如Rebecca Lynn联合创始人兼合伙人所言："为了处理欺诈和合规问题，大型机构每年支出金额达到数百万美元。随着欺诈问题越来越严峻，这些机构要降低风险就需要采取一套新的模式。"（*Canvas Ventures CB Insights Future of FinTech 2017*）

那么，监管该如何平衡创新与风险？北京大学国家发展研究院教授、副院长黄益平认为有六大要点：

第一，借鉴监管"沙盒计划"和"创新加速器"的做法，在控制风险的前提下支持创新。同时也可以尝试用数字技术监管数字金融的方法；第二，对数字金融与传统金融的监管应该统一标准，否则容易出现监管洼地，引发监管套利；第三，要切实加强投资者教育和消费者保护；第四，数字金融具有很强的混业经营特点，因此，在目前一行两会监管的大框架下，监管部门之间应该大力加强政策协调；第五，实行穿透式监管，资金流向要透明，防止挪用。第六，监管能力需要大力加强，一方面需要紧跟市场加强学习，另一方面需要增加监管部门的编制和经费。

"对中国的金融业来说，新兴行业、传统部门都在快速发展，产品变得越发复杂。如果监管部门的力量跟不上，以后可能会爆发更多风险。所以，我们在允许创新的同时，需要进一步加强监管力量。"黄益平说。

在蚂蚁金服首席战略官陈龙看来，推动金融创新，一定要平衡好风险与对社会的收益。他解释，这其中一个很有意思的机制是沙盒机制，就是在可控环境里面尝试金融创新。

2016年6月，英国正式启动沙盒监管政策；英国金融行为监管局还发布了《监管沙盒实践经验报告》，其中总结道，2015年共有50家企业参与沙盒监管项目，整体达到预期效果。

具体表现在：①大大减少了创意从孵化到产出时间与成本；②让产品能在面向市场前得到充分的测试和改良；③允许监管机构与创新企业共同为新产品建立适当的消费者保护措施。

金融稳定理事会（FSB）报告认为，一般来说，国家权威机构的监管目的主要包括保护消费者和投资者，维护金融市场信心，增强金融普惠，促进创新和竞争。而维护金融稳定性在现阶段很少被列为金融科技监管的目标。金融科技业务创新拓宽了个人和小企业的融资渠道，带来许多机会。新的应用程序增添了支付和结算的业务方式，增强了合规性和风险管理能力。与此同时，在金融稳定方面，金融科技可能会引发一些实际问题，即监管机构在金融服务不断创新发展的同时，应将其纳入监管范围进而建立强劲其可持续的金融监管体系。

李文红建议，按照全国金融工作会议关于强化金融监管、将所有金融业务纳入监管的要求，进一步梳理我国现存的金融科技及互联网金融业务，明确哪些业务需要持牌经营及其所适用的监管规则。对此，要求各金融监管部门按照穿透原则，无论某项业务采用何种名称和形式，都能够透过现象看本质，深入研究其业务模式、产品结构和流程,分析其业务实质、法律关系和风险特征,明确其是否需要纳入监管以及所需申领的牌照类型和适用的监管规则,从而确保对同类金融业务实行统一的监管标准,维护公平竞争,防止监管套利,避免劣币驱逐良币。

总之,于监管而言,当下创新与监管的平衡利器或是穿透式监管;于市场来说,业态环境释放的信号是监管趋紧。不过,这并不意味着创新会止步,而是要求市场主体更加依法合规经营。科技驱动的力量不可阻挡。如腾讯副总裁江阳所言,以前做普惠金融的痛点有两个:一是触达性不够,二是服务成本过高,而以移动互联、大数据、人工智能等技术为核心的现代科技恰恰能够较好地解决这两个痛点。

也因此,监管与创新的平衡重在规则与策略。但就当下市场环境而言,似乎防范系统金融风险的发生甚于技术创新的推进。

央行官员：金融科技的本质与未来

肖宏

"金融科技归根到底本质是金融，其核心是运用信息技术为金融提质增效。"2017年12月3日，在第六届凤凰网财经峰会上，中国人民银行科技司司长李伟在题为《金融科技与未来》的主旨演讲中表示。

李伟认为发展金融科技有4个目的：第一，金融科技是金融业转型升级的必经之路；第二，金融科技是服务实体经济的有力之策；第三，金融科技是促进普惠金融发展的务实之选；第四，金融科技是防范金融风险的必备之器。

他还从金融科技人才结构、互联网渠道服务能力、数据资源应用、创新管理机制4个方面说明了传统金融机构和新兴的互联网金融机构这两类金融机构之间发展不平衡、不充分的问题。

因此，在李伟看来，传统金融机构需要从新技术应用、产品创新、优化服务、风险防范四个方面苦练内功，更好地拥抱金融科技，把握金融科技的未来。

四个目的

具体来看，李伟认为，发展金融科技的目的是为了更好地推动金融业转型升级，服务实体经济，促进普惠金融和防范金融风险。

嬗变与挑战
FinTech 2017—2018 年度报告

①金融科技是金融业转型升级的必经之路。近几年，传统金融业顺应金融科技发展的浪潮，积极探索、勇于实践，使互联网银行、直销银行等创新模式逐渐从理念变成了现实，为金融业转型升级做出了有益的尝试。借助大数据、移动互联网等技术，金融科技能够简化供需双方的交易环节，降低资金融通的边际成本，开辟触达客户的全新途径，扩展金融服务的受众群体，不断增强核心竞争力，为金融业转型升级持续赋能。因此，传统金融机构普遍认识到，金融科技是转型升级的必经之路。

②金融科技是服务实体经济的有力之策。为实体经济服务是金融的天职，是金融的宗旨，也是防范金融风险的根本举措。发展金融科技，能够快速捕捉互联网时代的市场需求变化，通过对宏观经济数据、产业发展动态、市场供需状况等信息进行关联分析，适时监测资金流、信息流和物流，有效增加和完善金融产品供给，合理引导资金从高污染、高耗能等产能过剩行业，流向高科技、高附加值的新兴产业，对推动供给侧结构改革，服务实体经济作用明显。

③金融科技是促进普惠金融发展的务实之选。金融科技不断缩小数字鸿沟，解决普惠金融发展面临的成本较高、收益不足、效率和安全难以兼顾等问题，提升金融服务的可得性和满意度，推动金融向"小而美"发展。以服务小微企业为例，近年来，部分金融机构运用金融科技的手段，根据小微企业日常经营等点滴行为数据，探索滴灌式精准扶持，在一定程度上缓解了小微企业融资难、融资贵等问题。

④金融科技是防范金融风险的必备之器。防范化解金融风险是金融工作的基础任务，也是金融工作的永恒主题。由于信息技术与金融业务深度融合，金融产品特性趋于模糊，风险更加隐蔽，传统的风控措施难以辨别、发现和定位风险，难以应对开放互联环境下的风险传导和放大效应，急需提升风险技防能力。金融机构可以运用大数据、人工智能等技术，实现风险特征的精准刻画，异常交易自动拦截，增强金融风险的预警、预判和应急处置能力。金融监管部门也可以运用数字化监管协议等监管科技手段，时时采集风险信息，透过表象看本质，提升金融监管的专业性、统一性和穿透性。

第 5 章
趋势：守望与回归

四种不平衡

在李伟来看，近年来，金融科技成绩斐然，但传统金融机构与新兴的互联网金融机构之间发展不平衡、不充分的问题也比较明显，具体表现在几个以下方面：

首先，金融科技人才结构方面。一是科技人才总量较少，占比较低。据统计，大型互联网金融机构科技人才的占比普遍超过50%，有的甚至更高，而传统金融行业科技人员占比平均不足4%，特别是科技的领军人才、尖子人才严重不足。二是科技人才的素质有待提升。金融科技背景下的新技术与金融业务的深度融合快速迭代升级，对人才的专业能力、学习能力提出了更高的要求，传统金融业科技人才技术能力单一、知识结构老化，互联网金融机构人才金融业务素养、风险控制意识相对薄弱，这都是难以跟上金融科技发展形势的问题。三是科技人才流动频繁。传统金融业将科技部门定位于后台和支撑服务，薪酬水平、激励机制不如互联网企业，其经验丰富的业务骨干往往成为被招揽的对象，而互联网金融机构精通新型技术和应用的高端技术人才也开始备受青睐，成为一些颇具实力的传统金融机构的招揽对象，这种科技人才流动的趋势正在加剧。

其次，互联网渠道服务能力方面。传统金融机构线上的服务能力整体滞后，一是重批发、轻零售的现象突出，重视为20%的高净值客户提供服务，忽视长尾客户的规模效应，缺乏渠道转型升级的内生动力。二是采用传统技术架构和研发模式，对快速变化的市场需求反应滞后，难以适应互联网渠道产品快速投放和高流量的交易需求。三是对个性化、多样化的金融服务需求供给不足，业务种类单一，精准营销和普惠金融服务能力较弱，用户体验不佳。互联网金融机构因受互联网开放极简思维的影响，其在服务创新模式等方面往往更多关注用户体验而忽视安全，风险防控能力良莠不齐，资金泄露事件时有发生。

再次，数据资源应用方面。一是数据资源不平衡，部分机构立足先发优势，快速抢占流量入口，大量汇聚客户行为交易信息，形成数据寡头，造成数据垄断强者愈强、弱者愈弱的马太效应进一步加剧。二是数据运用不充分，大多数传统金融机构只是数据的囤积者，海量数据躺在那里没有发挥更大的价值，业务场景的数据挖掘能力欠佳，数据洞察力还有很大的提升空间。三是数据保护不到位。部分互联网金融机构虽然数据应用比较充分，但数据安全保护意识相对薄弱，将收集的客户信息作为自己的资产和筹码，随意共享数据资源，导致信息被滥用。

最后，在创新管理机制方面。为维护金融稳定，防范金融风险，多数国家均采取较为严格的金融管理模式，特别是对一些金融创新业务设立了监管墙，其实也就是提出监管的要求。而面对这些监管墙，传统金融机构往往在创新过程中因为怕碰壁、撞墙而知难而退，虽然规避了监管风险，但创新能力受到束缚，创新活力得不到释放，从而贻误商机，丢失市场。而部分互联网金融机构在创新过程中无视或者轻视监管墙，枉顾风险，破墙而出，翻檐而过，一些创新活动没有经过实践经验就炒作概念，拔苗助长，急于推广应用，其结果是有些伪创新业务野蛮生长，虽然可以快速抢占市场，但是暴露了较大的风险，付出了成长的代价，也面临着规范治理。有些伪创新的出发点涉嫌非法金融活动，严重扰乱金融市场，损害消费者的权益，最终被取缔。

未来策略

传统金融机构如何在新技术应用、产品创新、优化服务、风险防范等方面苦练内功，更好地地拥抱金融科技，把握金融科技的未来？李伟从四个方面进行阐述。

第一，着力提升新技术的应用能力。金融科技是技术驱动的金融创新，我们要把充分运用现代科技成果摆在金融创新的突出位置。

①强化对新兴技术的前瞻研究和可行性验证，深入掌握技术内核与潜在的风险，切实提升对新技术应用的洞察力和敏感度。②充分挖掘大数据、人工智能等关键技术的应用潜力，不断解决发展瓶颈、增强竞争力、发掘新场景，找准金融与信息技术融合创新的切入点。③及时调整不适应金融科技发展的组织架构，拆掉部门墙，打破内部业务条线的壁垒，加大科技创新的投入，形成主动创新、高

效孵化的发展格局。

第二，持续提升金融产品的创新能力。

①在挖掘需求方面，要加强需求引领的重要作用，合理利用大数据，对客户进行画像，分析客户行为爱好，勾画客户价值曲线，深入洞察客户的金融需求。②在研发模式方面，要注重快捷轻便的产品设计理念，运用敏捷开发、高效运维等产品设计研发方法，主动适应互联网环境下市场需求的快速变化，提高金融产品创新的技术支撑水平。③在产品推广方面，加强对客户行为方式、消费习惯的持续跟踪，借助互联网等渠道，有针对性地进行产品推送，精准营销，改善用户体验，切实提升金融产品的易用性。

第三，全面提升金融服务民生的能力。金融机构要在三个"度"上下功夫：

①拓展金融服务渠道宽度，顺应互联网时代的发展潮流，合理布局线上渠道，推进网点轻型化、智能化转型，提升线上、线下一体化的跨渠道服务水平。②延伸金融服务半径，充分发挥移动智能终端技术优势，将金融服务网络延伸至实体网络覆盖不到的区域，突破金融服务最后一公里的制约，提升金融服务的可得性和便捷性。③提升金融服务精准度。积极运用大数据、人工智能等技术，深度挖掘符合群体特征的金融服务需求，建立有针对性的专门经营机制，降低金融服务门槛，提升金融服务精细化运作。

第四，要切实提升金融科技风险防范能力。金融的本质在于经营风险，发展金融科技要始终紧绷防范风险这根弦，牢固树立以安全为根基的发展理念。

①加强信息技术合理选型，深度研判技术的适用性和安全性，审慎选择相对成熟可靠、适应业务发展的信息技术，不盲目追求新技术，避免选型错位带来的风险。②加快建立创新、试错、容错机制，开辟金融科技创新应用实验推延的缓冲期，充分评估潜在风险，开展可控范围内的试点验证，在保障金融消费者权益的前提下放开手脚，大胆尝试。③强化金融科技应用风险管理，明确金融科技应用的运行监控和风险处置策略，准确掌握和有效处理应用过程中出现的问题，切实防范金融科技自身风险和应用风险传导。

"党的十九大和第五次全国金融工作会议对金融改革、稳定与发展进行了全面部署,提出了明确的工作任务,为鼓励与规范金融科技指明了方向、提供了遵循依据。站在新的历史起点上,我们要紧紧围绕服务实体经济、防控金融风险、深化金融改革三项任务,不断破解发展难题、创新发展方法、厚植发展优势,以新气象新作为推进新时代金融与科技融合发展,更好地实现人民对美好生活的向往。"李伟说。

智能投顾
纳入资产管理业务符合预期

何飞

2017年11月17日,"一行三会一局"联合发布《关于规范金融机构资产管理业务的指导意见(征求意见稿)》(以下简称《指导意见》),引起市场广泛关注。在此,笔者主要针对《指导意见》中第二十二条对于智能投顾的规范谈谈自身体会。

智能投顾监管分析

第一,将智能投顾纳入《指导意见》是否超出预期?笔者认为,对智能投顾的监管指导在预料之中。作为金融科技发展背景下的产物,国内多样化的智能投顾市场已经形成。当前,包括银行、证券、基金、互联网金融平台等在内的机构都已进军智能投顾领域。然而,过去几年里的互联网金融乱象表明,在监管缺失情况下,金融创新总会产生负面影响。在此意义上,及早对智能投顾市场进行监管指导,既体现了新时代金融监管的前瞻性,也将第五次全国金融工作会议提出的"早识别、早预警、早发现、早处置"的监管思路应用于实际。除此以外,对智能投顾的监管指导也符合所有金融业务都要纳入监管的原则。

第二，为什么要将智能投顾纳入资产管理业务范畴？这是依据 2017 年以来监管层普遍采取的穿透性原则做出的。事实上，尽管智能投顾涉及客户画像、资产配置、投资组合选择、交易执行、组合再平衡等诸多环节，并且会涉及大数据、生物科技等新兴技术，但其本质还是提供投资顾问服务，投顾效果则依赖机器的资产管理能力。由此可见，虽然在智能投顾过程中，提供顾问服务的不是人而是机器，但从业务本身及其产生的效果来看，其依然属于资产管理业务范畴。进一步，由于智能投顾中的资产选择、自动调仓等核心算法，依旧是靠人工设计及编码完成，即智能投顾最终体现的还是人的智慧，故将其纳入资产管理业务进行监管指导顺理成章。

第三，在《指导意见》中，关于智能投顾的哪些监管要点值得关注？笔者认为可以概括为以下几点：

①《指导意见》初步给出了金融机构智能投顾的定义，指金融机构运用人工智能技术、采用机器人投资顾问开展资产管理业务。该定义虽较为宽泛，但有利于将市场上不同类型的智能投顾模式及产品都纳入监管，符合统一监管原则。

②《指导意见》对智能投顾的从业资质做了规定，即金融机构必须经金融监督管理部门许可，在取得相应的投资顾问资质后，才能提供智能投顾服务。与此同时，金融机构必须充分披露信息，报备智能投顾模型的主要参数及资产配置的主要逻辑。除此以外，金融机构必须依法合规开展人工智能业务，不得借助智能投顾夸大宣传资产管理产品或者误导投资者。

③《指导意见》规定了金融机构提供智能投顾服务的勤勉尽责要领。具体而言，金融机构在提供智能投顾服务时，既要遵循《指导意见》有关投资者适当性、投资范围、信息披露、风险隔离等一般性规定，又要根据智能投顾的业务特点，建立合理的投资策略和算法模型，充分提示智能投顾算法的固有缺陷和使用风险。与此同时，金融机构在利用智能投顾开展资产管理业务时，必须为投资者单设智能投顾账户，并在此基础上对交易流程、交易头寸、风险限额、交易种类、价格权限等做好留痕管理。

④《指导意见》对金融机构智能投顾风险做了提示并给出了防范思路及风险

处置措施。具体风险包括算法同质化导致投资行为顺周期性加剧的风险，违法违规或管理不当造成投资者损失的风险，开发机构使用恶意代码损害投资者利益的风险，算法模型缺陷或系统异常导致羊群效应、影响金融市场稳定运行的风险。

在风险防范上，《指导意见》要求金融机构应提前制定预案。同时，金融机构在委托外部机构开发智能投顾算法时，应要求后者根据不同产品的投资策略研发相应的智能投顾算法。开发机构应诚实尽责、合理研发算法，保证客户和投资者的数据安全，避免出现使用恶意代码损害投资者利益的行为。

在风险处置上，金融机构应采取人工干预措施，及时调整或强制终止正在产生危害的智能投顾业务。同时，《指导意见》要求金融机构及开发机构均要视具体情况承担相应的损失赔偿责任。

监管对行业的影响

《指导意见》关于智能投顾的监管规定，将如何影响行业发展？笔者认为，主要表现为以下两方面。

一方面，《指导意见》主要对金融机构开展智能投顾业务做出纲领性规定，其核心要点在于"三个坚持"，即坚持资质经营、坚持勤勉尽责、坚持风险防范。显然，这有利于金融机构合规拓展智能投顾市场。

可以预计，一旦审批智能投顾资质的监管部门得到明确，此前在市场上已经推出智能投顾产品的金融机构，具有最先获得智能投顾资质的优势。因此，在智能投顾业务上，率先吃螃蟹的金融机构很可能保持先发优势，继续扩大市场占有。当然，由于智能投顾的核心竞争力仍在于资产管理能力，故不排除虽还未开展智能投顾却拥有丰富经验的金融机构后来居上。

另一方面，《指导意见》认为资产管理业务作为金融业务，属于特许经营行业，必须纳入金融监管。对于当前市场中普遍存在的非金融机构，如互联网平台、电商平台、科技公司、互联网金融平台等开展智能投顾的现象，《指导意见》提出将按照《国务院办公厅关于印发互联网金融风险专项整治工作实施方案的通知》

等进行规范清理，该《通知》明确了通过互联网开展资产管理业务的要求，规定互联网企业在未取得相关金融业务资质以前，不得依托互联网开展相应业务。

因此，非金融机构开展智能投顾的前提是必须获得资产管理业务资质。显然，这将对很多不具有相关资质的非金融机构形成制约。《指导意见》进一步指出，对于构成非法集资、非法吸收公众存款、非法发行证券的非金融机构，将依法追究法律责任。对于违法违规开展包括智能投顾在内的资产管理业务并承诺或进行刚性兑付的将予以重罚。

总之，将智能投顾纳入资产管理业务，并按照《指导意见》进行统一监管符合预期，这不仅有利于具备智能投顾从业资质的金融机构完善产品，而且有利于合格投资者更好、更快地获得资产管理服务。同时，《指导意见》对智能投顾的前瞻性监管预示着监管科技的应用进程加快，监管创新与金融创新协同并进。

（注：作者系交通银行金融研究中心高级研究员，本文仅代表个人观点，不代表所在单位意见。）

第 5 章
趋势：守望与回归

科技 + 智能驱动，平台模式下一站

欧阳晓红

新趋势下的数据平台，如何用科技为金融赋能？京东金融 2.0 模式愈发突出金融科技与场景输出。1.0 模式下，京东金融已布局自营金融，场景、技术与数据成为核心竞争力。2.0 模式下，京东金融更加突出竞争力的外部价值输出，突出开展以数据为基础、技术为手段，为金融行业及金融机构服务。目前京东金融的技术输出提速明显，2017 年与包括工行在内的多家金融机构达成合作，技术输出内容集中于大数据、人工智能、云计算等。

按发展逻辑，金融与科技融合分为金融 IT、互联网金融与金融科技三个阶段。金融服务已实现从电子化到移动互联的转型，如今在科技的驱动下，朝着人工智能转变，如智能投顾、智能客服、身份识别、大数据风控等，技术从概念走向成熟，并开始商业化，未来将深刻改变金融行业的格局。

从银行开始加大布局智能网点、证券公司布局智能投顾等可以看出，人工智能技术将给金融行业更大的刺激和反思，也倒逼金融企业以更开放的态度实现与科技公司的全面合作。在新金融时代的背景下，科技影响金融服务的驱动力会愈发凸显。

京东金融就是一个鲜活的例子。

"不像很多新创的互联网金融公司只专注在某一个领域，我们是几个领域齐头并进。2015 年，我们认为这种模式持续下去创造的价值不大，反而定位于科技，我们感觉价值更大。"回忆起并不久远的往事，京东金融副总裁、金融科技事业部总经理谢锦生有感而发。

从京东金融发展的角度来讲，过去 3 年，公司在新的金融领域方面积累了很多能力，在谢锦生看来，这些能力是很多传统金融机构多年都想转变的方向，但基本上做得不好。

谢锦生举例说，像直销银行，它是一个基于移动互联网生态的新模式，不仅涉及金融，还涉及跨界合作，几乎涉及互联网的各个领域。过去几年，传统金融机构一直想往此方向走，但并不太成功。京东金融不同，基于数据与技术的能力、大数据的风控或获客的手段，包括京东的业务目标及对客户的理解都有别于传统金融机构。

2016 年 9 月，京东正式成立了金融科技事业部。过去几年，京东八个业务板块基本上在京东金融平台面向自己的客群去发展分类业务，相当于做自营业务。面向金融机构的服务，实际上是通过金融科技事业部进行对外输出，但在此过程中，有非常多的工作要做。比如，"在自己的平台上，当公司的数据成熟完善之后，如何去对外服务？考虑到传统金融机构多年形成的一套经营模式，二者怎么兼容？另外，监管问题如何解决？怎么做到合规？"谢锦生说。

万变不离其宗。似乎"技术与数据"是京东金融探索金融科技的两个驱动力。

但谢锦生直言，有别于常态，京东金融对金融科技的理解，着力点在业务，而非技术，因为，服务金融机构并不意味着仅仅卖套系统，这是传统 IT 厂商的做法。

"技术与数据是我们的两个驱动力，但光有驱动力还不够，必须把整个新业务模式和金融生态搭建起来。"谢锦生表示。

而京东金融对外提供输出和服务之时，会分几个层次。因为其面向的合作伙伴规模大小、能力、诉求等各异，差别较大。于是，京东金融便逐一提供解决方案，从客户、场景到业务再到底层技术，分层与之匹配。

"可能某些机构希望跟京东的场景结合，但有些金融机构又希望建立一个完整的业务形态，比如大数据驱动的一些在线模式，或是基于智能投顾的一些产品管理模式等。"谢锦生说，"这些业务生态我们都会合作。"

一言以概之，谢锦生表示，公司会搭建一个开放平台，通过开放平台的能力去建立一个完整的银行合作产品形态出来。

事实上，从 2016 年开始，京东就尝试把电商能力提供给银行，目前已有 7 家银行在使用京东整体的电商服务。

谢锦生强调，合作不是导流，包括联名信用卡，都是双方共同运营的。合作不仅是流量价值，更是风控的价值。对整个用户的信用授信、评估，包括用户服务效率的提升。比如传统的信用卡从受理到审核，风控的环节流程也很长，投入的人力成本也很高，现在，一张卡的正常审批过程不会超过一个星期。

不妨再看看京东金融大数据驱动的营销云平台，如何实现运营成本的大幅下降，以及怎样对外提供营销解决方案。

数字驱动的营销云平台其实也是京东金融大数据和 AI 应用的又一代表性领域。京东金融副总裁曹鹏介绍，整个营销平台的设计主要包含两部分：一是 CAC(客户获取成本)，即如何用更低的成本获得更多的客户；二是 LTV(用户生命周期)，即用户生命周期内获得更多的价值。这两点可以直接决定公司的运营情况，如果 LTV 比 CAC 的结果 ≥ 3，那么这个公司就是比较良性的公司，京东金融各个业务都维持在 4.6% ~ 5% 之间。

"之所以可以保持这样的水平，我们的做法其实很简单"，曹鹏说，京东金融拥有 3.6 亿个人用户，30 多个数据源，每天的数据变量达到 200TB。基于此，京东金融搭建了 30000 多个用户标签，这些标签涵盖用户的互联网行为和消费行为，用这些数据能准确描述用户的偏好以及他们对于广告运营活动的接受程度等一系列内容。

基于以上数据与匹配策略、机器学习的应用，再向外部广告平台进行投放，这里的投放渠道包括线上广告 DSP 渠道以及线下的场景实验室。该场景实验室可以解决用户在线上的数据和线下终端场景打通的问题，一个用户到店以后，京东金融还可以通过人脸识别、wifi 探针等一系列技术整合，判断这个用户的身份，最终制定非常精准的营销方案。

据介绍,在 2017 年 5 月的营销云平台上线测试中,整体点击率基于原来的运营情况提升了 25%,外部投放的成本则下降了大概 20%。曹鹏说,对于行业以及合作伙伴,京东金融不仅提供风控和营销两大领域的解决方案,还包括技术、账户、资管、金融相关的解决方案。在与中国工商银行、招商银行等传统银行合作的过程中,京东金融的大数据、风控、营销等能力得到了普遍认可。

未来,"京东金融的朋友圈也将因为科技能力的不断提升而变得越来越大。"曹鹏说。

诚然,不只是京东金融对外赋能,百度金融也是如此。

毕马威报告称,百度是中国互联网 BAT 三巨头之一,从外界普遍对三者的差异上看,百度是技术能力较为突出的一家科技企业。技术在百度体系内能够得到最优的集团资源扶植,因此当下火热的金融科技领域亦会受益。在 2015 年 12 月 14 日,百度金融服务事业群组(FSG)成立之初,百度金融就致力于成为一家真正意义的金融科技公司,利用人工智能等技术优势,升级传统金融,践行普惠金融。

通过开放百度金融云,对外输出包括人工智能、安全防护、智能获客、大数据风控、IT 系统、支付 6 大能力,将百度的人才、技术、数据积累,全方位赋能合作伙伴,打造百度金融开放生态。

在百度金融云正式开放之前,围绕人工智能、大数据等核心技术,百度金融与金融行业的合作探索一直在进行中。资料显示,百度金融已与包括支付、信贷、理财资管、风控等多个领域的许多金融同业达成合作,共享百度金融科技发展成果。以百度大数据风控实验室为例,目前已与浦发银行、买单侠等多领域合作伙伴达成合作,在 3C 分期、车分期、房分期以及现金贷、黑名单及反欺诈规则等方面,利用百度的数据及技术定制模型,帮助合作伙伴进行信用评分、辅助决策等。

网易金融也不例外。网易金融是一家运用大数据、机器学习、云计算、认知智能等前沿技术,致力于风控、资产管理两大核心金融领域创新的金融科技公司。

是网易集团拓展其金融疆域的核心平台。毕马威报告称，目前，网易市值 400 亿美元左右，旗下互联网金融业务将成为进一步拓展集团公司盈利的渠道来源，也是完善多元生态，对数据、用户和渠道进行交叉、高效利用的一个重要通道。在网易公司年度营收从百亿元迈向千亿元的时代，金融科技和互联网金融业务也将发挥更大的推动作用。

而网易北斗是"新赋能"模式的智能风控开放平台，是网易金融布局金融科技的关键一环。毕马威报告称，北斗系统的优势在于四大用"新"和七项"赋能"，四大用新分别是新模式、新技术、新数据和新合力，尤其最为核心的优势和撒手锏是网易独有的数据，网易金融的大数据风控处理能力和独特的商业模式定位，可以帮助中小企业实现融资难、融资贵和融资慢的行业性突破。同时，网易这款大数据风控产品可以实现七大赋能，包括开放共赢、大数据、尖端模型、智能服务、魔镜营销、全流程风控和智力赋能。目前，网易北斗也开始和国内一线大行、城商行、农商行展开合作，通过对外输出风控建模和技术能力赋能金融机构。

人工智能投顾商业模式及监管

张家林

2015年，我们在青岛第一次讨论了人工智能投顾，当时智能投顾还处于初级探索阶段。2017年，我们已经进行了大量的实践，可以明显感觉到氛围不一样了，我们已经可以预测智能投顾的将来。

3个关键点

不论机器还是人工，作为投资顾问，都需要考虑3个关键问题。

一是投资策略的数量。一定要了解将来要服务多少客户，这决定了我们有没有能力设计足够多的投资策略。

二是投资策略的质量，即为客户提供服务的品质。能够为客户提供满意收益率或者满足其风险偏好的投资，决定了投资策略的质量。

三是适当性，即能否将对应的投资策略和客户精准地进行匹配。

投资顾问工具发展简史

在回答以上3个问题之后，从这3个问题的答案中可以厘清投资顾问发展的演变历史,即在线投顾、机器人投顾及人工智能投顾。在线投顾、机器人投顾之所以在策略的生产数量和质量方面有瑕疵,原因是即使引入了机器人投顾,也都有人工的参与,这必然会限制策略的数量。2015 年,由在线投顾演变出来的人工智能投顾,实际上是改变了投资策略的全新生产方式。对于这种投资顾问服务来说,人力减少了,机器智能提高了。其实,未来的证券市场投资人分布很可能是这样的:大量普通投资人都使用工具来匹配风险和收益,智能投顾就是一个工具,它不能替代人来赚取最初的本金,但是可以帮助我们理财投资。

智能投顾不可能像 AlphaGo 一样打败专业投资人,也没有必要这样做。未来,智能投顾在发展中,只要能让自己的能力、边界、收益、风险匹配客户的需求即可。

而智能投顾能够极大地拓展机器人投顾和在线投顾所面临的局限——服务客户的数量。智能投顾的策略生产能力是海量的,将来某些公司如果用人工智能的系统做投资,那么策略数量有可能达到上亿,这是在线投顾无法实现的,在线投顾最多的策略数量是 105,极大地限制了服务客户的数量。但机器人投顾和在线投顾的系统结构基于量化模型,所以其体量、品质及自我学习速度和人工智能相差甚远,超过人工智能投顾水平的可能性很小。

智能投顾的 SIAI+ 云计算体系结构

关于智能投顾,业内有多种不同的定义。美国对证券投资人工智能系统(SIAI)的任务环境是这样定义的:它是一个工作任务环境为证券投资管理的人工智能系统,从 KYC(了解你的客户)开始,它可以完成适当性分析、大类资产配置、投资组合构建、交易执行、风险管理、投资组合调整和投后分析共七项工作,最后达到 SYC(让客户满意)。即这是一个输入 KYC、输出 SYC 功能的系统。

这个系统建立在人工智能的基础结构上,人工智能本身具有一套工程化的系统,一直以来,这个模型都是由经典的教科书来定义的。目前,主要的人工智能系统在工程化的实践中采用类似的结构,可以自主地感知外部环境和数据、做出决策,并使效益最大化。这个系统在每家公司都有不同的实践经验,而我们将采用图 5-1 中的架构来构建证券投资人工智能。

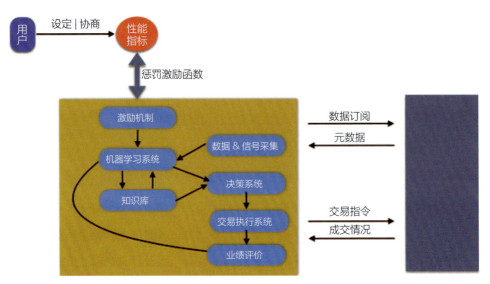

SIAI：证券投资人工智能　　　　　　环境：金融市场

图 5-1　SIAI 结构

实践过程中，SIAI 和量化的程序式交易有显著的差异，主要体现在以下 3 个方面：

①云计算架构。人工智能的计算数据量非常大，比如 AlphaGo 需要用 2 万台服务器，Master 大概要动用 4 万台。据说打德州扑克的机器人也使用了几万台普通服务器的节点。人工智能必须使用云计算，不可能再使用传统的 IPVP 服务器，服务器的基础级别已经达到了上千台服务器的计算量。

②产生策略，并通过学习形成加密算法，输送到证券公司的交易平台、银行的后台等，并生成交易指令。

③形成客户端。目前标准的智能投顾结构区别于量化交易。

这样的体系结构会带来商业模式和监管问题。过去两年，我们一直在讨论理论和技术。接下来，如果人工智能想要真正落地，为很多用户提供服务，需要解决的核心问题是商业模式和监管。

第 5 章
趋势：守望与回归

量化交易与 SIAI 的主要区别

目前大量的智能投顾从本质上来说还是量化交易。那么量化交易和人工智能的核心差异在哪？

简单地说，量化模型是对历史事物的重复，本身并不能增加新的认知，例如，一个设计好的装配固定车型的机器人，它只会装配奥迪 A4 车型，不会装配 BMW 的车型。而我们在设计人工智能时，不是让其简单地重复历史事件，而是赋予其一些规则，让它在简单的规则基础上，自己学习各种各样的模型，即增加自我认知能力。

人工智能既可以装配奥迪 A4，也可以装宝马 X5，这就是人工智能和量化交易的主要区别。这个区别会导致很多问题，图 5-2 和图 5-3 是在使用 SIAI 中经常碰到的问题。

在 2015 年，SIAI 的学习能力较弱，投资比较滞后，与量化交易的胜率没什么差别。但是经过了一年，我们发现它调整了策略，而且大量时间里都没有生产策略（如图 5-3 红线部分）。

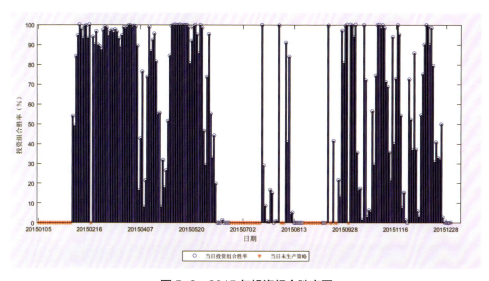

图 5-2　2015 年投资组合胜率图

图 5-3　2016 年投资组合胜率图

在过去的 2016 年，除了购买服务器增加效率，SIAI 没有做太多的事情，它全靠自身的学习能力。通过观察实证数据发现，得到机器学习的结果和策略的质量（如图 5-4 蓝线部分），发现它可以独立学习。目前，我们可以从技术和实证来证明，将来的机器有潜力超出大部分投资人的水平——当然目前的实例验证还不够，需要继续进行大规模的验证。

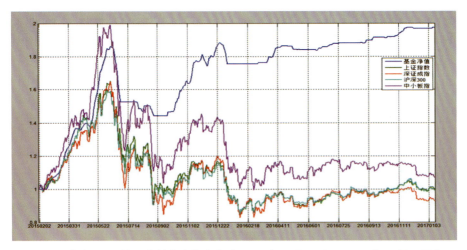

图 5-4　标杆 ISM 族历史基金净值变化（2015 年 2 月 2 日—2017 年 1 月 3 日）

第 5 章
趋势：守望与回归

FinTech 公司与金融机构的合作及其监管

现在，不少金融机构都有自己的研发团队，FinTech 公司如何与金融机构合作呢？国外的成功经验为我们提供了参考，即让 FinTech 公司提供技术、系统或服务，持牌金融机构再利用这些技术、系统或服务，为用户提供持牌范围内的金融产品或服务。但是，这种交易模式在投资顾问行业会出现一些问题，其中主要的问题就是受托责任。不管机器还是人工，我们一定要明确投资顾问的受托责任，而受托责任则需要贯彻穿透原则，即持牌金融机构通过程序、算法向客户提供一个投资策略，如果出现问题，监管部门需要按照穿透原则来认定责任，科技公司不能因为只提供算法就不承担责任。这涉及智能投顾的实施方案，其中包括如下几个边界。

第一，FinTech 公司的责任和义务是什么？最基本的责任是不能让服务器断电，除此以外，对于智能投顾要求的信息披露、监管理念的保证、算法和数据的零披露，金融科技公司和金融持牌机构合作时需要对上述问题进行明确。

第二，投资顾问的责任边界。传统的投资管理办法，包括 2017 年 7 月 1 日开始实行的《证券期货投资者适当性管理办法》)约定了很多的边界，对投资顾问的责任边界，比如投资顾问应该提供何种信息披露都有明确的政策指引。

智能投顾的监管框架

以前，我们用人工方式来生产投资策略，对其监管可以做现场检查，包括现场谈话、沟通。以后策略的生产和研究都是通过机器进行，即使去了现场，也不能打开机器看 CPU。现在，监管采取了新技术——监管科技。

监管科技的责任边界在哪？在云计算里，无论是程序化系统还是人工智能系统，策略生产、提供服务的系统都必须满足监管要求，这也是目前美国和中国等国家在研究的问题，即区别于传统的方式，利用监管技术来进行监管。具体来说，在人工智能投顾方面，监管科技的核心理念是明确云计算里的程序。

第一，输入情况；第二，输出情况；第三，按照监管的两大理念（微观审慎和宏观审慎）来制定监管标准。由于输出形成的投资策略会对市场产生影响，我们需要利用此监管标准来动态地监控行为。在讨论过程中，我们形成了一些简单的成果，但是还没有实际的应用，因为监管部门希望科技公司能够提出一些具体的要求，而不是一个黑箱，一定要赋予相对透明的数据。

现在，智能投顾不仅仅需要帮助客户赚钱，还要满足监管要求。过去几年的时间里，我们都用来修改系统以求达到监管要求。然而，直到现在有关部门也没有出台具体的监管规则和指引。我们也在思考，监管部门到底关心哪些指标？基于上面的判断，我们形成了智能投顾的核心评价指标体系（见图5-5），包括以下几点：第一，宏观审慎指标，避免系统性风险爆发；第二，微观行为指标，包括市场、内部交易行为——如果系统拥有20万用户，能否通过设计程序达到操纵市场的目的。而监管方需要通过设计指标或是参数来约束输出，从而了解微观行为。反向来看，为了消除系统性风险和交易风险，我们需要对指标进行参数设定，在将每个投资策略给客户时，考察协同行为，从而避免大规模的协同交易。当然，观察对象还应该包括微观上的相似度、交易的核实等。一旦利用了这种细化的指标，智能投顾的透明度得以提高，便于市场推广，见图5-5。

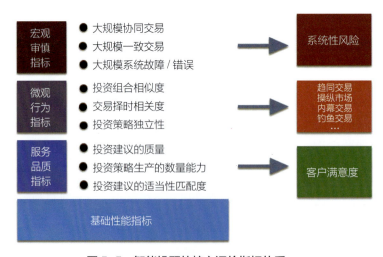

图5-5 智能投顾的核心评价指标体系

智能投资领域值得大力发展，也得到了监管部门的支持。过去的监管理念是保护重要投资者，为此出台了很多政策。但实际上，从技术层面来说，保护重要投资者的工具并不多，落实也不到位。从 A 股市场的实践来看，在三四年的周期中就能收割掉很多散户的资金。而智能投顾却提供了基础解决方案，利用投资工具，能够消除不良或者不适当的行为，因此，监管方支持其发展。

智能投顾在美国也大受欢迎，因为它可以显著地降低客户进入市场的门槛——不仅仅是费用、资金问题，而且解决了获取投资者更多支持的问题。如果投资者教育做得不够深入，那么资本市场的门槛就很高，而智能投顾却可以给散户更广泛、更可承受的进入资本市场的途径。

从总体上来看，将来智能投顾监管框架的核心有两方面：第一，明确智能投顾是受托责任并进行披露；第二，保护投资者，关键是保证数据安全。因此，在建立投顾架构时就应明确，以前的云计算数据可以分享，而将来这些数据不允许在金融行业内分享，不可以用一个"云"服务多个金融机构。金融机构应该使用自己的专有"云"，从而保护数据的安全。

证券投资分类账户体系是智能投顾的未来

在监管科技方面，能否在证券投资体系内建立分类账户体系备受关注，类似于银行的Ⅰ类、Ⅱ类、Ⅲ类账户。现在，交易所的账户体系无法区分人工下单、程序化交易下单和智能投顾下单，也无法进行相应的监管。因此，将来可以考虑对证券账户进行分类，如果证券账户使用智能投顾，那么就向交易所报告使用了机器算法服务，这样监管部门就可以根据账户统一监管行为和数据，同时在监管框架下，如果知道使用系统服务的用户数量，就可以避免量化交易、程序化交易过程中出现的风险。

智能投顾本身也可向监管部门提出要求，比如能否在智能系统里嵌入内嵌报告。如果智能投顾可以在收盘后自动向监管部门发送报告，那么监管部门就可以看到更多的行为，这是监管科技在智能投顾方面的潜在能力。

而将来智能投顾一定是分类账户体系。监管部门了解整个市场上普通账户和智能投顾账户的用户数量之后,便于数据分析。同时,监管部门也应了解各家公司的用户人数,从而在建立分析和监管算法的基础上,清晰地考察系统性风险或微观行为。这就是为什么我们现在一直强调,证券投资分类账户(见图5-6)应该学习银行的账户分类法,而不是一视同仁。

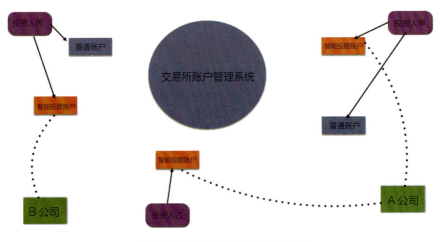

图5-6 证券投资分类账户体系

在监管层面,智能投顾还将面临诸多挑战。随着时间的推移,技术层面上将会取得突破,但监管的要求也会随之提高。在监管科技与之匹配之后,相信智能投顾将会打开广阔的市场。

(注:作者系CF40常务理事,北京资配易投资顾问有限公司董事长、北京艾亿新融资本管理有限公司董事长。)

第 5 章
趋势：守望与回归

区块链应用及交易体系

欧阳晓红

如果简单地将区块链理解为一种加密技术，让人与人之间的信任成本降低，也许更符合实际。现阶段，这种颠覆式创新需要大量投入方能实现广泛应用，摩根士丹利（Morgan Stanley）发布分析报告，认为区块链技术的大规模应用尚需时日，它可能对传统金融机构更为有利。

诚然，近几年大火的比特币是目前基于区块链技术最成功的应用。36Kr-FinTech 行业数据研究报告分析，区块链技术使比特币得到了更深层次的拓展。比特币作为区块链挖掘成功后对矿工的奖励，每 10 分钟发行 25 枚比特币（比特币），并经 4 年减半的速度一直发行至 2140 年，届时全网比特币总量将达到 2100 万。当前，成功挖得区块的矿工将获得 12.5 枚比特币的奖励。正是由于这种激励结构，成千上万的矿工不断帮助比特币用户们来处理交易，以确保区块链始终处于最新状态。

根据开放程度的不同，区块链可分为公开链和广义私有链（包括协作链和私有链）。两者最大的不同之处在于是否自由访问。与公开链相比，协作链实时性更高、运维成本更低，但限制了参与节点。我们认为，需要依靠网络传播效应的环境可利用公开链，如资产证券化、记录存证、跨境支付等，而需要限定节点参与的环境则是协作链很好的应用场景，如物联网、供应链金融、智能合约等。目前，很多金融相关机构——如超级账本（hyperledger）、德勤等正在尝试利用协作链进行协同审计。

基于区块链技术发展起来的数字货币，目前在国内还处于作为货币进行交易的阶段，由此产生了大量交易平台，如火币网、OKCoin等。但研究报告认为，创新型企业作为交易平台的竞争力正在逐渐消失，比特币的真正价值不是在于储蓄升值，其未来可能会逐步从单一的货币形式转型为其他金融服务的基石。而作为比特币的底层技术的区块链，其应用场景将更加宏大，例如物联网、跨境支付等。新技术、新工具的发现除了解决旧问题之外，还会衍生出新的商业模式。

2015年10月，纳斯达克推出了它的区块链产品Nasdaq Linq；而2016年9月，巴克莱银行完成首个基于区块链技术的贸易。

2017年2月，中国人民银行推动的基于区块链的数字票据交易平台测试成功。这意味着，在全球范围内，我国央行成为首个研究数字货币及真实应用的中央银行。此外，百度金融联合佰仟租赁、华能信托等在内的合作方发行国内首单基于区块链技术的ABS项目……这些无不昭示监管、机构与科技企业正大力推进区块链技术研发和实际应用，区块链技术可能重塑金融科技市场格局，推动FinTech成为跨界领域的新竞赛场。

不过，目前金融科技仍以大数据+人工智能的应用为主，而区块链作为一种颠覆式技术，将在未来对金融行业产生巨大的影响。另外，还可通过将各类新技术渗入更加细分的领域来进行一些关键的创新。

区块链的去中心化理念或将颠覆多个领域，包括借贷、征信、支付等；利用机器学习的自适应技术，监测金融诈骗；利用图像识别简化单据录入流，利用生物识别验证，保障支付、借贷安全；根据获取的数据进行分析和信息挖掘，开展定制化理财、保险等业务；使用算法设计量化交易策略，并不断回测优化；通过机器对语义的深入理解，来简化金融行业中各类信息的处理流程等。

2017年10月14日上海举行的"2017金融科技的创新、应用与风险监管国际研讨会"上，上海财经大学上海国际金融中心研究院执行院长赵晓菊表示，区块链是建立在共识机制上的分布式数据存储、点对点传输的数据库系统，是计算机技术的新型应用模式。

赵晓菊解释，所谓共识机制是区块链系统中实现不同节点之间建立信任、获取权益的数学加密算法。区块链的结构是把一段时间内的信息（包括数据或代码）打包成一个区块，盖上时间戳，与上一个区块衔接在一起，每一个区块的页首都包含了上一个区块的索引（哈希值），然后再在当页写入新的信息，从而形成新的区块，首尾相连，最终形成了区块链。区块链的本质是在相互不认识的交易各方之间建立信任机制的数学解决方案，有去中心化、开放性、自治性、信息不可篡改、匿名性等特征。

在赵晓菊看来，应用区块链的初心是希望应用分布式账本、非对称加密和授权技术、共识机制、智能合约这4项技术创新，达到如下使命目标：

①降低中心化管理系统的高成本、低效率；②解决经济运行、金融活动、市场交易、社会活动中的信任问题；③提高支付、担保、权益确认等经济、金融活动的安全性；④通过共识机制减少中心化的监管成本、实现全链所有参与者共同监管。

"区块链在金融领域的应用目前初步有以下几种：一是支付结算；二是供应链融资；三是保险业务。上海保交所有两项业务已经开始使用，还有票据认证、抵押担保等领域都在探索。虚拟代币目前应用程度相对最深，面最广，但也出现了一些问题，这也是监管机构对比特币加强监管的原因。"赵晓菊说。

赵晓菊坦言，目前很多国家都在积极研究区块链技术的应用和风险监管，我国在这方面也应该借鉴国际先进经验，在研究探索有效监控其风险的前提下，让区块链技术在经济转型发展中更好地发挥积极作用，拥有更多的话语权和影响力。

那么，区块链如何在金融交易中应用呢？以平安集团为例，平安金融一账通副总经理、首席技术官兼首席运营官黄宇翔介绍，作为一个全系列的金融公司，平安积极尝试把区块链真正应用到各个领域里，包括存、贷、汇3个业务。在零售业务上，平安做了征信护照，旨在对个人资料进行识别，提高征信服务。对中小企业的征信贷款是一个世界性难题，到底材料是否真实？平安做了一个小产品，通过区块链技术每天从发票和税务抓取数据，给金融机构提供征信报告，根据金融征信报告放款，这是实施比较好的一个区块链应用场景。未来区块链在金融领域的应用非常广泛，目前 50% 的区块链投资跟金融相关，预测投资还将快速增长。

区块链应用前景广阔，资本亦趋之若鹜。

数据公司 CB Insights 发布的一份报告显示，谷歌和高盛是当前全球投资区块链最活跃的两家机构投资者。区块链是加密货币（例如比特币）的底层技术。这种技术可以用于多个行业的开发，从金融到保险，区块链技术可以带来更便宜且更快速的过程。据报告，全球投资区块链技术公司的机构投资者，在 2017 年达到 91 家，仅次于风投公司的 95 家。

第 5 章
趋势：守望与回归

现状与趋势：
区块链技术如何渗透到不同金融场景

巴曙松　乔若羽　郑嘉伟

始于 2017 年的区块链概念持续升温，其现状与趋势如何？严格意义上，堪称 P2P 网络、共识算法、非对称加密等技术新型组合的区块链技术——怎样渗透到不同金融场景？其影响如何？本文结合大量区块链技术的应用实例逐一探析（见图 5-7）。

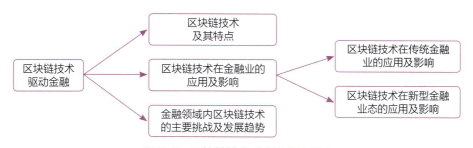

图 5-7　区块链技术对金融业的驱动

一、区块链技术及其特点

区块链正如其名，按照时间顺序将一个个区块以链式结构连接，构成一个分布式的共享账本。每开发出一个新的区块就成为一笔新的记账。在这个账本中，由共识算法决定出记账者，由 P2P 网络保证账本内容共享，由密码学签名和哈希算法保证区块中的交易不可篡改，由时间戳保证区块间的链接不可篡改。可见，从严格意义上来说，区块链技术并不能算是一种全新的技术，而是 P2P 网络、共识算法、非对称加密等技术的新型组合（见图 5-8）。

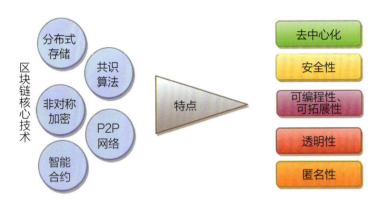

图 5-8　区块链核心技术与特点

那么这样一种新的技术组合为什么广受期待、其独特的魅力到底何在呢？

一是去中心化。在区块链网络中不存在中心化的管理机构，而是一种分布式 P2P 的网络结构，在公有链中只需要一台电脑即可注册成为节点，每个节点都享有争取开发新区块的权利以及验证区块有效性、维持区块链数据更新的义务。

二是安全性。区块链应用了极难破解的哈希函数和非对称加密机制保证了区块链交易的安全性，此外，若要改动任何交易信息，就要改动记录该信息的全部区块，攻击者将会付出惨痛的成本代价。最后，即使区块链被攻击，因为每个节点都记录了整个区块链账本的信息，只要有一个节点保存了区块链的完整信息，即可恢复。

第 5 章
趋势：守望与回归

三是可编程性、可拓展性。区块链可通过脚本编程为链上交易设置条件，只有满足条件才能实现特定功能。由此，区块链作用可得到较大的拓展，便于满足复杂业务的要求。此外，众所周知，区块链分为公有链（如比特币区块链）、联盟链和私有链，每种链都可以应用到特定的场景中。如今通过侧链技术，用户们可以在比特币区块链与其他区块链之间进行比特币的转移，侧链扩展了区块链技术的应用范围与创新维度。

四是透明性。比如在公有链上，所有数据都是公开的，每个节点都拥有全网数据的备份。

五是匿名性。私钥代表了交易方的身份，也代表其账户里面的资产所有权，交易双方不需要公开身份来获取对方的信任。

二、区块链技术逐步渗透到不同的金融场景

（一）区块链技术在传统金融业的应用及其影响

1. 区块链在银行业的应用现状及影响

区块链技术在支付清算领域——尤其是跨境支付领域的潜在优势格外突出，不少银行已经在跃跃欲试。例如，招商银行在 2016 年 6 月开发了基于区块链的跨境直联清算系统。招商银行总行与 6 个海外机构均部署在这个系统中，任意两个机构之间都可以在区块链上发起清算请求并进行清算。这个系统优化了清算业务，首先由于不需要中转行之间的业务关系，中转银行费用、外汇汇兑等成本得以节省（见图 5-9）。

图 5-9 区块链在支付清算领域的应用

其次，区块链端对端的支付简化了处理流程，加快了清算速度。据悉，招商银行的清算平台去中心化后，报文传递时间由 6 分钟减少至秒级（见图 5-10）。

图 5-10　区块链端对端的支付简化流程

另外，区块链降低了人工操作差错率，分布式账本提高了信息的安全性，处于私有链封闭网络环境中的信息不易篡改，并且为实时审计以及合规检查提供了可能。最后，这个平台具有高扩展性，假如，招商银行在海外开设新的分行或者有新的合作伙伴，其可以便捷地部署和加入至系统中。

除了跨境支付场景，区块链技术还可以应用在资金清算领域中的另外一种场景——联合贷款，例如，微众银行已经开发出清算联合贷款的区块链应用。微众银行基于与合作银行联合放贷的模式运行，80% 的资金来自其他银行，每天涉及不少的利息、本金清算。传统金融交易的方式是各方银行各自记账，在交易完成后对账。一方面要花费大量人工成本；另一方面，数据可能会被人为故意篡改，因此难以保证数据的及时性和真实性。而基于区块链系统的交易和清算，在非对称加密算法确保安全性的同时，双方实时同步共享数据，如果数据变更，各方可以及时获悉，从而可以有效防止人为篡改。

除了贷款的清算领域，区块链技术还可以应用在贷款业务中的抵押物核查与征信环节。当前，贷款人用将房产、车辆等资产抵押贷款时，商业银行要核实抵押品、评估价值并向房管局等单位变更抵押品状态，整个贷款流程需要商业银行、评估机构、小贷公司、房管局等多个单位的协作，环节较多。区块链技术的信息实时共享可以大大缩减这些成本、提高效率。此外，目前来看，当前商业银行对于借款人的信用了解渠道主要是通过对其个人品行的调查以及征信系统查询，但是征信系统仍存在信息采集密度低、更新滞后等问题，且调查过程中会存在借款人不如实和全面披露信息的情况。区块链研究公司 Chainalysis 正在为银行设计异常交易行为监测分析系统，在区块链中寻找不法行为，提高反洗钱、反欺诈能力。利用区块链非对称加密原理，银行可以将客户信息存储在区块链中，利用密钥证明所有者身份，使得识别过程更安全便捷。同时，分布式账本透明共享的特性便于实时监控，为反欺诈、反洗钱提供了技术保障。

在资管托管业务中，传统资产托管业务涉及资产委托方、资产管理方、资产托管方以及投资顾问等多方金融机构，各方都有自己的信息系统，各方之间需要通过电话、邮件等方式核实确认信息。2017 年 1 月 10 日，中国邮储银行与 IBM 合作，采用超级账本架构（Hyperledger Fabric）推出了基于区块链的共享账本、智能合约、隐私保护、共识机制等四大机制的资管托管系统，资产委托方、资产管理方、资产托管方、投资顾问和审计方共享托管业务的信息并共同监督资产使用情况，信用信息交换更及时高效。此外，审计方和监管方可以更为准确、快速地获取信息，提前干预和管控（见图 5-11）。

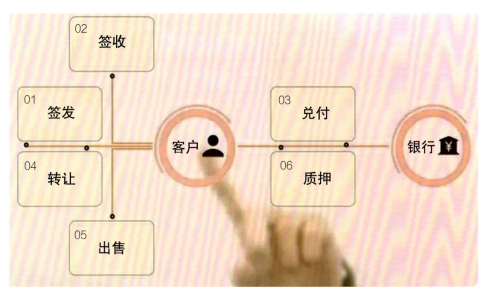

图 5-11　基于区块链的资管托管系统

在票据业务方面，票据真实性难以保证、资金转移不及时、票据掮客降低业务透明度等是目前金融行业在具体业务操作中存在的几大痛点。2018年1月25日，中国工商银行、中国银行、浦发银行和杭州银行在上海票据交易所开发的数字票据交易平台上完成了区块链技术的数字票据签发、承兑、贴现和转贴现业务。与传统纸质票据、电子汇票不同，数字票据将以数字资产的方式进行存储、交易，信息不易被篡改，安全性更强。而且，其分布式结构可以降低系统中心化带来的运营和操作风险，消除中介的介入，不需要特定的实物票据或中心系统进行控制验证，解决了人为舞弊行为导致违规操作的行业痛点。

此外，通过时间戳能够完整反映票据从产生到消亡的过程，所有市场参与者都可以看到资金流向和交易记录，无论大票还是零散的小票，无论是银行票还是中小企业汇票，都能真实反映票据权利转移的全过程，从而可以有效防范传统票据市场"一票多卖""打款背书不同步"等问题（见图5-12）。

图5-12　基于区块链的票据业务解决方案

2. 区块链在保险业的应用现状及影响

从保险公司的角度来看，不少保险公司在积极探索通过采用区块链技术来降低核保成本，从而提升效率。

例如，2017年9月1日，上海保险交易所发布区块链底层技术平台——保交链。上海保交所将保费、佣金、理赔等信息记录在区块链上，实现自动化对账功能，解决了再保险行业目前手动对账成本高、效率低的痛点。另一方面区块链的共享、透明、不可篡改等特点降低了信息不对称，可以更加及时、准确地获得风险信息，从而可以在一定程度上减少骗保风险，有效解决逆选择和倒签单风险，进而降低保险的管理难度和管理成本。在航运保险这个区块链平台，保险客户、保险公司、保险经纪和第三方机构共享区块链所包含的客户资料、风险类别、风险敞口、保险合同等信息。在保交链上，用户可以创建并维护源自多方的资产数据，将客户资产、交易支付等信息与保险合同相关联，及时获取并验证最新的客户通知和损失数据（见图 5-13）。

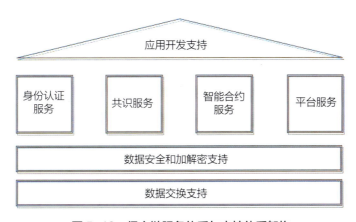

图 5-13　保交链服务体系与支持体系架构

2017 年 9 月 6 日，安永会计师事务所携手 Guardtime 公司宣告创建全球首个航运保险区块链平台。航运保险生态链较为复杂，跨国的参与方众多，导致交易量大、信息传输耗时、对账困难等问题，从而会降低数据的透明度，加大合规与精准风险敞口管理的难度。而交易各方通过该区块链可以实施共享数据，无须再担心对账出错、信息不对称等问题。

从客户的角度看，一是因为保险公司采用区块链技术后的运行成本降低，也会使区块链保险比传统保险更便宜；二是利用智能合约可以实现自动理赔，为客户提供更便捷的服务。例如，法国保险巨头安盛保险（AXA）正在尝试使用以太坊区块链为航空旅客提供自动航班延误赔偿。此外，以太坊智能合约还与全球空中交通数据库相连接来不断监视航班数据,当航班延误超过 2 小时,无须客户主张,赔偿机制将会自动执行,直接将理赔款发送投保人的信用卡账户中。再如,类似万能险的期限错配会导致较大的流动性风险,客户可能无法获取到期收益,而智能合约可以强制执行合约保障客户的权益。三是公众可以验证区块链中保险公司的合法性,并举报可能出现的伪保险公司。

从保险模式的角度看,一方面,区块链技术可以实现合约的自主执行,另一方面,在大数据时代更注重数据的量级和维度,从而可以实现数据的"自验证",这种数据的"自执行 + 自验证"可以衍生出一种不依赖保险中介的、可以"自管理"的新型保险商业模式——互助保险,在这种模式下,保单定价和执行可以通过智能合约的条件设定来自动执行并进行不断的自我重置和动态调整。互助保险是指面临同样风险而产生共同保险需求的人自愿组织起来,共同协商制定风险补偿规则,预交风险补偿分摊资金,从而共担每一个参与者的风险损失。与传统商业保险相比,互助保险的保障范围更广,主要面对的目标客群较小且是同类人群,并且保费支出因为销售费用支出少和资金收益直接返还投保人的原因比商业保险会低很多。

3.区块链在证券业的应用现状及影响

如表 5-1 所示,区块链技术已经在证券行业的很多领域应用,本文主要关注区块链技术在证券发行、证券清算以及资产证券化方面的应用。

表 5-1　关于区块链在证券业应用范围的分析

类别\组织	ESMA	IOSCO	WFE	Euroclear 和 Oliver Wyman	FINRA
股票		√	√	√	√
债券		√	√	√	√
集合债务工具		√	√		√
衍生品		√	√		
出售回购协议		√	√		√
再抵押		√			

（续）

类别 \ 组织	ESMA	IOSCO	WFE	Euroclear 和 Oliver Wyman	FINRA
登记	√	√	√	√	√
保管	√	√	√	√	√
清算	√	√	√	√	√
交收	√	√	√	√	√
股份拆分		√			
股东分红		√	√		
债券付息		√	√		
股东投票		√			
担保品管理	√				
众筹管理			√		
认识客户		√	√	√	√
反洗钱		√	√	√	√
信息披露	√	√	√	√	√

注：打√项为有区块链应用，空白则代表未明确提出区块链的应用。

资料来源：刘瑜恒，周沙骑证券区块链的应用探索、问题挑战与监管对策[J]. 金融监管研究，2017，（4）：89-110.

证券发行方面：一方面区块链技术可以将证券发行、分配、交易等行为电子化，提升发行效率。Symbiont 平台上发行的智能证券以数据形式存储其信息和运转状态，将各种金融工具和相关的合同协议进行建模，使得复杂的金融工具操作流程自动化，提升了发行效率。另一方面将减少信任成本。美国证券交易委员会（SEC）已批准在线零售商 Overstock 通过比特币区块链来发行该公司的证券，包括普通股、优先股、存托凭证、权证、债券。该公司希望借助区块链可溯源、无法篡改的特点防止华尔街的少数金融机构可能出现操纵市场的行为。随着市场和产品的创新发展，证券审批领域的寻租腐败方式也更加多样。涉及证券市场的很多案件都是通过结构化产品、股权代持、期权等较为隐蔽的手段进行利益输送的，而区块链的交易信息透明化可以实时暴露这种曲线敛财的违法行为。除了传统的信息披露外，可以通过区块链把 IPO 业务过程中的信息提供给市场参与者和监管部门，方便监管部门、社会中介机构便捷地对数据进行查询、比较、核验，进一步提升公司 IPO 的透明度。

证券清算与交收方面：区块链技术有可能减少中介环节、简化结算流程。如图 5-14 所示，在传统证券交易中，证券所有人发出的交易指令需要证券经纪人、资产托管人、中央银行和中央登记机构这四大机构依次进行处理，整个流程较为复杂，效率较低。以美国为例，从证券所有人处发出交易指令到登记机构确认这笔交易通常需要"T+3"天。

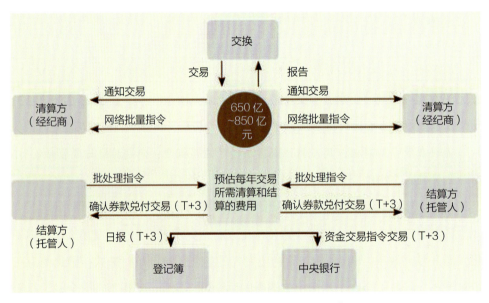

图 5-14　证券结算和清算系统中的"T+3"案例

而从技术上说，如果通过智能合约直接实现买方与卖方的自动配对并且自动实现结算和清算，整个过程仅需 10 分钟，因此可提高清算结算的效率，澳洲证券交易所（ASX）在 2017 年 12 月 7 日发布公告确定将开发基于区块链技术的清算和结算系统（见图 5-15）。

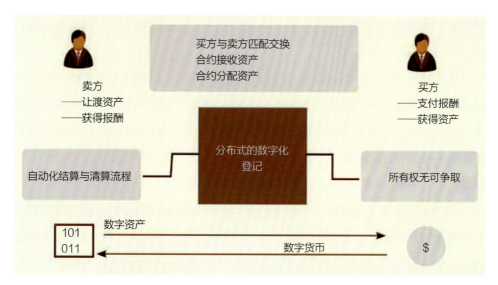

图 5-15　区块链技术在证券结算和清算系统中的应用

资产证券化领域：传统模式下，ABS 业务链条较长，包括基础资产的转让出表、基础资产的打包发行、为 ABS 提供财产担保等，其涉及的资产也较多，包括基础资产、担保资产、ABS 份额等，面临资产现金流管理有待完善、底层资产监管透明性和交易效率亟待提高等问题。

2017 年 5 月 16 日，百度金融联合佰仟租赁、华能信托发行了区块链技术支持的 ABS，基于区块链技术的 ABS 具有以下优势：

第一，有利于改善 ABS 的现金流管理。一方面基于区块链技术的 ABS 具有自动账本同步与审计功能，有助于缓解信息不对称；另一方面，利用智能合约功能可实现款项自动划拨、资产循环购买和自动收益分配等功能，降低人工成本与出错率，从而提升现金流的管理效率。

第二，区块链技术可助推 ABS 底层资产穿透。区块链技术应用于 ABS 领域，可以提升 ABS 底层资产的真实性，从而穿透底层资产。这样更能有效地监督金融机构适度使用金融杠杆，合理地利用 ABS 手段。

（二）区块链对新型金融业态的渗透与影响

1. 对众筹的影响与应用

区块链技术有助于解决众筹领域的"信任"问题。众筹作为互联网金融的一种新形式，在实践中确实也出现了不少风险与问题，比如一些股权众筹由于没有良好的投后管理模式，导致欺诈项目频繁出现，还有一些互助公益类众筹打着慈善的幌子欺骗性地筹钱等，区块链技术可以降低众筹过程中以及后续资金使用过程中的信息不对称问题，降低社会运行成本。

区块链技术也可以提高众筹效率。以股权众筹为例，股权流通是股权众筹业务的重要一环，股权众筹能够激发用户的活跃度，促使更多的登记发行。区块链技术使得众筹平台之间投资人和项目可共享，从而促进股权流通和资源共享，从而提升众筹效率。Bolero 众筹平台推出的一款区块链应用，验证了区块链可以为非上市公司的证券提供更多的流动性（见图 5-16）。

图 5-16 股权众筹平台的结构

2. 对 P2P 网络借贷的影响与应用

在强化监管的市场环境下，P2P 网络借贷行业被发现存在着各种各样的乱象，如非法集资、客户信息泄露、贷款者无力偿还风险等，区块链技术可以帮助解决这些问题。

首先，由于部分网贷平台违规搞资金池，违规放贷以及征信体系不完善会使得 P2P 网贷行业信用风险加大，区块链技术可以提供一个出借人和借贷人直接交易的平台，如 BTCJam 是基于比特币区块链的 P2P 借贷平台。借款人只需要在 BTCJam 上创建一个贷款列表，贷款人可以手动选择借款（比特币）对象，也可以建立智能合约，自动向满足条件的借款人放款。贷款完成后，借款人需要周期性还款。双方的直接交易可以避免"资金池"风险，这样有助于促进 P2P 平台的规范发展。

其次，区块链可以在一定程度上降低借款人的违约风险。BTCJam 会根据用户还款的表现进行信用评分，信用评分会影响每次借贷的金额、优先次序等，一定程度上可以降低借款人的违约风险。

再次，当一笔贷款无法到期偿付本息时，智能合约可以自动强制执行，包括对抵押物的处置，从而有利于保障出借方的权益。

最后，区块链的非对称加密技术可以保证客户的交易安全，且区块链的分布式智能身份认证系统在保证平台参与者身份真实可靠的基础上，有助于保护客户的隐私信息安全。

3. 对供应链金融的影响与应用

在当前的市场环境下，供应链金融努力的方向，是基于产业链中的核心企业与上下游企业的贸易信息进行授信，尝试为上下游企业解决融资难的问题。由于供应链金融的参与方较多，贸易链较长，供应链信息流、物流以及商流的数据真实性难以保证，参与方之间可能会存在明显的信息不对称，从而直接导致信贷风险提升。

2017 年 10 月，沃尔玛宣布和 IBM、清华大学在食品供应线合作，用区块链技术对供应链的各个环节提供实时记录，尝试打破原本分散不互通的数据模式，在一定程度上降低了信息不对称所带来的风险。

同时，在具体的业务操作过程中，大量人工审阅、验证单据等环节也可能会使得人工失误机会大大增加。2017年12月20日，腾讯、华夏银行与星贝云链共同实现了区块链技术在供应链金融场景中资产确权、交易确认、记账、对账和清算等方面的应用，基于区块链的供应链信息流具有不可篡改性，供应链征信数据的真实性可以得到保障。借助区块链技术，所有参与方都能使用同一个去中心化的账本，并且可以将纸质作业程序数字化，在预定条件下自动支付，减少人工失误的同时还能提高效率（见图5-17）。

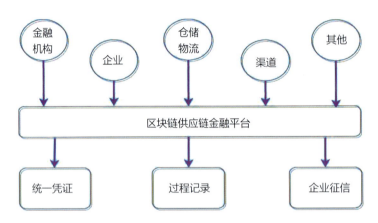

图 5-17　区块链供应链金融平台

三、区块链技术应用面临的主要挑战及发展趋势

（一）区块链技术应用面临挑战

尽管区块链技术在金融等领域有很大的应用潜力，但目前的技术应用还处于起步阶段，在未来的实践应用中仍面临诸多挑战。

1. 区块链技术本身的限制。

首先，比特币区块链是最初的公有链，但是其采用的 PoW 共识算法会导致中心化并耗费大量能源。根据比特币区块链的规则，如新开发一个区块会有相应的比特币奖励，而能否开发出一个区块则与算力有直接关系，因此产生了"矿池"（大规模的专业挖矿设备集群），专门去挖比特币，比特币区块链遵从少数服从多数的原则，在极端情况下，矿池如果掌控了 51% 以上的算力，则可以在别人开发出一个新区块后故意不认可，由于 51% 以上的节点不认可，则这个区块无法接入区块链，从而导致了节点之间的不对等以及中心化。此外，矿池的出现会消耗大量算力和电能，如果挖矿成功会有比特币奖励，而如果没有成功则白白消耗大量算力和电能。不过，针对这些问题，开发者已经研究出 PoS、PBFT 等相对节能的共识算法，预期未来在这个方向上会有进一步的突破。

其次，智能合约的去人为干涉使得在系统出现问题时无法及时弥补损失。2016 年 4 月上线的众筹项目 The DAO 在一个月内就募集到价值超过 1.5 亿美元的以太币用于建立该项目，但一个月之后，以太币的创始人之一 Vitalik Buterin 发表声明，表示 The DAO 存在巨大的漏洞，并且有大量的以太币被盗，由于智能合约的去人为干涉特性，该缺陷无法在线上修补，只能眼睁睁看着以太币继续被盗。且区块链一旦写入，不可篡改的特性使得失误操作或者错误交易等事件不可回退，需要设计额外追索修正机制，灵活性较差。

再次，虽然 P2P 方式大大提高了跨国清算效率，但在日常交易中，区块链的交易与存储效率却不高。以比特币为例，在比特币区块链中，每 10 分钟固定地产生一个大小为 1M 的新区块。这种设计是为了减少数据冲突，最基本的比特币交易大小是 250B，每秒的处理速度为 1024000（1M）/250/600（10 分钟）=6.6，即每秒可以处理 6.6 个比特币的交易。而目前支付宝、微信等支付结算中心每秒可以处理万笔交易，上交所、深交所、港交所等都已经具备每秒处理几十万笔交易的能力。相比之下，目前区块链技术的处理能力无法满足大规模支付场景的需要。针对这些问题有闪电网络、区块扩容等解决方案。但这些方案的可靠性仍在进一步探索中。

最后，随着数学、密码学和量子技术的发展，非对称加密技术在未来将有可能被破解，从而大大削弱区块链的安全性。不过，密码学家也在研发新的抗量子计算的密码，比如格密码。

除了以上几点，还有硬分叉、重放攻击等问题，区块链技术有待进一步完善。

2.隐私安全有待加强。

在隐私层面上，区块链技术的去中心化使得所有参与者都能够获得完整的数据备份，数据库完全透明共享。比特币可以通过密钥隔断交易地址和地址持有人真实身份的关联，达到匿名的效果。但如果区块链需要承载更多的业务，比如实名资产，又或者通过智能合约实现具体的借款合同等，就会出现隐私保护和合同验证的矛盾。未来通过合理设计系统链上的数据，安排链外信息交换通道等机制，或许可以规避一些隐私保护的难点。

在安全层面上，由于部分互联网金融行业的准入门槛较低，所有的交易记录全部公开透明，客观上也可能会增加恶意诈骗和信息泄露的风险，因此网络安全认证体系的建设责任更大。此外，区块链消除了中介的角色，通过程序算法建立起信用担保，例如，客户征信信息被储存在区块链中进行信息共享，只能通过密钥识别，信息的这种不可逆性将增大信息泄露等安全问题的追责难度，一旦密钥丢失往往可能会造成客户无法挽回的资产损失。

3.金融监管的难度增加。

虽然区块链的透明性、不可篡改性和信息共享等特性在理论上有利于穿透式监管，但是区块链去中心化的特性使其成为一个分散均衡的节点体系，降低了金融监管的针对性和有效性。并且区块链技术在不同程度上给传统的管理机制、业务流程、交易模式带来了颠覆性的变化。目前区块链领域的学术研究还处于初级阶段，理论研究和准备也并不十分充分，各国的监管机构还处于观察和研究阶段。当创新技术发展速度快于监管出台速度时，容易造成监管短期内的缺失可能带来的金融系统性风险上升，而在市场起步阶段，如果监管盲目过严又可能在一定程度上阻碍区块链创新技术的正常发展。

不仅区块链技术，人工智能、大数据等技术亦是如此。为了协调金融的创新发展与有效监管，监管机构应该具有前瞻性的战略眼光与清晰的监管思路。一方面监管分类应该更加细致，基于区块链技术的金融产品日趋多样化，监管机构可以针对监管对象、机构主体和业务范围进行更细致的分类监管。另一方面应该注意协调。金融科技的跨界性、混业经营与传染性会使得风险外溢，应该建立有效的综合监管机制。

（二）区块链技术在金融领域的发展趋势

金融与区块链技术相互融合，必然会创造新的业务模式、新的应用、新的流程和新的产品，从而对金融市场、金融机构、金融服务的提供方式形成更大的影响。目前，区块链应用已经可以解决金融业面临的一些痛点，提升了传统金融的效率，但是总体上来看，区块链技术的应用仍处在初级阶段。

世界各国政府、金融界和学术界都高度关注区块链的应用发展。从目前的发展来看，未来区块链技术在金融业的应用将呈现出以下几个趋势。

（1）各金融机构有可能会逐步组建联盟，共同制定区块链技术标准。由于区块链发展尚处于初级阶段，技术还不够完善，监管法规尚不明晰。金融科技公司、各大金融机构以及监管部门都可能影响区块链的应用和发展。现阶段，国内和国际化标准组织对区块链技术标准化的工作布局已有初步框架，以摩根大通、花旗银行为代表的商业银行会同金融科技公司共同组建行业联盟 R3CEV，期望在监管部门的参与下，建立符合监管要求及金融业需要的分布式账本体系，制定区块链技术的行业标准，抢占市场先机。超级账本（Hyperledger）是由各金融机构、金融科技公司以及其他产业企业共同打造的跨行业联盟，致力于建立开放的平台，拓展不同行业的应用案例。中国分布式总账基础协议联盟也希望可以结合政策法规、行业逻辑，开发符合国家政策标准和行业逻辑习惯的区块链技术底层协议。

（2）各金融机构将继续重点开发核心业务中的区块链应用场景。核心业务是各金融机构的首要创新试点，未来各金融机构将联合科技公司探索可应用于核心业务的区块链技术。区块链的去中心化、不可篡改等特性有可能对现有金融体系的制度基础和商业模式产生新的冲击。

（3）应当理性务实看待和推动区块链技术创新发展，客观认识其发展阶段及市场影响。区块链是当前金融科技共同关注和积极探索的新兴技术，但由于其在起步阶段的一些内生性的技术缺陷，是否能够得到大规模应用还有待观察，相信随着区块链技术的改进以及区块链技术与其他金融科技的结合，区块链技术将逐步可以适应大规模的金融应用场景。

（注：巴曙松（中国银行业协会首席经济学家、香港交易所首席中国经济学家），乔若羽（中国科学技术大学），郑嘉伟（国信证券），本文仅代表作者观点，不代表任何机构的意见和看法。）

区块链，不是 bad boy

肖飒

所谓区块链，是指一种按照时序将数据区块以顺序相连的方式组合成的一种链式数据结构，并以密码学方式保证不可篡改和不可伪造的分布式账本。

由于账本的特性是只有记账内容是唯一的，其记账内容才具有可信任性，因此记账系统本身就是一种天然的中心化系统。然而，这种中心化记账系统却明显存在着不足之处，即当遭遇损坏和篡改时，整个系统都将面临巨大的风险。

因此去中心化的必要性不言而喻，但是要实现这一目的却并不容易。

对于记账系统而言，去中心化就意味着账本人人保有、账目人人可记录，账本人人保有并不困难，难就难在当账本人人保有并实现人人记账的条件后，记账系统内容的唯一性就必然会受到破坏，这样的结果显而易见。

不同的参与记账系统的主体均保有初始完整的记账账目，当随后的记录开始后，期望每个记账主体所计入的账目均为完全一致，从而保证账目从始至终一致几乎不可能。

作为一个记账系统，其自身账目内容的一致性是任何记账系统的基本要求，而当每个参与主体的账目只属于自己而与任何一方都不相同时，那么这个记账系统也就没有存在的意义。

作为绝大多数数字货币的构建基础的区块链，解决的就是上述问题，正如

《经济学人》中所说：区块链是一个制造信任的机器，在任何需要信任的领域，区块链都有用武之地。

"人之初，性本善"，区块链被创造出来也不是为了违法犯罪。笔者不同意一些一些人的观点，说区块链本身就是犯罪工具，其实，简单将区块链理解为一种加密技术，让人与人之间的信任成本降低，也许更符合实际。

而在今日，搭建在区块链基础上的各类应用则以其各类新属性，如匿名性、加密性、去中心化等产生了越来越多的应用场景，区块链技术也确实被应用到实体经济的各个领域。

传统的农业产品溯源，让城市里的妈妈看到孩子食用的食品是怎么一步一步生长、生产、流通，再端到餐桌，而且内心确认这个过程是非人为控制捏造的，那么，信任成本将大大降低，交易机会大大上升。

在金融监管方面，各地金融监管机构也在尝试采购区块链技术为主体或载体的智能监管。据了解，某电子票据交易所也采取了区块链监管手段，并取得了效果。

在娱乐领域，除去火爆的 IP 区块链之外（将文学作品等用区块链技术做防盗版剽窃处理等），还被深圳某家企业制作成"粉丝投票 z 链"，让最喜爱的明星、最受欢迎的电影演员等评比更公平，而不是像我接到的电话一样，如果想被评为最佳律师需要赞助 N 万元，笔者对此嗤之以鼻，如果有了区块链技术，起码可以让刷票的事情减少，净化行业评比的空气，否则，每天朋友圈都充斥着各种拉票信息，人情、面子让人颇为纠结。

区块链不是万能的，忽视它却是万万不能的

区块链被热捧之后，漫山遍野都是区块链"小作坊"，又有人把 ICO 引进到区块链激励中来。一时间区块链风头无二，如果不学点哈希值（hash）都不好意思在闭门研讨会上跟人交谈。

但是，区块链毕竟不是万能的，实体经济的运行发展，光有润滑剂远远不够，

还需要钢筋混凝土及一双双勤劳的手。例如，人们的需求是冬天能在寒冷的北方吃上新鲜蔬菜，区块链也许能帮我们回溯蔬菜发芽、成长、结果的过程，但变不成维生素和叶绿素。

中国特色社会主义进入新时代，我国社会当前的主要矛盾是人民日益增长的美好生活需要和不平衡不充分的发展之间的矛盾，大家注意，老百姓的美好生活需要越来越多，物质的、精神的都有，区区一个区块链技术也许只能是大海里的一滴水，我们可以尊重和使用这种技术，但不能指望这种技术解决一切问题。

从国外回来"拾漏"的区块链投资人，听到了太多鸡血的故事。有一次，Y女士请我吃饭，谈及她投资的区块链项目时感慨道："真创新寡，伪创新多。"在笔者看来，这也是一线投资人的真心话。

尽管如此，也不能就对区块链技术丧失信心。真创新寡，伪创新多，仅仅是因为盲目跟风者众，与区块链技术本身并没有什么关系。任何一个新兴行业诞生之后，都必然会经历这样的一场灾难，但随着行业发展的不断成熟、进步，这样的情况必然会得到遏制，最终剩下那些真正有技术、有市场的"真金"，例如以太坊这一已经经受了行业考验的"真金"。

以太坊官网对自身的定义是一个去中心化且运行智能合约的平台。换句话说，以太坊的本质是一个基于区块链的去中心化平台，构建目的在于运行使用智能合约的应用程序，可以将社会中大量的中心化系统构建以分布式、去中心化的形式在以太坊上进行重构，从而完成整个以太坊架构体系下的去中心化。

以太坊自身产生的以太币是运行以太坊的必要代币，当用户利用以太坊提供的各类模块进行应用构建时就必须支付以太币作为"燃料"，从而使用以太坊进行应用的编程。如果将构建应用看作是拼积木，那么在以太坊上"拼积木"就可以直接运用以太坊提供的"墙面""房顶"等已经成型的模块，使用者只需完成模块的拼接就能够完成自身的应用，从而在速度和效率上得到极大的提高。

上述应用就是以太坊的核心构成——合约。想象这样一个场景：你要购买某个东西，整个交易的流程可能将分为很多步骤。首先，你需要对你购买的东西进行检视，然后交付资金，与此同时，再由对方交付财物，如果再复杂一点，交易行为可能还会涉及交易的见证、律师的参与、资金或货物的担保、风险转移时间的确定等一系列步骤。

而在以太坊系统中，这一切将极为简洁，用户仅需将一段代码的激活条件设定为双方协议达成，那么一旦买方、卖方就协议内容达成合意，代码将自动激活，并将买方的资金转给卖方的账户，同时将卖方物品的所有权转移给买方所有，不再需要其他操作。

这就是智能合约的典型作用表现。智能合约像是个身处以太坊内部的自动执行者，当使用者向智能合约发送一定的信息后，该智能合约就会依照已有的编程命令进行自动运行，并在运行结束后返还一个结果从而完成智能合约的运作。而智能合约的应用场景几乎是没有边界的，凡是用户所能想到的几乎都能通过智能合约的搭建而实现，这也正是以太坊巨大的潜力所在。

区块链行业现状

要将区块链技术具体到各类应用，首要的任务就是要明确究竟用的是"哪个链"。目前，区块链大致分为三类：私有链、公有链以及联盟链（也称行业链）。

私有链指的是仅仅利用区块链的总账技术进行记账，其主体可以是公司，也可以是个人，仅独享该区块链的写入权限，其本质和其他分布式的存储方案没什么分别。

公有链指的是世界上任何个体都可以发送交易，并且该交易可以得到区块链的有效确认，同时保障所有区块链节点都参与其中，任何人均可加入其公示过程的区块链。一般所说的普通意义上的区块链，均是指各类公有链，这是最初的区块链，也是目前运用最为广泛的区块链，其典型代表就是以太坊，而现今世面上流通的各类数字代币也均是基于公有链技术而产生并流通的。此类区块链的优势在于其规模普遍较大，因此很难受到攻击、遭到破坏，安全性较高。但是也正是因为其体量较大，必然存在权限模型复杂、交易延迟较大等问题。

至于联盟链，则指某群体内部预先指定多个节点为记账主体，每个区块的产

第 5 章
趋势：守望与回归

生由所有的预选记账节点共同决定，除此类节点外，其他接入节点也可以参与交易，但是对于记账过程不再参与，而其他任何人则可以通过此区块链的开放部分进行限定的查询。相对于各类公有链，联盟链的规模较小，因此其权限就很容易控制，交易的性能也自然较公有链更高，但是因为规模上的不足，其信任度也普遍不足，一般需要机构主体的背书，同时也更容易遭到攻击。

要将区块链进行有效的利用，就应该根据自身的不同需要决定究竟适用何种区块链，术业有专攻，不同种类的区块链各自的优势不同。

尽管区块链技术是比特币的底层技术，但目前来看，该技术的衍生价值已经在很大程度上超越了比特币，其应用范围之广，适用领域之多，已经引起了许多机构、企业甚至国家的重视。

目前，在国际金融市场上，美联储、瑞士银行以及一些保险、期货公司，都在争相开发区块链技术。在国内，区块链技术得到越来越多的重视，中国人民银行、工信部等相关政府部门都在积极研究和行动中。

中国人民银行将发行数字货币定为战略目标，并成立了数字货币研究院。工信部则在 2016 年 10 月发布了第一个官方指导性文件，并于 2017 年 5 月在其主导的"首届中国区块链开发大赛暨区块链技术和应用峰会"上助力中国电子技术标准化研究院发布了首个区块链标准《区块链参考架构》，以对区块链技术标准化进行规范。

除了上述积极开发区块链技术以期对自身本业予以推动的机构之外，区块链技术本身还有着自己的行业组织。国内有影响力的区块链联盟有 3 个：中国分布式总账基础协议联盟（China Ledger）、中国区块链研究联盟（CBRA）和金联盟（金融区块链联盟）。

这还只是国内比较有代表性的 3 家区块链行业组织，实际上，国内的区块链联盟远甚于此。至于国际范围内的区块链组织，一般认为有影响力的区块链联盟有两个。

一是全球顶级区块链联盟（R3）。R3 联盟成立于 2015 年年底，互联网金融的科技公司 R3CEV 聚集了 42 家知名银行，组成了 R3 联盟，致力于研究和发现区块链技术在金融业中的应用。

二是超级账本（Hyperledger）。超级账本成立于 2015 年 12 月，是由 Linux 基金会发起并管理的开源项目，它通过创建通用的分布式账本技术，协助组织扩展、建立行业专属应用程序、平台和硬件系统来支持成员各自的交易业务。超级账本现已拥有 160 个成员，百度旗下的百度金融正式加入 Hyperledger 超级账本开源项目，成为该项目的核心董事会成员，其他的核心董事会成员还包括美国运通、芝加哥商品交易所集团、戴姆勒、美国证券托管结算公司、富士通、日立、IBM、英特尔、摩根大通等金融、医疗、物联网及航空领域的巨头。

换句话说，相对于 R3 联盟而言，超级账本就区块链技术的应用从金融行业扩展开来，力图在各个行业内建立行业专属应用。从这一方面来看，超级账本开源项目的应用范围显然更广。

同时，百度金融、中国平安等企业加入上述区块链国际联盟，一方面标志着我国对于区块链技术发展的重视与关注度越来越高，另一方面也确实体现出国内金融科技企业在全球区块链技术领域的话语权进一步提高。例如，百度金融就在大力搭建并完善区块链技术平台的同时，希望通过参与 Hyperledger 超级账本项目的方式进一步推动全球区块链技术开源规范和标准的建立。

那么，区块链怎么用？

可能很多人还认为，区块链还只是个遥远的科技词汇，并没有与工作、生活中的方方面面联系起来，但事实是这样吗？

以刚加入超级账本开源项目的百度金融对区块链的应用为例，"百度－长安新生－天风 2017 年第一期资产支持专项计划"在上海证券交易所发行，这是中国首单应用区块链技术的交易所 ABS。

在这一项目中，百度金融作为技术服务商搭建了区块链服务端 BaaS（Blockchain as a Service），并引入区块链技术。项目中的各参与机构均作为联盟链上的参与节点。

当前 ABS 市场遍布痛点，各方参与主体无一幸免。对于投资人而言，项目风险评估偏重主体信用和外部评级，资产评估非标准化，无法保证资产的真实性；

业务监管方则面临着信息披露不及时、不透明，缺乏精细化的风险监管等问题；资产提供方则必须解决融资过程复杂、链条周期长，无法及时获取业务进度的难题。总而言之，"家家有本难念的经"。

对此，在 2017 年 11 月 16 日举行的百度世界大会智能金融分论坛上，百度提出了相应的对策，整合体系内外资源，搭建 ABS 业务平台化生态，针对资产方和资金方的痛点提供全方位的服务解决方案。

我们观察到，百度金融通过区块链技术的引入，利用区块链披露了资产、融资机构全生命周期的信息，并将关键信息通过共识机制、非对称加密技术保证数据库真实、不可篡改和摧毁，在保证资产真实性的同时，降低了投资人风险成本。在资产证券化过程中，利用区块链技术为各方参与主体的痛点、难点提供了清晰的解决途径。

一是为资产方提供底层资产信息数字签名。底层资产信息数字签名可通过区块链精准记录每笔新生成资产的信息及相关数据，从而确保数据一致性并形成贷款合同，同时录入贷款数据库后永久储存，为未来业务提供有效参考，最后再加入百度大数据、黑名单、反欺诈、多头等增强信息。

二是为信托机构提供信托计划信息数字签名。信托计划信息数字签名是应用区块链技术将 ABS 发行方所提供的底层资产信息导入，发行人、承销机构及其他第三方机构都能参考真实一致的资产信息完成相应的职责，可为发行机构、律师、会计师事务所提供券商信息、法律意见书、财务信息数字签名。这类信息数字签名的主要作用在于记录贷款还款现金流信息，第一时间更新及监测真实还款情况，确保还款信息真实准确。

三是为评级机构提供评级信息数字签名。由于传统模式在各个环节存在信息滞后现象，区块链技术的引进可以实现实时更新，大幅提升评级机构同步信息的速度，能及时预警风险，对评级进行更新。

四是机构投资人可随时取得资产及资产明细变动信息。利用相应的区块链技术可以保证全程业务信息完整、可追踪，有利于提升 ABS 产品定价的准确性和资金方的信息透明度，从而保障机构投资人随时获得资产及资产明细变动信息。

至此，区块链技术就实现了在资产证券化过程中的全流程应用，从而对旧有的 ABS 市场弊端进行了修正与改进，实现了业务流各环节的工作质量的提升。

这只是区块链在现实生活应用中所体现出的一小部分。目前，BAT 及一线大企业乃至国家机构，都开始纷纷试水区块链应用，将区块链的"信任"发挥到极致。相信随着这些应用的落地，更多海外优秀项目将再次回归，国内区块链技术的应用也将繁花似锦。

其实，新技术不是洪水猛兽，只要合理善用，区块链技术必然会有效服务于实体经济，全面落地，从而为金融科技行业持续输出区块链技术解决方案，推动全球金融市场的进步与发展。

（注：作者为互金法律专家，中国互联网金融协会申诉（反不正当竞争）委员会委员。）

第 5 章
趋势：守望与回归

FinTech 的本源回归

欧阳晓红

不管是本源性还是未来走向，FinTech 的最终指向可能都是实体经济。

以科技来服务金融业务，再把金融业务还给金融机构——FinFech 正在出现这样的模式。金融与科技的关系发生了重新调整。

诚然，中国金融行业长期以来存在一个弊病：金融专业领域过度集中，以至于专业到脱离用户，脱离市场的程度。而一度火爆的消费金融，包括供应链金融受热捧，很大程度上是因为其与用户生活或企业商业行为息息相关。

现在，放眼覆盖整个金融科技的生态圈，诸如支付清算、融资、金融基础设施建设、大数据、交易、保险以及投资管理等，其生态可归类为智能投顾（私人财富管理）、区块链（比特币）、监管科技、数字银行、支付与清算以及其他多元金融七类，其中，智能投顾、保险科技以及监管科技的发展较快，这也暗示，此三大领域与实体经济或许融合得更为密切。

现实中不乏正面案例。"金融科技的出发点是服务实体经济。"京东金融 CEO 陈生强表示，基于对金融科技内涵的认识，京东金融定位自身为一家科技公司。京东金融的出发点是以数据和技术为基础，包括了人工智能、区块链等技术，为金融机构提供提高内生增长能力的企业服务，以便更好地为中小微企业、"三农"以及年轻人提供服务，实现金融与实体经济的良性循环。让金融真正实现以实体经济为本，因实体经济而兴。

中国工商银行董事长易会满认为，银行和实体经济则是鱼和水的关系，两者共生共荣。中国整体经济发展的态势为银行发展提供了一个比较好的外部环境，银行效益比较好是经济运行质量的一个体现。

如果说，银行与实体经济的关系犹如鱼和水，那么，未来金融科技与实体经济的关系也将如出一辙，二者相辅相成。

假以佐证的是，按照蚂蚁金服首席战略官陈龙的话说，数字技术让金融规模化的回归实体经济，好的数字普惠金融是长在场景中的金融，解决难普难惠的问题之外，也是和实体经济结合的金融。

与此同时，数字普惠金融之发展趋势将是线上线下的融合。陈生强认为，现代金融通过移动互联网、物联网、感知技术、大数据、人工智能、云计算为代表的新技术，正在让生产、服务、生活等实体经济行为逐步可数字化，实体经济的数字化和线上的数字化相互打通，实现了线上和线下的融合。

苏宁银行董事长黄金老则认为，金融科技将从渠道、交互、媒介、风控等层面改变金融形态，未来的金融形态将像水一样渗透到更多生态，金融新生态将造福广阔领域。

"未来三至五年内金融业即将大变天。"普华永道报告称。报告预计，随着中国实体经济向工业4.0、共享经济演变，信息化、智能化和个性化将成为主流的商业与生活模式。未来的金融模式也将从产品和渠道为王，转变为以客户为中心。因此，未来的新金融服务模式，将包含产品服务、应用场景、智能渠道三大要素，而科技将是迈向金融3.0时代转型的重要支柱。

最后，一言以蔽之，"服务实体经济的金融科技才有生命力。"中国互联网金融协会会长李东荣说。

陈生强：模式创新服务实体经济

未来已来，但你知道金融科技或数字金融如何服务实体经济吗？

在京东金融 CEO 陈生强看来，以移动互联网、物联网、感知技术、大数据、人工智能、云计算为代表的新技术，正在让生产、服务、生活等实体经济行为逐步可数字化，实体经济的数字化和线上的数字化相互打通，可实现线上和线下的融合。

他认为，要实现现代金融，除了需要制度上的保障，其核心驱动力来自于技术。

从价值创造的本源上看，京东金融的企业服务实际上是助力金融机构业务实现了两个层面的蝶变：数字化和全场景化。

京东金融既是一个服务者的角色，也是一个连接者的角色。不仅与金融机构连接在一起，还要把这种连接后的能力整体输出给其他各类实体经济企业，让更多的实体经济企业也能在科技的赋能下，具备数字化的能力，具备产融结合，用科技优化产业链上下游成本效率，用科技创造更大社会价值的能力。

"服务于实体经济，促进实体经济的高质量发展，实现金融服务范围的广泛性，覆盖中小微企业、覆盖'三农'"是陈生强对京东金融提出的根本要求，而由此诞生的价值分享理念，则是该模式得以立足市场的根本逻辑。

2016 年年底，京东金融首次推出了数字农贷。据陈生强介绍，相比传统农贷服务，数字农贷主要具有三大改变：首先，农贷是基于农业生产的量化模型及农民的历史生产数据给农民授信，从中免去了抵押和担保；其次，通过生产量化模型精准地把资金定时、定量投入到生产过程中，消除以往农民贷款后可能发生的闲置费用；第三，帮助农民做风险管理，辅助其实现生产管理的信息化、自动化。

在此模式下，京东金融让很多无资本搞规模化养殖的农民实现了大规模养殖，并通过订单农业模式，养一只鸡可确保赚 3 元，而贷款成本却只需要 0.06 元，成本收益比完全可以接受。此外，原来 1 个人只能养殖 1 棚鸡，现在借助全流程系统能养两三棚鸡，甚至更多。目前，京东金融还在加速研发，未来或将借助人工智能技术对产品进行版本迭代。

事实上，在京东金融看来，发展金融科技需要把握两个关键：一是数据规模要够大、维度要够广，且要合法；其次才是技术，在数据的基础之上，叠加机器学习、人工智能等新技术的运用。

而京东金融对数字化的理解，与近期北大数字金融研究中心（IDF）提出的数字金融发展理念不谋而合。后者认为，未来中国金融科技的发展方向正是进一步提高金融服务实体经济的效率，特别是改善中小微企业的融资环境。而在实现经济转型升级、创新驱动的宏观形势下，作为中国金融行业的新兴形态和创新先锋，金融科技也应该坚持服务实体经济的方向，力争成为实体经济"赋能者"。

业内人士认为，此次陈生强所言，为数字金融助力实体经济找到了正确发展路径，即数字金融机构要想深度参与金融机构行为当中，除了借助智能科技，智能数据处理等手段外，还要以开放的心态输出自身金融能力。会上，陈生强希望京东金融连接金融机构，一起服务好中小微企业和"三农"，服务实体经济，促进经济高质量发展。

陈龙：数字技术让金融规模化地回归实体经济

"数字技术是发展普惠金融的优先选择，数字技术的快速普及为普惠金融的规模化带来了真实的可能性。"蚂蚁金服首席战略官陈龙在 2017 年 10 月 28 日北京召开的 2017 年互联网金融论坛上表示。

陈龙解释，数字技术一个特别重要的特点，就是其普及速度远远超出了以往的技术。世界银行在题为《数字红利》的报告中指出，截至 2016 年，在发展中国家中，80% 的人拥有移动电话。在全球最贫穷的 20% 的人口中，超过 70% 的人拥有移动电话，却不一定有厕所或者清洁用水。蒸汽轮船发明 160 年后，印度尼西亚才享受到其便利。电力产生 60 年后，肯尼亚才通上电。而计算机出现 15 年后，就应用到了越南。手机和互联网只花了几年时间就出现在了发展中国家。

"在数字时代之前，我们还没有看到可以规模化实现的方式。肯尼亚只用了 4 年时间就覆盖了 1400 万移动支付的用户，印度的 Paytm 在两年多时间新增了 2 个多亿的移动支付用户。在今天的中国，移动支付不但非常普及，而且非常实惠。在美国这个金融比较发达的国家，收单费率高达 3%，而中国的支付费率已经降到

第 5 章
趋势：守望与回归

了 6‰ 甚至更低。移动支付也很安全，传统银行卡的资损率是万分之二，我们是百万分之几的水平。既普又惠，既安全又好用，移动支付已经成为数亿老百姓的一种生活方式。"陈龙说。

在陈龙看来，数字技术带来的不止支付的便利，而且是史无前例的积累信用的速度。有了信用，用户才能够享受更普及的金融服务。在过去的几年中，因为有了数字信用，蚂蚁金服已经为超过 800 万小微企业提供小微企业的微贷服务，就是 3 分钟申请，1 秒钟放贷，零人工干预。这个模式在国际货币基金组织（IMF）年会期间得到了世界银行金墉行长的称赞。

陈龙表示，好的数字普惠金融，不但可能解决难普难惠的问题，而且是长在场景中的金融，是和实体经济相结合的金融。数字技术为解决金融的两个大难题带来了希望。

"中国互联网金融论坛启动就定调数字普惠金融，我觉得特别有意义。2016 年推出的《G20 数字普惠金融高级原则》有 8 条，其中第一条明确指出，数字普惠金融，也就是用技术推动的普惠金融，是发展普惠金融的优先选择，应该是一个国家战略。"陈龙说。

当然，陈龙认为，推动金融创新，一定要平衡好风险和对社会的收益。这其中一个很有意思的机制是沙盒机制，就是在可控环境里面尝试金融创新。2016 年 6 月，英国正式启动沙盒监管政策，随后，英国金融行为监管局发布了《监管沙盒实践经验报告》，其中总结道，2015 年共有 50 家企业参与沙盒监管项目，整体达到预期效果，具体表现在 3 个方面：一是大大减少了创意从孵化到产出时间与成本；二是让产品能在面向市场前得到充分的测试和改良；三是允许监管机构与创新企业共同为新产品建立适当的消费者保护措施。

"更应该被点赞的是中国。正是在一行两会和互联网金融协会推动的前瞻、鼓励的政策和监管环境下，中国金融科技的应用才能够得到长足发展，走到了世界的前列，IMF 总裁拉加德数次用美丽新世界来形容金融科技可能给世界带来的变化，其中多次盛赞中国金融科技的发展。我们也期待看到沙盒机制在中国有实际落地的成果。"陈龙说。

黄金老：未来的金融形态将像水一样渗透入更多生态

IMI学术委员、苏宁银行董事长黄金老指出，金融科技将从渠道、交互、媒介、风控等层面改变金融形态，驱动金融行业转型升级，以更好地连接数字世界、物理世界、普惠人群、同业机构。未来的金融服务将像水一样渗透到更多生态，金融新生态将造福广阔领域。

金融业态围绕人类的重大经济活动不断创新发展。围绕大航海融资、贸易运输、生产资料成本控制、美洲大陆投资，金融业态不断创新，先后出现了银行、保险、证券、信托、期货、基金、金融租赁、第三方支付、众筹等。

金融交易的产生都是为了解决实体交易过程中发生的问题。比如，做贸易、汇款，就产生了银行；做海运，就产生了保险；进行高风险投资，就产生了证券、信托；应对天气、农产品价格的变化，产生了期货……而实体经济发展过程中，风险的规避让金融天生就是为了管理风险而来。

真正把金融做起来，需要3个条件，即牌照＋人才＋资金。而这三者缺一不可，其中牌照、资金是核心。

也就是说，如果一家企业要有一番作为，首先要有牌照，没有资质就会遭遇被关闭的风险，而一家专门做金融业务的企业，如果没有资金一般是难以持续的。企业只有具备很强的现金流，才可能发展壮大。有了牌照和大额资金，做金融就一定能干成。若没有这两个条件，也不是说不能做金融，可以做金融科技公司，也可以为金融机构或者其他企业提供一些金融服务。

金融科技给金融交易带来了全方位且多层次的变革。

首先，科技带来了渠道的变化，让线下交易线上化。以银行为例，一端是银行，另一端是客户。过去，双方主要是在线下面对面交流，而今天线上入口非常多，通过人脸、指纹、扫码、远程客服都可以，线上服务变得很方便，从面签到网银到手机银行，在到今天的指尖之间，更多金融交易场景都在线上得到了实现。

其次，科技带来了交互变化，这是今天正在出现的变化。过去，最早是手写，到后来变成用键盘输入，今天，智能语音正成为金融交易的新入口。2016年，Google I/O大会推出的Google Home可与你语音对话，实现互动式交谈，可订购食品、预订机票、管理日程安排，还可根据个人习惯自动调节控制灯光、空调、电视、热水器等智能家居产品。

另外一个变化即媒介变化，主要是指生物特征识别，推动无感知交易时代来临。"人本身"取代银行卡、手机成为未来自动化金融交易的主要媒介。金融交易一开始通过现金交易，双方进行验证，后来通过验钞机验证，再到银行卡、密码以及U盾、手机银行。而当下直接通过指纹、人脸和语音就能达成交易，真正做到了"无感知"。

譬如，亚马逊的"无人零售"，苏宁的"智慧零售"，还有新零售，都已经成为当今最热的概念，主要是解决线上和线下的智慧化问题，将重构零售金融交易模式。而这背后，机器视觉是核心支撑技术。以2017年8月28日苏宁金融推出的刷脸支付这一黑科技为例，相较于亚马逊的Amazon Go和淘咖啡的扫码进店，苏宁无人店刷脸即可进门、付款，真正实现无感知购物。

当然，第一次进店时还要带手机，因为还不能识别你就是你。这背后都是依托于苏宁金融拥有自主知识产权的人脸识别技术，该技术基于数百万的人脸大数据，在人脸支付、人脸闸机、线下门店、认证比对等场景中有着丰富的应用。

在B2B交易变化上，区块链助力低成本跨境支付结算，并催生可信的、自动化的金融互联网。区块链通过自动化、智能合约、加密算法等技术重构基本金融要素，可以应用于机构间债券、投资担保、贸易融资等领域，解决金融互信的问题。黄金老建议考虑在国家层面建设统一管理的公有区块链平台，打造可信的金融互联网。

在风控上，无非两个变化，基于微数据的集成学习风控是未来趋势，即行为数据等弱数据变量将成为未来风控的基础数据，而物联网风控、大规模集成学习模型、风控预评估成为下一代风控的主要特点。为了应对金融交易的实时、微高频趋势，风控核心将产生革命化的变化，风控更重事前、探针前置、自动集成数据。

> 嬗变与挑战
> FinTech 2017—2018 年度报告

以苏宁金融为例，2016 年交易量超过 5000 亿元，截至 2017 年 8 月的交易规模已突破 6000 亿元，万亿规模在望。成绩的迅速发展建立在强大而先进的风控水平之上。苏宁金融自主研发的大数据实时风控，覆盖事前、事中、事后，通过基于会员的位置信息、社交信息、身份信息、电商信息、金融信息、黑名单数据等数据库注重事前反欺诈防范，通过神经网络主动分析团伙欺诈，可对每秒 5000 笔交易进行快速分判，每笔交易 100ms 内完成分判和处置决策。

技术驱动金融行业转型，以更好连接数字世界、物理世界、普惠人群、同业机构。金融科技将电子账户、交易银行、理财、融资服务前置客户端，服务形态也更加具备高弹性，适配各种线上、线下场景。未来的金融形态像水一样渗透到更多生态。

稳坐国内五大互联网金融科技集团行列的苏宁金融，运用新模式、新技术、新渠道大力发展新金融，积极推进普惠金融落地。苏宁金融先后布局了支付账户、供应链金融、消费金融、众筹、保险、储值卡等全产品线，并依托研发中心、大数据中心、风险管理中心和苏宁金融研究院、苏宁美国硅谷研究院等强大而先进的开发和研究力量，聚焦生物特征识别、大数据风控、智能营销、智能投顾、金融云等金融科技。2017 年，苏宁金融更全新打造了金融科技实验室，该实验室将在风控、刷脸支付、知识图谱、区块链金融、物联网金融等技术领域开展深入研究和广泛应用。

作为全国首家 O2O 银行，苏宁银行将自身定位于"科技驱动的 O2O 银行"，一方面要做服务实体经济、服务中小微企业发展的领先力量，另一方面大力发展金融科技和普惠金融，通过差异化的经营、特色化的服务打造金融新生态。

不出苏宁，尽享金融服务。未来，苏宁银行将与苏宁门店合作，为持卡客户打造一站式金融服务。3～5 年内，苏宁银行将力争打造成为江苏地区普惠金融客群最多、江苏地区普惠金融应用最多的新型银行，用最先进的科技手段把普惠金融服务传送全国，走进千家万户。

第 5 章
趋势：守望与回归

李东荣：服务实体经济的金融科技才有生命力

"当前，全球正迎来新一轮的科技和产业变革，以数字化、网络化、智能化为特征的信息化浪潮蓬勃兴起，数字经济、共享经济在全球范围内迅速发展，金融科技作为其中一项重要内容，正在不断地推动金融业向移动化、数字化和智能化加速发展。"

2017年12月5日，中国互联网金融协会会长李东荣在乌镇举行的第四届世界互联网大会互联网与金融论坛上如是说。该论坛由中国人民银行和新华通讯社主办。

李东荣解释，金融科技是随着现代科学技术的发展以及社会对金融服务的需求而形成的，它是金融与科技深度融合的产物，无论实现方式、服务形态、业务模式如何发展变化，其本质还是由技术驱动的金融创新，不会改变金融的功能属性和风险属性。

从金融理论看，经济是金融的基础，金融是顺应经济活动的需要而产生的，金融的功能和价值体现在为经济发展提供资金融通、支付结算、风险管理、价格发现等服务。

李东荣说，古今中外金融发展的长期实践表明，金融活动天然具有高风险性、强侧重性和内在脆弱性等特征，如果我们不重视这几个特点，将导致金融风险。同样道理，任何被作为创新的金融活动如果脱离了实体经济的客观需求，偏离了正确的价值导向，其结果必然是滑向自我循环、过度膨胀，甚至导致金融危机，这样的金融创新要么是因为规制而终止，要么是因为价值缺失而自然淘汰，难以在完整的经济周期和信贷周期中经受住考验，也无法持续地发挥原本的功能作用。

因此，"在面对金融科技快速发展的热潮中，必须清晰地认识到，只有立足服务实体经济，金融科技才有生命力。金融科技的发展必须紧紧围绕服务实体经济的本质要求。"李东荣说。

李东荣认为，在新时代下，金融科技如何才能更好地服务实体经济？应该加强三方面的能力建设。

①注重加强需求适配能力。服务实体经济不是单一式的提供资金支持，也不是被动地提供金融服务，服务实体经济应该是多元的、多层次、主动式的。金融从业机构应该找准服务实体经济的着力点，既要做到适，也要做到配。一方面，要结合自身的发展定位，着力补齐产生的金融服务短板，提高金融供给对实体经济有效需求的适应性和灵活性。另一方面，要坚持市场导向，充分发挥金融配置资源的枢纽作用，注意运用数字技术提高服务的精准度，将合适的金融服务提供给经济社会发展的重点领域和关键环节。

②注重加强风险管控能力。金融从业机构必须将风险管控作为工作的重中之重，做到风险管控安排与产品服务创新同步规划、同步部署、同步推进。有效地完善风险管理、合规管理、应急处置、内部控制等业务管理制度。切实筑牢数据保护、运行监控、灾难恢复等保障防线，使金融科技创新带来的各类风险始终处于可管、可控、可承受的范围之内。

③注重加强创新管理能力。当前大数据、云计算、人工智能等数字技术正不断取得新的突破，金融市场快速变化，金融需求日益多元复杂。金融从业机构应该与时俱进地对治理结构、管理模式、技术合作方式进行适应性调整，逐步完善金融科技创新，有效地解决当前存在的管理机制问题。

总之，"在安全可控的前提下，积极稳妥地运用数字技术发展的积极成果，促进金融服务转型升级，最大程度释放数字红利。"李东荣表示。

第 5 章
趋势：守望与回归

融合还是分裂，科技如何助力未来金融

欧阳晓红

被誉为"2万亿美元朋友圈"的面纱——在瑞士小镇达沃斯 Hard Rock 酒店顶层的"冬季花园"餐厅被揭开。

2018 年 1 月 23 日中午，京东集团董事局主席刘强东率京东高管团队在达沃斯宴请了数十位国际顶级公司的领军人物，如加拿大养老基金投资公司总裁兼首席执行官 Mark Machin、VISA 总裁 Ryan McInerney、纳斯达克交易所总裁兼首席执行官 Adena Friedman、汇丰集团大中华区行政总裁 Helen Wong、渣打银行大中华及北亚地区行政总裁 Benjamin Hung、万事达首席创新官 Garry Lyons、美国中经合集团创始人兼主席 Peter Liu 等金融界巨头。

首次在达沃斯公开亮相的京东金融 CEO 陈生强提及的"第四次科技革命"与"无界金融"概念引众人侧目。

京东金融提出的 B2B2C 模式如何服务于金融？其挑战如何？在移动互联网、智能时代背景下，其与物联网、场景数字化的逻辑关系是什么？缘何可能是 FinTech 的趋势之一，它将怎样助力未来？

嬗变与挑战
FinTech 2017—2018 年度报告

科技融通的力量

智能时代渐行渐近，得益于科技融通的力量，人们的交易模式、生活方式正在被重新定义与改写。

按照陈生强的话说，第一次科技革命推动人类进入工业时代，第二次科技革命把人类带入电气化时代，第三次科技革命使人类进入了信息时代。正在到来的第四次科技革命，核心在于解放人的脑力，将推动人类进入智能时代。与前三次科技革命发端于西方发达国家不同，第四次科技革命浪潮中，中国与发达国家站在了同样的起跑线上。在数据、算力、算法等诸多层面，中国已经实现与发达国家齐头并进的发展。

此届达沃斯论坛的主题是——在分化的世界中加强合作。就此，陈生强围绕科技合作发表见解。他说，国际技术交流是全球技术发展加速的引擎。从人类发展历史来看，合作是人类取得一切文明成果的前提。京东金融愿意成为全球范围内数据与技术合作最开放的科技公司。京东金融一直致力于将数据、技术和场景连接，让金融更简单、更平等。科技赋能是京东金融祭出的利器，即用科技赋能中国及全世界的金融企业。在陈生强看来，京东金融不只是中国的科技公司，更是世界的科技公司。

事实上，崇尚开放与合作的京东金融在中国国内已经实现与 400 余家银行、120 余家保险公司、110 余家基金公司和 40 余家证券、信托、评级机构的合作，合作伙伴涵盖中国市场上所有主流的金融机构，是当前市场上与金融机构合作范围最广，也是唯一一家与国有大行、股份制商业银行、城商行和农商行等银行达成战略合作的科技公司。

有人说，此次京东金融亮相达沃斯，陈生强与 VISA、纳斯达克、汇丰银行、渣打银行、万事达等全球顶级金融机构领袖齐聚一堂，也为京东金融的国际合作打开了想象空间。

如陈生强所言，中国的科技公司正在全球设立数据实验室和 AI 研发中心，

第 5 章
趋势：守望与回归

包括京东金融。"我们在硅谷设立了研发中心，不排除未来在欧洲、以色列设置新的研发中心。Google 这样的巨头也在中国设立 AI 实验室。技术交流已经呈现出双向互动的态势，中国科技公司正在吸引全球越来越多的顶尖科学家加盟。"

那么，在中国科技公司崛起的背后——能否发现新经济模式？或者说，预见金融科技的趋势？

B2B2C 模式何以引领趋势

在达沃斯论坛正式开幕前夕，论坛官方网站提出了这些问题：在可持续发展、包容性增长和第四次工业革命的背景中，如果技术变革和环境恶化从根本上改变了全球经济的运行方式，那么哪些新经济模式能够让我们迈向共同繁荣？

为了解释这些问题，我们将目光聚焦在当下的中国或许可以找到答案。

目前，我国的经济已由高速增长阶段转向高质量发展阶段，移动互联网、大数据、人工智能等新技术的应用日益广泛，产业与科技加速融合，技术成为推动经济增长的核心要素，数字经济正在成为整个国民经济的最大增长点，成为下一时代的主导模式。

同时，移动互联网的发展以及移动支付的快速普及让用户实时在线，并实现交易闭环，使得传统行业的信息化向数字化演进，让线上线下融合成为可能。

从经济结构来看，95 后、00 后很快将成为社会中坚力量，中小微企业也将逐渐从配角变为主角，农村经济也在转型升级，原本金融机构难以触达或者服务成本高的客群，马上会成为新时代的生力军。

基于这样的大背景，以银行业为代表的金融机构面临着不小的挑战：利率市场化进程的不断推进，银行业存贷差带来的利润不断受到挤压。金融机构正在尝试从社会新兴消费群体、新兴产业、新农村中找到新的经济增长点。

也正因为此，科技所扮演的角色正在凸显。

以京东金融为例，其所提供的科技服务可以推动金融机构实现数字化的服务，为金融机构降低成本、提高效率。帮助金融机构实现人、货、场的数字化；同时可以带着场景和客户，帮金融机构更好的运营存量业务，并为金融机构带来大量增量业务和收入。

对金融机构的增量业务收入，将主要来自于京东金融对金融机构此前不曾触达到的用户的洞察，包括大量的 95 后、00 后年轻人、中小微企业和农村客群，这些用户将是新时代的主流。

另外，京东金融所提供的科技服务都可以积木的形式应需组合，既能够在云端部署，又能够为金融机构提供本地化部署。

以上正是京东金融提出的 B2B2C 商业模式。陈生强解释，B2B2C 的商业模式是在一个全新的时代下，一个全新商业模式。第一个 B，指的是京东金融自己，第二个 B，目前主要指的是金融机构，最后的 C 指的是用户，既包括个人和企业。这个模式就是先用科技解决金融的问题，再把金融的业务还给金融机构。

在现在的市场上，真正能够实现这一模式的公司并不多。有很多能够为金融机构提供服务的公司，但大多都是卖硬件、软件或者数据库，大多是产品导向，为经营过程负责。不能给金融机构带去新的用户，也不能带去商业模式上的升级。

还有很多拥有大量最终用户同时又具备做金融业务能力的公司，会倾向于自己做业务闭环，以获得最大的收益。即使是开放最终用户，大多也只是提供流量或广告服务，少有能够帮助金融机构直接获取最终用户。

B2B2C 如何落地

互联网金融的快速发展以及消费群体的需求变化，急需出现创新型金融产品。有专家指出，京东金融向传统金融输出科技能力，实现了以用户需求为导向。二者以跨界竞合带来的化学反应，金融服务生态将得以重构。

以京东金融与工行联合推出的工银小白数字银行为例，其实现了对线上场景的数字化，是行业内首个真正的数字银行。工银小白数字银行集合了京东金融和工行各自的优势，基于对用户和金融产品的深度洞察，把所有的金融服务数字化，嵌入到各种互联网场景之中实现交易，真正摆脱了官网或者 App 的服务局限，实现了真正去中心化。

再如，京东金融与工行合作的智慧贵金属店，实现了线下场景数字化，是一种线上线下打通的 O+O 模式。

具体而言，智慧贵金属店采用多屏互动、体感交互等多种技术，让客户可以在网点更为直观便捷地获取产品信息，既能线上自助购买，享受线上的简单便捷，又能获得线下的场景体验和服务。

此外，智慧贵金属店还配备了客流分析预测、客户情绪分析等后台功能，通过超声波热力监测、图像融合技术、WiFi 探针技术、客户洞察等技术，不仅可以预测网点的客流量，告诉网点哪个位置拥挤，哪个位置空闲，减少用户等待时间，提高网点面积使用效率；同时还能通过对用户相貌、身材、穿戴的多层次识别，判断用户的年纪、爱好、审美，甚至情绪，进一步智能匹配推荐产品，提升网点的服务效率。

在"数字化 + 全场景化"的服务体系中，用户不用再去找服务，而是服务去找用户。金融服务将嵌入到用户身边每一个生产、生活场景之中。这种新的服务体系能为用户创造的是一种随处可见、触手可得的全新价值体验。未来这种模式，非常值得金融机构特别是银行借鉴复制，去实现银行线下网点的升级转型，去实现真正意义的智慧银行。

从价值创造的本源上看，京东金融实际上助力了金融机构业务实现了两个层面的蝶变：一是数字化；二是全场景化。

其中，京东金融既是一个服务者的角色，也是一个连接者的角色。京东金融不仅与金融机构连接在一起，还要把这种连接后的能力整体输出给其他各类实体经济企业，让更多的实体经济企业也能在科技的赋能下，具备数字化的能力，具备产融结合，用科技优化产业链上下游成本效率，用科技创造更大社会价值的能力。

在中国人民大学中国普惠金融研究院院长贝多广看来，未来趋势而言，线上线下融合将是普惠金融的发展趋势。陈生强也认为，现代金融通过移动互联网、物联网、感知技术、大数据、人工智能、云计算为代表的新技术，正在让生产、服务、生活等实体经济行为逐步可数字化，实体经济的数字化和线上的数字化的相互打通，实现了线上和线下的融合。

以数字农贷为例，该产品有三大特点：一是可基于农业生产的量化模型及农民的历史生产数据为农民授信，免抵押、免担保；二是通过生产量化模型精准地把资金定时、定量地投入到生产过程中，可使给农民的每一分钱贷款都不产生闲置费用；三是京东金融系统为农民做风险管理，辅助实现生产管理的信息化、自动化。

数据显示，通过数据农贷，京东金融帮助缺资本进行规模化养殖的农民实现了大规模养殖，并通过订单农业模式，让农户用0.06元贷款的成本便能获利3元。

融合与分裂

某种程度上，科技对于金融的改变已然是水到渠成。

因为有了大数据、人工智能、物联网、场景数字化等技术支持，无论是用户习惯还是用户需求，都在发生着巨大变化，金融机构需要拥抱这种变化，做出变革。

无数据不智能。伴随着大数据时代的到来，人工智能在过去10年取得巨大进步。尽管，今天的人工智能，仍处于只是狭窄完成单一任务的阶段。如人脸识别，语音识别等。

"能够解决所有问题的通用人工智能离我们还有很遥远的距离。"IBM全球副总裁、IBM大中华区首席技术官沈晓卫称。他认为，人工智能需要强大的计算能力。计算机的性能过去30年提高了100万倍。随着摩尔定律逐渐趋于物理极限，未来几年，期待一些新的技术突破。展望未来，人工智能时代的技术创新，涵盖在4个方面：人工智能核心技术、新的计算能力、人工智能与区块链与物联网的

第 5 章
趋势：守望与回归

结合及人工智能与行业的结合。

根据全球知名市场研究公司 IDC（国际数据公司）的一份认知和人工智能系统指南显示，人工智能解决方案的市场在 2016—2020 年预期内的符合年增长率将达到 55.1%，认知计算和人工智能在各行各业中的广泛应用，将推动起全球收入从 2016 年的近 80 亿美元增加到 2020 年的 470 多亿美元。这些可以量化的新技术趋势昭示未来已来，而广泛存在于未来活动中的金融服务亦需要不断更迭。

人工智能发展的历史分为技术驱动、数据驱动与情境驱动阶段 3 个阶段。专家指出，现在看到的大多数人工智能，其实是情境化的垂直型。如自动驾驶汽车、人类识别、智能投顾等，其实都是在特定某个使用情境里的人工智能。

物联网而言，其是通过射频识别 (RFID)、红外感应器、全球定位系统、激光扫描器等信息传感设备，按约定的协议，把任何物品与互联网相连接，进行信息交换和通信，以实现对物品的智能化识别、定位、跟踪、监控和管理的网络。中国物联网已形成了完整的产业体系，具备了一定的技术、产业和应用基础。据了解，中国物联网产业规模从 2009 年的 1700 亿元跃升至 2015 年的超过 7500 亿元，年复合增长率超过 25%。不过，全球物联网应用仍处于发展初期，物联网在行业领域的应用逐步广泛深入，在公共市场的应用开始显现，M2M(机器与机器通信)、车联网、智能电网是近两年全球发展较快的重点应用领域。

此过程中，全场景似乎成为当下商业巨头们的最大风口。"传感器、社交媒体、数据、移动设备、定位系统"则是场景时代的 5 种技术力量。它们与物联网、人工智能等相融共存。假以佐证的是，2018 年 2 月，腾讯投资海澜之家事件备受关注。业界人士分析，原因在于，截至 2017 年年底，海澜之家有近 5000 家线下门店，这恰是腾讯看中的地方，因为，线下门店是微信支付的应用场景之争。

互联网争夺的是流量和入口，移动互联网时代争夺的是场景，而与场景对应的则是不受线上、线下以及不受时空限制的金融服务。

金融机构在拥抱变化的过程中，少不了为科技公司留出了市场机会。京东金融所提倡的 B2B2C 已经让业界看到了金融科技的一种可能趋势方向——让金融回归金融，科技回归科技。

应该说，在这一时点上提出 B2B2C 模式，金融与科技已经泾渭分明却又形成更紧密的合作，科技足以在推动金融发展的过程中成为一支重要的力量。